Ursula Nissen · Barbara Keddi · Patricia Pfeil

Ursula Nissen · Barbara Keddi · Patricia Pfeil

Berufsfindungsprozesse von Mädchen und jungen Frauen

Erklärungsansätze und empirische Befunde

Leske + Budrich, Opladen 2003

Das Deutsche Jugendinstitut e.V. (DJI) ist ein zentrales sozialwissenschaftliches Forschungsinstitut auf Bundesebene mit den Abteilungen „Kinder und Kinderbetreuung", „Jugend und Jugendhilfe", „Familie und Familienpolitik", „Geschlechterforschung und Frauenpolitik" und „Social Monitoring", sowie dem Forschungsschwerpunkt „Übergänge in Arbeit" Es führt sowohl eigene Forschungsvorhaben als auch Auftragsforschung durch. Die Finanzierung erfolgt überwiegend aus Mitteln des Bundesministeriums für Familie, Senioren, Frauen und Jugend und im Rahmen von Projektförderung aus Mitteln des Bundesministeriums für Bildung und Forschung. Weitere Zuwendungen erhält das DJI von den Bundesländern und Institutionen der Wissenschaftsförderung.

Gedruckt auf säurefreiem und alterungsbeständigem Papier.

Die Deutsche Bibliothek – CIP-Einheitsaufnahme
Ein Titeldatensatz für die Publikation ist bei
Der Deutschen Bibliothek erhältlich

ISBN 3-8100-3661-7

© 2003 Verlag Leske + Budrich, Opladen

Satz: Verlag Leske + Budrich, Opladen
Druck: DruckPartner Rübelmann Hemsbach
Printed in Germany

Inhalt

Einleitung

Mädchen und junge Frauen können heute von ihrem Schulabschluss her eine
qualifizierende Berufsausbildung oder ein Studium in fast allen beruflichen
Bereichen erlangen. Sie sind eindeutig die „Gewinnerinnen" der Bildungsoffensive. Beim Start in den Beruf und im weiteren Berufsverlauf setzt sich ihr
Bildungsvorsprung jedoch nicht entsprechend in attraktive Ausbildungsberufe und berufliche Positionen um. Auch wenn sie inzwischen in alle Ausbil-
dungs-, Studien- und Berufsbereiche vorgedrungen sind, bestehen immer
noch erhebliche Unterschiede zwischen den Geschlechtern bei der Berufs-
und Studienwahl, beim Einstieg in die Berufstätigkeit und bei den beruflichen Entwicklungsmöglichkeiten. In Führungs- und Entscheidungspositionen
sind Frauen immer noch deutlich unterrepräsentiert. Damit sind ihnen in der
Gestaltung ihres Lebens erhebliche Grenzen gesetzt, denn Erwerbsarbeit ist
für Existenzsicherung, Lebensplanung und Persönlichkeitsentwicklung nach
wie vor von zentraler Bedeutung.

„Die ‚Selbstverständlichkeit' der Gleichheit hat Grenzen" (Oechsle/
Geissler 1998). Die berufliche Situation der heutigen Frauengeneration entspricht in keiner Weise der Forderung des Europäischen Rats nach der aus-
gewogenen Teilhabe von Frauen und Männern am Arbeitsmarkt als zentra-
lem Faktor der gesellschaftlichen Entwicklung. Kreckel (1992) kam in seinen
historischen Analysen zur Soziologie der sozialen Ungleichheit sogar zu dem
Schluss, dass das Ungleichheitsverhältnis zwischen den Geschlechtern zu
Beginn des Jahrhunderts geringer gewesen sei, weil die beruflichen und damit die gesellschaftlichen Chancen von Frauen damals eher ihrem niedrige-
ren Bildungsprofil entsprachen als zu Beginn der 90er Jahre.

Berufsfindung als komplexer Prozess

Der Berufseinstieg als Statuspassage, die den gesamten Prozess von der Berufsfindung über die Berufsausbildung bis zu den ersten beruflichen Erfah-

9

rungen beinhaltet, gilt als Weichenstellung für die spätere Erwerbsbiographie. Insofern ist die Berufswahl von entscheidender Bedeutung.[1] In der öffentlichen Diskussion wird Mädchen und jungen Frauen häufig unterstellt, dass sie immer noch eine Ausbildung in Berufen „wählen", die nicht zukunftsweisend sind. Dabei wird nicht berücksichtigt, dass eine freie Berufswahl als individuelle Entscheidung für eine bestimmte Ausbildung ein Angebot an auswahlfähigen und qualifizierten Berufen voraussetzt. Die Berufswahl entsteht in der Wechselwirkung zwischen Biographie und Chancenstruktur oder, wie Lemmermöhle es im Anschluss an Giddens formuliert: „Damit ... diese Strukturen wirksam und durch das Handeln der Individuen reproduziert oder auch verändert werden, müssen sie durch das Nadelöhr des Bewusstseins oder der Wahrnehmung der handelnden Individuen hindurch" (Lemmermöhle 1997: 25). Hinzu kommt, dass immer noch ein geschlechtsspezifisch und geschlechtshierarchisch segmentierter Arbeitsmarkt existiert. Dies allein erklärt jedoch noch nicht die Beharrungstendenzen in der geschlechtsspezifischen Berufswahl.[2] Die Einmündung in das Berufssystem ist ein Prozess, der lange vor der Entscheidung für einen Beruf beginnt und dem der Begriff der Berufsfindung Rechnung trägt.

Mädchen und junge Frauen sehen sich nicht nur gestiegenen Qualifikationsanforderungen, sich verändernden Berufsstrukturen und beruflichen Perspektiven gegenüber, sondern auch Strukturen der gesellschaftlichen Arbeitsteilung in Frauen- und Männerarbeit und einengenden Geschlechtsrollenstereotypen. Elternhaus, Schule und das System der Berufsausbildung fördern die Reproduktion ungleicher Geschlechterverhältnisse. Doch zeigen sich gleichzeitig auch Entwicklungen, die zu einer Angleichung der Geschlechter geführt haben. Die Arbeitsteilung in Arbeitsmarkt und Familie hat neue Konturen erhalten, und junge Frauen unterstellen heute die Gleichheit der Geschlechter als selbstverständlich. Knapp zwei Jahrzehnte nach der Verabschiedung des 6. Jugendberichts zur „Verbesserung der Chancengleichheit von Mädchen in der Bundesrepublik" (Sachverständigenkommission 6. Jugendbericht 1984-86) haben sich auch die Lebenswelten von Mädchen und Jungen in vielen Bereichen weitgehend angeglichen: „Im Freizeitverhalten, dem Disco-Besuch, der selbstständigen Wahl von Freundschaften, der Zusammenschlüsse in Cliquen, der Eroberung der Straßenöffentlichkeit, der Unabhängigkeit von elterlicher Kontrolle, der Beteiligung an Sportvereinen usw. Quintessenz: Ihre Sozialisationswelt ist eine andere geworden" (Krüger 2000: 46). Mädchen sind selbstbewusst geworden. Vor allem ältere Mädchen

---

1   Wir gehen davon aus, dass heute jede und jeder berufsorientiert ist und Berufstätigkeit für Mädchen und Jungen, Frauen und Männer eine Selbstverständlichkeit ist.

2   Präziser wäre es, von „geschlechtstypisch" zu sprechen, da „geschlechtsspezifisch" bedeutet, dass es sich um Wesensmerkmale oder Verhaltensweisen handelt, die ausschließlich bei einem Geschlecht vorkommen. Da in den meisten einschlägigen Publikationen jedoch von geschlechtsspezifischen Verhaltensweisen die Rede ist, wird der Ausdruck hier beibehalten.

und junge Frauen wollen oft nichts mehr mit Mädchenförderprogrammen zu tun haben, weil sie die „subtile Form der Stigmatisierung durch Sonderangebote" (ebd.) ablehnen. Dennoch werden Mädchen und Frauen immer noch als defizitäre Personen angesehen, die gefördert werden müssen, um sich verändern zu können. Mit dem weiblichen Geschlecht verbundene Territorien und Zuschreibungen in Gesellschaft, Schule, Familie und Arbeitswelt werden oftmals abgewertet, weil sie „weiblich" sind.

Dieses zunächst als Expertise für den Deutschen Bundestag entstandene Buch wendet sich in erster Linie an politische EntscheidungsträgerInnen und PraktikerInnen aus dem pädagogischen und sozialpädagogischen Bereich. Es versteht sich als Beitrag, den Prozess der Berufsfindung von Mädchen und jungen Frauen, der von zahlreichen individuellen und strukturellen Faktoren geprägt ist, in seiner Komplexität aufzudecken und neuere wissenschaftliche Ergebnisse und verschiedene theoretische Ansätze, die in der Frauen- und Geschlechterforschung eine Rolle spielen, zusammenzufassen und zu systematisieren. Geeignete pädagogische Maßnahmen und politische Entscheidungen benötigen jedoch gesicherte Erkenntnisse. Die Zusammenführung der Vielfalt von Forschungsergebnissen kann hierzu hilfreich sein und beispielsweise helfen, Annahmen und gesellschaftliche Vorurteile über die Technikdistanz von Mädchen und jungen Frauen zu überwinden. Im Fokus des Buches steht dabei vor allem die Altersphase, die durch die so genannte erste Schwelle, also der Weg von der Schule in die Berufsausbildung, gekennzeichnet ist.

Das vorliegende Buch nimmt nicht die besondere Situation von spezifischen Gruppen von Mädchen und jungen Frauen, wie behinderte, ausländische oder sozial benachteiligte Mädchen und junge Frauen, die bei der Einmündung gezielte Unterstützung benötigen, in den Blick, sondern konzentriert sich auf die Situation von Mädchen und jungen Frauen im Allgemeinen.[3] In Folge dessen finden auch die spezifischen Ansätze der Jugendhilfe und Jugendberufshilfe keine Berücksichtigung, zumal insbesondere letztere überwiegend noch immer „Jungenhilfe" ist.[4]

Zur Einführung wird in *Kapitel 1* auf weibliche Lebensentwürfe und Berufsorientierungen eingegangen. *Kapitel 2* stellt die aktuelle Situation von Mädchen und jungen Frauen im Bildungs- und Ausbildungswesen anhand aktueller Statistiken dar.

---

3   Schumacher (1999) führte 1997 eine Erhebung zur Situation behinderter junger Frauen durch: Deren Berufs wahl verhalten ähnelt dem von nichtbehinderten Frauen (Dienstleistungsberufe und kaufmännische Berufe), ist jedoch noch eingeschränkter als bei diesen. Die männliche Vergleichsgruppe deckt Berufe gleichmäßiger ab Schittenhelm führt an der Freien Universität Berlin ein Projekt zur Berufseinmündung junger Frauen in interkulturell vergleichender Perspektive durch; ein Augenmerk liegt darauf, wie junge Frauen mit Ausbildungs- und Arbeitslosigkeit umgehen.

4   Eine umfassende Darstellung findet sich in: Reihe Arbeitsweltbezogene Jugendsozialarbeit. München DJI Verlag.

Vor dieser Folie wird in *Kapitel 3* auf die Diskussion zu den so genannten Frauen- und Männerberufen eingegangen; angesichts der hohen Bedeutung der Informations- und Kommunikationstechnik in der sich entwickelnden Informationsgesellschaft wird besonders auf die Situation von Mädchen und jungen Frauen in den modernen techniknahen Berufen Bezug genommen. Hier interessiert immer wieder die Frage, womit es zusammenhängt, dass so wenige junge Frauen in diese Berufe gehen.

In *Kapitel 4* geht es um eine Sichtung der unterschiedlichen Maßnahmen und Modellprojekte, mit denen bisher versucht wurde, das Berufsspektrum von Mädchen und jungen Frauen zu erweitern.

Kapitel 5 stellt ausgewählte Forschungsergebnisse zu den „gatekeepern“, den Personen und Institutionen, die den Berufsfindungsprozess von Mädchen und jungen Frauen beeinflussen, vor.

Das *sechste Kapitel* gibt einen Überblick zu ausgewählten einschlägigen theoretischen Ansätzen zur Erklärung geschlechtsspezifischen Berufswahlverhaltens. Diese beziehen sich zum einen auf Strukturen des Arbeitsmarktes, zum anderen auf die Mädchen und jungen Frauen als Konstrukteurinnen ihrer beruflichen Biographie. Verzichtet wird auf die Darstellung allgemeiner Ansätze der Berufswahlforschung, die in sich geschlechtsneutral formuliert sind; ihre Relevanz und Bedeutung für die Erklärung von Berufswahlprozessen ist jedoch zu betonen (beispielsweise Wahler/Witzel 1996).

Im letzten *Kapitel 7* werden Schlussfolgerungen gezogen und Anregungen gegeben, wie Mädchen und junge Frauen bereits in Kindheit und Jugend im Berufsfindungsprozess unterstützt werden können und wo Veränderungen der strukturellen Bedingungen in Ausbildungsprozessen ansetzen sollten.

1 Weibliche Lebensentwürfe und Berufsorientierungen

Die demographischen, sozioökonomischen und soziokulturellen Wandlungsprozesse der letzten Jahrzehnte haben vor allem die weiblichen Lebensentwürfe und Lebenszusammenhänge gravierend verändert. Berufs- und Erwerbsarbeit als langfristige Lebensperspektive und die damit verbundene Möglichkeit bzw. Notwendigkeit der individuellen Existenzsicherung haben an Bedeutung gewonnen, Ehe und Familie als Versorgungsinstanz für Frauen an Bedeutung verloren. Gleichzeitig sind – für alle Mädchen und jungen Frauen – die Optionen der Lebensgestaltung vielfältiger geworden, die Notwendigkeit, sich für einen Lebensentwurf entscheiden zu müssen, ist es jedoch auch. Während die Wiedervereinigung an den meisten jungen Frauen in den alten Bundesländern fast spurlos vorüberging, waren und sind junge Frauen aus den neuen Bundesländern nach wie vor mit den Nachwirkungen dieses Ereignisses konfrontiert. Frühere Töchterkohorten waren gewöhnt, dass eine Berufstätigkeit von Frauen selbstverständlich ist; sie müssen sich seit 1990 damit auseinander setzen, dass Arbeit ein knappes Gut geworden ist, das unabhängig von der individuellen Leistungsfähigkeit nicht für alle zu Verfügung steht, und dass Frauen häufiger auf ihre Rolle in der Familie verwiesen werden. Die Anforderungen sind andere geworden, die Gefahr, nicht nur einen Beruf erlernen zu müssen, den sie nicht wollen, sondern bereits keinen Ausbildungsplatz zu bekommen, ist gestiegen.

Die Lebensphase des frühen Erwachsenenalters hat sich für Mädchen und junge Frauen verändert: Sie hat sich verlängert, umstrukturiert und individualisiert und reicht zunehmend bis ins vierte Lebensjahrzehnt hinein (vgl. Faltermaier u.a. 1992; Keddi u.a. 1999). Das Ende der Jugendphase markiert für Mädchen und junge Frauen nicht mehr den Beginn eines planbaren zukünftigen Frauenlebens. Sie verbleiben in der Mehrheit länger in den Institutionen des Bildungs- und Ausbildungswesens; schulische und berufliche Ausbildung haben eine deutliche zeitliche Ausdehnung erfahren und konzentrieren sich in der Phase des jungen Erwachsenenalters auf einen erfolgreichen Berufseinstieg. Vorrangig ist zunächst, sich eine berufliche Existenz aufzubauen. Parallel dazu wird die Familienbildungsphase – dies gilt gleichermaßen für ost- und westdeutsche junge Frauen – zunehmend zeitlich nach hinten verlagert. Der direkte Übergang von der Herkunftsfamilie zur eigenen Familie wird zumeist durch eine Abfolge unterschiedlicher Lebensformen ersetzt. Im Folgenden werden die Lebensentwürfe von Mädchen und jungen Frauen skizziert.

1.1 Weibliche Lebensentwürfe: vom doppelten Lebensentwurf zur Vielfalt

Für Mädchen und junge Frauen stehen nicht nur Entscheidungen für den künftigen Beruf, sondern grundlegende Entscheidungen für ihr künftiges Leben an: Wie werden sie später leben, werden sie Kinder und Familie haben, wo setzen sie ihre Schwerpunkte? Ein einheitliches Lebensmodell, an dem sie sich orientieren können, existiert nicht; vielmehr bestehen unterschiedliche und sich widersprechende Leitbilder. Bei allen Optionen, ihr Leben zu gestalten, erfordert die „Freisetzung aus institutionellen und gesellschaftlichen Normen ... gleichzeitig ein hohes Maß an Eigeninitiative hinsichtlich der Gestaltung des eigenen Lebens unter neuen Zwängen" (Beck 1986: 172).

Partnerschaft und Mutterschaft als bewusste Entscheidung

Entwicklungen wie die Entstehung neuer Lebensformen, die Entkoppelung von Partnerschaft und Elternschaft, abnehmende Geburtenraten sowie ein verändertes Eheschließungs- und Familiengründungsverhalten verweisen auf die Vielfalt von Partnerschafts- und Lebensformen im jungen Erwachsenenalter (vgl. Bien 1996; Matthias-Bleck 1997; Nave-Herz 1994). Gleichzeitig zeigen sich im Zusammenleben der Geschlechter Wandlungstendenzen. Dominant ist vor allem das Leitbild der partnerschaftlichen Beziehung zwischen unabhängigen und gleichen Partnern, die gleichberechtigt miteinander kommunizieren (Oechsle 1998: 194).

Eine dauerhafte Partnerschaft steht bei den meisten Mädchen und jungen Frauen hoch im Kurs (Fuchs-Heinritz 2000). Partnerschaften sind für die jungen Frauen neben dem Aufbau eines eigenständigen Lebens und einer beruflichen Existenz von zentraler Bedeutung. Auf die Frage, wie sie am liebsten leben wollen, nennen beispielsweise fast alle junge Frauen – unabhängig davon, ob sie gegenwärtig einen Partner haben oder nicht, unabhängig von der Region, und unabhängig vom Bildungsniveau – das langfristige Zusammenleben in einer Partnerschaft (Keddi u.a. 1999). Auch die Vorstellungen darüber, was in einer Partnerschaft wichtig ist, ähneln sich sehr: Unverzichtbar sind für die jungen Frauen gegenseitiges Vertrauen, Akzeptanz, Gespräche und Offenheit sowie Verständnis und Treue – mehr als eine gemeinsame

Wohnung oder eine partnerschaftliche Arbeitsteilung. Allerdings ist die klassische Abfolge der partnerschaftlichen Biographie, „Kennenlernen – Verlobung – Eheschließung – Geburt des Kindes", weitgehend durchbrochen und wurde durch „neue" Lebensformen (Wohngemeinschaften, nicht eheliche Lebensgemeinschaften, Living-Apart-Together, alleine leben) und biographische Wechsel zwischen ihnen abgelöst.

Irgendwann einmal eine eigene Familie zu haben, erscheint vielen Mädchen und jungen Frauen fast genauso selbstverständlich wie eine Partnerschaft. 90 Prozent wünschen sich ein oder mehrere Kinder, im Gegensatz dazu sind es bei den männlichen Jugendlichen nur 84 Prozent (Fuchs-Heinritz 2000: 56). Junge Frauen können sich heute bewusst damit auseinander setzen, welche Rolle Kinder und Familie in ihrem Leben spielen sollen, ob sie Verhütungsmethoden anwenden, weiter anwenden oder absetzen, bzw. ob, wann und wie viele Kinder sie wollen, ob sie den Kinderwunsch sehr früh verwirklichen oder ihn aufschieben. Mutterschaft ist in den Rang einer bewussten Entscheidung erhoben worden (vergleiche auch Faltermaier 1992). Hieraus folgt ein verändertes Familiengründungsverhalten, denn junge Frauen sehen als Voraussetzung die Verankerung im Erwerbsleben. Zunehmend, das heißt, je näher sie dem Zeitpunkt der Familiengründung kommen, wird ihnen bewusst, dass eine Familiengründung insbesondere für Frauen mit Konsequenzen verbunden ist. Das erste Kind relativiert deshalb häufig ihre Berufsorientierung. Dennoch halten viele junge Frauen auch nach der Familiengründung an einer Erwerbstätigkeit fest (Keddi u.a. 1999). Teilzeitarbeit wird von vielen jungen Frauen – sehr viel häufiger von den west- als den ostdeutschen Frauen – für eine bestimmte Lebensphase als Lösung angesehen.

Das durchschnittliche Alter der Erstgebärenden hat sich ähnlich wie das Heiratsalter[5] in den vergangenen Jahren erhöht und lag bezogen auf verheiratete Frauen 1997 bei 28,5 Jahren gegenüber 26,9 Jahren im Jahr 1991 (Statistisches Bundesamt 2000: 26). Zunehmend mehr Paare leben zunächst unverheiratet zusammen; doch heiraten die meisten westdeutschen jungen Frauen vor der Geburt des ersten Kindes, während in Ostdeutschland fast die Hälfte der jungen Frauen bis nach der Geburt unverheiratet bleibt.

Der doppelte Lebensentwurf als Leitbild für Mädchen und junge Frauen

Bis in die 70er Jahre wurden Frauen überwiegend auf ausschließlich familienbezogene Lebensentwürfe eingeschworen. Weibliche Erwerbstätigkeit wurde als Alternative zur Ehe oder als Absicherung für den Notfall angesehen – so signalisieren es zumindest die damaligen Forschungsergebnisse (z. B. Pfeil 1968; Lehr 1974; Planck 1982). Seit Ende der 70er Jahre belegen zahlreiche Studien, dass Frauen ihr Leben in Beruf und Familie gleicherma-

---

5 Das Heiratsalter lag 1997 bei den jungen Frauen bei 27,8 Jahren (Statistisches Bundesamt 2000: 23).

ßen verorten und Berufstätigkeit ebenso in ihr Leben integrieren wollen wie eine Mutterschaft. Eine 1982 durchgeführte Repräsentativerhebung von 15- bis 19-jährigen Mädchen erbrachte, dass Mädchen beides wollen − Familie und Beruf (Seidenspinner/Burger 1982)[6]. Beruf und Berufstätigkeit eröffnen den Zugang zu gesellschaftlicher Teilhabe und Anerkennung. Eine qualifizierte schulische und berufliche Ausbildung ist auch für Mädchen und junge Frauen die Voraussetzung und Basis für ihre Chancen im späteren Erwerbsleben und selbstverständlicher Bestandteil ihrer Zukunftsplanung. Auch eine aussichtsreiche Berufsperspektive ist den Mädchen und jungen Frauen wichtig, denn sie planen überwiegend eine dauerhafte Beteiligung im Erwerbssystem (vgl. Pritzl 1996: 162). Seit den 80er Jahren steht fest, dass Mädchen im Verlauf ihrer Schulzeit ähnliche Vorstellungen zu Beruf und Berufstätigkeit entwickeln wie Jungen (Seidenspinner/Burger 1982; Baethge u.a. 1988; Zoll u.a. 1989; Faulstich-Wie-land 1990). „Die jungen Mädchen sind deutlich höher gebildet als ihre männlichen Altersgenossen und prinzipiell ebenso berufsorientiert, mobilitätsbereit und offen für eine berufliche Selbstständigkeit wie die jungen Männer" (Fritzsche/Münchmeier 2000: 345). Für junge Frauen ist die Möglichkeit attraktiv, sich durch die Erwerbstätigkeit von Abhängigkeiten zu befreien (Pritzl 1996: 165). Neben im Vergleich zu Jungen überdurchschnittlichen schulischen Vorqualifikationen zeigen sie ein hohes Maß an Motivation, Einsatzfreude, Sozialkompetenz und Zuverlässigkeit.[7]

Nicht nur perspektivisch, sondern auch faktisch − so das Ergebnis unterschiedlicher Forschungen zur weiblichen Lebensführung − setzen Frauen auf den Beruf: Mütter mit kleinen Kindern sehen beispielsweise trotz objektiv enormer Belastungen in Beruf und Familie in ihrer Erwerbsarbeit ein sinnvolles Kontrastprogramm zu ihrem Muttersein (Krüger u.a. 1987). Der Beruf beinhaltet für sie durchaus entlastende und entspannende Elemente. Dass für Frauen gerade der Kontrast der Anforderungen in Beruf und Familie „das Salz in der Suppe sei", stellte Becker-Schmidt bereits 1983 in ihrer Studie über Fabrikarbeiterinnen fest. Trotz der Schwierigkeiten, die Anforderungen beider Bereiche zu erfüllen und in Einklang zu bringen, empfanden die Frauen Familie und Beruf als wechselseitig unterstützend und ergänzend. In ihren multiplen Rollen können Mütter Erfahrungen und Kraft aus den verschiedenen Lebensbereichen schöpfen und erleben ihre Situation zwischen Beruf

---

6   Diese 18 Jahre alte repräsentative Studie wird immer wieder als Beleg für die Doppelorientierung von Mädchen angeführt; es fehlen jedoch neuere repräsentative Studien zu dieser Thematik.

7   In aktuellen Statistiken wird die hohe Berufsorientierung der Mädchen und jungen Frauen deutlich: Sie gehen verstärkt auf weiterführende Schulen, um qualifizierte Bildungsabschlüsse zu erlangen und ihre Bewerbungs- und Berufschancen zu verbessern. Sie bemühen sich in höherem Ausmaß um einen Ausbildungsplatz als Jungen. Beispielsweise schalten sie bei der Suche nach einem Ausbildungsplatz häufiger das Arbeitsamt ein als Jungen und sind häufiger bereit als diese, wegen einer Lehrstelle den Wohnort zu wechseln (BMBF 2000).

und Familie keineswegs immer als „Doppelbelastung" (Strehmel 1992; Faltermaier u.a. 1992). Auch die letzte Shell-Jugendstudie kommt zu dem Ergebnis, dass Berufszentriertheit verbunden mit Familienzentriertheit, also der doppelte Lebensentwurf, das zentrale Lebenskonzept bei beiden Geschlechtern ist, jedoch nur bis zu dem Alter, in dem sich die Frage nach Kindern konkret stellt: Während sich bei Jungen kaum Änderungen ihrer Einstellungen zeigen, ändern sich die Einstellungen von Mädchen zugunsten der Familie und zum Nachteil für den Beruf (vgl. Fritzsche/Münchmeier 2000: 346; Pritzl 1996: 166).

Der doppelte Lebensentwurf ist durch die Verschränkung von zwei in ihrer Logik gegensätzlichen Lebensbereichen geprägt (Becker-Schmidt z. B. 1982, 1987). Beruf und Familie prallen mit je spezifischen Ansprüchen an die Frauen aufeinander; die Partizipation an Familie stellt für Frauen – anders als für Männer – einen grundlegenden Widerspruch zu ihrer Partizipation am Arbeitsmarkt dar. Daraus ergibt sich eine „normative und zeitliche Zwickmühle mit wechselseitigen Folgen für die je eingenommene Position" (Krüger 1995: 202). Die gleichzeitige Verwirklichung von Familie und Beruf ist zwar selbstverständlicher Bestandteil weiblicher Lebensentwürfe geworden, bestehende Widersprüche wurden allerdings auf gesellschaftlicher Ebene bisher nicht gelöst.[8] In der Bundesrepublik hat im Vergleich zu anderen europäischen Ländern das Leitbild der „guten Mutter" immer noch einen hohen Stellenwert. Dabei ist eine Diskrepanz zwischen gelebter Realität und gesellschaftlich vorherrschenden Bildern zu beobachten: Die ständig steigende Zahl von Frauen in unterschiedlichen Lebensformen – Alleinerziehende, allein verdienende und familienernährende Frauen, Singles, kinderlose Ehefrauen – zeigt, dass dieses in vielen Bereichen der öffentlichen Diskussion vorherrschende Leitbild längst nicht mehr den realen Verhältnissen entspricht. Das gesellschaftlich vorherrschende Rollen- bzw. Mutterbild ist vor allem dysfunktional für junge Frauen, die glauben, nach der Phase der Kindererziehung problemlos den Wiedereinstieg in den Beruf zu schaffen, und suggeriert insbesondere in Zeiten hoher Arbeitslosigkeit die Verzichtbarkeit der Leistungen von Frauen sowie ihr Nichterwünschtsein auf dem Arbeitsmarkt (vgl. Nickel 1995, zitiert nach BLK 2000: 22).

---

8 Die Doppelorientierung ist historisch gesehen nichts Neues, wie neuere Forschungsergebnisse belegen. Born u.a. (1996) zeigen eindrucksvoll, dass auch die ältere Frauengeneration, die gleich nach Kriegsende ihre Berufsausbildung begonnen hatten, Familie und Beruf gleichzeitig lebte. Sie konnte dies aber aufgrund bestehender gesellschaftlicher Leitbilder nicht offen fordern, aufrechterhalten und über längere Lebensphasen realisieren, während dies für die heutige Generation junger Frauen selbstverständlich ist.

Nicht nur in der Forschung, sondern auch in der breiten Öffentlichkeit und Politik gelten Familie/Kind und Beruf als die zentralen Lebensbereiche von Frauen. Diskussionen und Veröffentlichungen zur Situation von Frauen spiegeln dies wider – national wie international, wissenschaftlich wie alltagsbezogen, privat wie öffentlich – und beziehen sich dabei überwiegend auf die Vereinbarkeit von Berufstätigkeit und Mutterschaft bzw. Familie als zentrales Thema im Leben von jungen Frauen. So werden Mädchen und junge Frauen auf Vorgaben fixiert, die unterstellen, dass jedes Mädchen und jede junge Frau ihr Leben im engen Rahmen dieser beiden „Strukturgeber weiblichen Lebens" plant. Auch die – allerdings nur in Ansätzen vorhandene – deutschsprachige Mädchenforschung bezieht sich auf diese normative Erwartung der Doppelorientierung und war bisher kaum offen für die subjektiven Vorstellungen der Mädchen und jungen Frauen (Hagemann-White 1998: 28). Für die Analyse der individuellen Lebensentwürfe und Lebensgestaltungsmuster kann der lediglich auf die Vereinbarkeit von Beruf und Familie gerichtete Blick folglich auch zu einengend sein. Im Zentrum ihres Denkens und Fühlens stehen Fragen nach dem Stellenwert von Hausarbeit und späterer Familie „ganz sicher nicht, und damit ist zweifelhaft, ob Mädchen – oder Jungen – in der Adoleszenz überhaupt für die eigene Elternschaft mit den Folgen ‚planen', oder ob sie nicht, wenn wir denn kommen und sie danach fragen, lediglich soziale Skripts vorbringen, die mit ihrem eigenen Innenleben noch wenig zu tun haben" (ebd.). Auch andere Forscherinnen hegen Zweifel, „ob eine nur dichotome Betrachtungsweise des Lebens junger Frauen in den Bereich Beruf einerseits und den komplementären Bereich Ehe und Familie andererseits angebracht ist" (Diezinger/Rerrich 1998: 165).

Neuere qualitative Studien, die sich weniger auf ein Abfragen von vorgegebenen Formulierungen konzentrieren,[9] sondern darauf, was junge Frauen konkret an Wünschen und Vorstellungen äußern, deuten darauf hin, dass die gleiche Gewichtung von Beruf und Familie im Sinne von Vereinbarkeit nicht für alle jungen Frauen gleichermaßen eine Rolle spielt (vgl. Geissler/Oechsle 1996 zu jungen Frauen in Bremen; Keddi u.a. 1999 zu jungen Frauen in Bayern und Sachsen; Diezinger/Rerrich 1998 zu erwerbslosen Hauptschülerinnen und berufstätigen Frauen mit Kindern). Die ausschließliche Festlegung von Mädchen und jungen Frauen auf den doppelten Lebensentwurf wird ihrer Lebenswirklichkeit nicht (mehr) gerecht.

Junge Frauen haben unterschiedliche Verhältnisse von Arbeit und Privatleben entwickelt, neben der „Doppelorientierung", die ein hohes Maß an

---

9 Wird in einer Befragung wie etwa der Shellstudie nach der Bedeutung von Beruf oder Kindern gefragt, beziehen sich die Befragten in ihren Antworten auf die genannten Alternativen. Sie haben im Vergleich zum qualitativen Interview nicht die Möglichkeit, ihre eigenen Präferenzen einzubringen.

Abstimmung und Koordination in der alltäglichen Lebensführung und -planung erfordert, gibt es noch weitere zentrale Schwerpunkte ihrer Lebensplanung, die ihr Leben, ihre Vorstellungen, Entscheidungen und Handlungen strukturieren. „Ehe und Familie sind nicht (mehr?) die Einzigen oder gar einzig bedeutsamen ‚Gegenpole' zu Beruf und Arbeitsmarkt in der alltäglichen Lebensführung junger Frauen" (Diezinger/Rerrich 1998: 165). Andere Projekte können ihren Raum einnehmen. Die individuellen Lebensentwürfe von jungen Frauen weisen eine große Bandbreite in der aktuellen und künftigen Lebensgestaltung auf (Keddi u.a. 1999)[10], die jedoch nicht mit pluraler Beliebigkeit zu verwechseln ist.

Unterschiedliche Lebensthemen

Keddi u.a. (1999) konnten in ihrer qualitativen Längsschnittstudie beispielsweise unterschiedliche Lebensthemen junger Frauen herausarbeiten, die jeweils die Basis für ihre Lebensplanung und -gestaltung bilden sowie sinnstiftend und handlungsleitend für biographische Entscheidungen sind: Bei einem Teil der jungen Frauen stehen Lebensbereiche wie Familie, Beruf oder die Balance von Familie und Beruf deutlich im Vordergrund. Andere distanzieren sich, bewusst oder unbewusst, von diesen anerkannten weiblichen Lebensentwürfen: Sie betonen ihre Autonomie und ihre eigenen Ziele als zentrales biographisches Projekt; sie stellen Partnerschaft ins Zentrum ihres Lebens, gegenüber der Beruf und Kinder eine geringere Bedeutung haben; sie wollen einfach nur gut leben ohne große Veränderungen, was ihrer Meinung nach am besten ohne Kinder und vielleicht auch ohne Partner gelingt; oder sie haben noch keinen stabilen Lebensentwurf entwickeln können und sind damit beschäftigt herauszufinden, wie sie überhaupt leben wollen.[11]

---

10 Ergebnis einer am Deutschen Jugendinstitut im Auftrag des Bundesministeriums für Familie, Senioren, Frauen und Jugend durchgeführten qualitativen Studie: Insgesamt viermal wurden junge Frauen (Jahrgang 1963-1972) über einen Zeitraum von sieben Jahren interviewt. Ein Auswahlkriterium war, dass sie zum ersten Erhebungszeitpunkt eine Berufsausbildung abgeschlossen und keine Kinder hatten. Befragt wurden junge Frauen aus Bayern und Sachsen jeweils in einer Großstadt, einer Kleinstadt und einer ländlichen Region; der Bildungsstand entsprach der regionalen Streuung. Von 125 jungen Frauen, 80 in Bayern und 45 in Sachsen, liegen Längsschnittdaten über sieben Jahre vollständig vor. Sie waren zu Beginn der Untersuchung zwischen 19 und 27 Jahre alt.
11 Diese Lebensthemen sind nicht repräsentativ; sie weisen Häufigkeiten von 10 bis 25 Prozent auf.

1.2 Die Bedeutung des Berufs

Generell gilt heute für alle jungen Frauen, dass der Beruf die Basis für ihr Leben darstellt. „Ob Beruf eher Selbstbehauptung oder eher Selbstverwirklichung bedeutet, hängt von den Persönlichkeitsressourcen ab" (Deutsche Shell 2000: 15). Pritzl (1996) konnte fünf Typen von Arbeitsorientierungen ausmachen: karriereorientierte, berufsorientierte, joborientierte, familienorientierte und resignierte, die sich zwar geschlechtsspezifisch unterschiedlich verteilen, aber auch für junge Frauen verschiedene Grundhaltungen zur Arbeit belegen. So spiegelt sich die zunehmende Ausdifferenzierung weiblicher Lebensentwürfe auch auf der beruflichen Schiene.

Lebensentwürfe junger Frauen, als biographische Sinnzusammenhänge interpretiert (Keddi u.a. 1999), bringen zusätzliche Hinweise darauf, dass hinter unterschiedlichen Haltungen zum Beruf und hinter unterschiedlichen, oft chaotisch und inhomogen wirkenden Berufseinmündungsprozessen auch individuell unterschiedliche Berufsorientierungen stehen können:

– Frauen mit dem Lebensthema „Familie" sehen beispielsweise Berufsausbildung und Berufstätigkeit als Teil ihres Beitrags zur Familiengründung. Eine Berufsausbildung ist für sie entsprechend unabdingbar, sie sind jedoch bereit, nach der Ausbildung eine ausbildungsferne Tätigkeit einzunehmen, wenn diese ein höheres Einkommen bietet. Die Berufsausbildung – überwiegend in Frauenberufen innerhalb des dualen Systems – dient ihnen als Sicherung, auf die sie im Bedarfsfall zurückgreifen können.
– Frauen mit dem Lebensthema „Doppelorientierung auf Familie und Beruf" haben dagegen hohe inhaltliche und soziale Ansprüche an ihre Berufstätigkeit und sehen im Beruf einen gleichrangigen Lebensbereich zur Familie. In dem Wunsch, beide Bereiche in Einklang zu bringen, orientieren sie sich am Leitbild des doppelten Lebensentwurfs und haben dessen implizite Widersprüche in ihrer Lebensgestaltung aufzulösen. Für sie ist die Berufswahl mit Fragen einer späteren Vereinbarkeit verbunden. Ein – zeitlich befristeter Ausstieg – ist für sie erst in Folge einer erfolgreichen beruflichen Positionierung denkbar.
– Für Frauen mit dem Lebensthema „Beruf" nimmt die Frage nach gezielter Aus- und Weiterbildung den größten Raum ein. Für sie stellt sich die Berufsausbildung als Anfangspunkt ihrer Laufbahn dar, nicht als ihr Ende. Weitgehend unabhängig von der Erstausbildung zeigen sie sich aufstiegsorientiert, nutzen „Schlupflöcher" und suchen Umwege, berufsspezifische Schranken zu durchbrechen. Kinderwunsch und Kinder erzwingen fast notwendigerweise eine Auseinandersetzung mit dem Modell des doppelten Lebensentwurfs – ohne dass die Frauen ihn für sich antizipieren. Die Frauen grenzen sich von diesem Modell ab und setzen ihm einen Lebensentwurf entgegen, in dem sie keine größeren Abstriche an ihre Berufspläne machen, sondern auch faktisch den Partner in die Pflicht nehmen.

- Frauen mit dem Lebensthema „Eigener Weg" wünschen sich eine interessante Tätigkeit, in der sie ihre Interessen umsetzen können. Zumeist erscheint ihnen ihre Erwerbsarbeit zu eintönig, nur selten eröffnet ihnen die Berufsausbildung die gewünschten inhaltlichen Handlungsspielräume. Dabei stehen weder Karriere noch hierarchische Positionen im Vordergrund. In der Folge dient der Beruf als Basis, um Gestaltungsräume auch außerhalb des Erwerbslebens zu eröffnen. Auffallend häufig machen sich diese Frauen selbstständig.
- Für junge Frauen mit dem Lebensthema „Gemeinsamer Weg" ist die berufliche Tätigkeit eine Möglichkeit, sich einen gemeinschaftlichen Lebensbereich mit dem Partner zu erschließen – sei es durch eine gemeinsame berufliche Selbstständigkeit, sei es durch die Arbeit beider Partner in einem verwandten Beruf. Die Frauen betonen den Wunsch nach einer befriedigenden Tätigkeit, verorten diese aber unabhängig vom jeweiligen Inhalt des Ausbildungsberufs oder Studiums. Die höchste Zufriedenheit erreichen sie durch die Zusammenarbeit mit dem Partner. Ein Wechsel aus dem Berufsfeld kommt für sie durchaus infrage. Der Erstberuf hat damit nur untergeordnete Bedeutung.
- Frauen mit dem Lebensthema „Status quo" sehen den Beruf als Grundlage für die Stabilisierung und den Erhalt ihres Lebensstandards. Ihr Ziel liegt in zufrieden stellenden Arbeitsbedingungen, Aufstiegsstreben ist ihnen fremd. Sie wollen im erlernten Beruf gute Arbeit leisten; im Ergebnis steigen sie auf. Die Berufswahl ist weniger von einem spezifischen Interesse an einem Beruf getragen, sondern orientiert sich vor allem an „extrinsischen" Faktoren: sicher und krisenbeständig.
- Frauen mit dem Lebensthema „Suche nach Orientierung" sehen den Beruf als Basis ihrer Existenz an. Trotz der zentralen Bedeutung des Berufs für ihr Leben sind sie mit ihrer Berufsausbildung und ihrer Berufssituation fast ausnahmslos unzufrieden: Sie beteuern, nicht die richtige Ausbildung absolviert zu haben bzw. nicht entsprechend eingesetzt zu werden.

Berufsplanung als Teil der Lebensplanung

Junge Frauen müssen sich ihren individuellen Lebensentwurf selbst „konstruieren". Dieser ist entscheidend, um Alltag und die eigene Biographie gestalten zu können.[12] Individuelle Orientierungskompetenz ist in hohem Maß notwendig, denn es besteht wenig Planungssicherheit. Das bewusste Abwägen, Durchspielen und Zur-Kenntnis-Nehmen von unterschiedlichen biographischen Mög-

---

12 In ganz besonderer Weise gilt dies für die jungen Frauen aus den neuen Bundesländern. Sie müssen nicht nur einen Lebensentwurf entwickeln, sondern zusätzlich unterschiedliche Sozialisationserfahrungen in Schule und Gesellschaft und die veränderten Bedingungen nach der Wiedervereinigung Deutschlands in ihre eigene Lebensplanung integrieren.

lichkeiten ist für Frauen historisch neu und wird zunehmend wichtig für ihr gesamtes Leben. Planen darf in diesem Zusammenhang nicht lediglich mit strategisch rationalen Vorgehensweisen und Handlungen gleichgesetzt werden. Es beinhaltet vielmehr umfassende Kompetenzen und die Fähigkeit zur biographischen Selbststeuerung. Der Lebensentwurf ist das Ergebnis der Auseinandersetzung der jungen Frauen mit Strukturen, normativen Vorgaben und kollektiven Lebensentwürfen sowie biographischen Erfahrungen. Auch Berufswahl und Berufseinstieg sind in diesem Zusammenhang zu sehen.

2 Mädchen und junge Frauen in Bildung und Ausbildung – Ausgewählte Aspekte[13]

Mädchen und junge Frauen äußern den Anspruch, ihr Leben selbst in die Hand zu nehmen. Eine eigenständige Lebensführung mit vielen Freiräumen und Möglichkeiten ist für sie selbstverständlich (Keddi u.a. 1999; Oechsle/ Geissler 1998; Pritzl 1996; Lemmermöhle 2001). Sie verstehen sich als Gestalterinnen ihrer eigenen Biographie. Allerdings zeigt sich, dass sie über die Konsequenzen der Einmündung in bestimmte Berufe und Berufsfelder kaum informiert sind. Zu oft werden junge Frauen in Berufen ausgebildet, die eine eigenständige ökonomische Existenz kaum erlauben. In vielen Fällen ist nach der Ausbildung eine Weiterqualifikation oder sogar Umschulung erforderlich. Damit werden andere Pläne aufgeschoben, bis die jungen Frauen beruflich Fuß gefasst haben. Insgesamt zeigt sich, dass viele Frauen bis zum Ende des 30. Lebensjahres oder darüber hinaus damit beschäftigt sind, ihre berufliche Situation zu stabilisieren. Betrachtet man die Berufseinmündung unter dem Aspekt der Ausdifferenzierung von Lebensentwürfen, erscheint eine einheitliche, unspezifische Berufsplanung für alle Mädchen wenig sinnvoll. Es lässt sich folgern, dass Maßnahmen und Projekte zur Erweiterung des weiblichen Berufsspektrums die unterschiedliche Bedeutung von Berufstätigkeit im Kontext der gesamten Lebensplanung im Auge behalten müssen, um den Bedürfnissen von jungen Frauen gerecht zu werden. Es gibt nicht die für alle Mädchen und jungen Frauen geeigneten Unterstützungs- und Fördermaßnahmen.

Die Einmündung in den Ausbildungs- und Arbeitsmarkt sieht nach wie vor bei jungen Männern und jungen Frauen unterschiedlich aus, die konjunkturellen Bedingungen und die aktuelle Arbeitsmarktsituation wirken als

---

13 Der vorliegende Überblick kann nur einzelne Aspekte benennen. Für eine ausführlichere Darstellung der Situation von Mädchen und jungen Frauen in Schule und Ausbildung vgl. Bund-Länder-Kommission 2000, die Arbeiten des Hochschul-Informations-Systems (HIS), die spezifischen Auswertungen des Bundesinstituts für Berufsbildung (BiBB), sowie des Instituts für Arbeitsmarkt- und Berufsforschung (IAB). Eine ausführliche Darstellung zur Ausbildungssituation in Deutschland findet sich im jährlichen Berufsbildungsbericht (Bundesministerium für Bildung und Forschung).

Verstärker.[14] Die Übergänge von der Schule in den Ausbildungs- und Arbeitsmarkt sind vielfältig: Der Verzicht auf eine Ausbildung und der Berufseinstieg als an- oder ungelernte Person ist genauso möglich wie eine Ausbildung in einem anerkannten Ausbildungsberuf im Rahmen des dualen Systems oder einer Vollzeitschule oder die Aufnahme eines Fachhochschul- oder Hochschulstudiums. Krüger beschreibt, dass sich die Dreigliedrigkeit des Allgemeinbildungssystems durch die Überlagerung zweier Staffelungsprinzipien[15] in eine Fünfgliedrigkeit des Berufsbildungssystems ausdifferenziert und weist jedem Bildungsniveau entsprechende Berufspositionen zu (Krüger 1991: 143).

Die aktuelle Situation auf dem Arbeits- und Ausbildungsmarkt ist äußerst uneinheitlich und muss regional unterschieden werden. Während sich der Ausbildungsmarkt in einigen Regionen der alten Bundesländer zunehmend entspannt, ist die Situation gerade in den neuen Bundesländern nach wie vor äußerst prekär. Das vorliegende Buch kann nicht durchgehend auf die spezifische regionale Ausbildungs- und Arbeitsmarktsituation[16] Bezug nehmen.

Die folgende Darstellung (Abbildung 1) der Situation von Mädchen und jungen Frauen im Ausbildungssystem orientiert sich an der Differenzierung zwischen der Berufsausbildung im dualen System und einer (Berufs-) Fachschulausbildung einerseits und dem Studium andererseits.[17]

---

14 Frauen sind nach wie vor in geringerer Weise als Männer am Erwerbsleben beteiligt. Die Erwerbsquote (Anteil der Erwerbspersonen an der gesamten Bevölkerung) betrug im April 1999 für die 15- bis unter 65-jährigen Männer 80,3 Prozent und für die Frauen gleichen Alters 63,8 Prozent (Statistisches Bundesamt). Unterschiede zeigen sich zwischen den alten und neuen Bundesländern. In den neuen Bundesländern fällt die Differenz zwischen Männern (1998: 80,2 Prozent) und Frauen (73,5 Prozent) deutlich geringer aus. Dennoch kann aus der höheren Erwerbsquote von Frauen in den neuen Bundesländern nicht auf eine wesentlich höhere Teilhabe von Frauen auf dem Arbeitsmarkt geschlossen werden, da gerade in den neuen Bundesländern die höhere Erwerbsquote mit hoher Arbeitslosigkeit gepaart ist.

15 Die aus der Handwerkstradition von unten entstandene Stufung der Berechtigungen nach Ausbildungsabschlüssen in Hilfskraft, Geselle und Meister (heute: Un-/Angelernte/r, FacharbeiterIn und Spezialqualifikation auf mittlerer Ebene) und die von oben aus der Verwaltungsbürokratie entstandene Eingruppierung des öffentlichen Dienstes nach höherem, gehobenem, mittlerem und einfachem Dienst mit entsprechenden Bildungsabschlüssen (Krüger 1991: 143).

16 Die regionale Entwicklung hinsichtlich der Berufsbereiche auf Länderebene findet sich in Kap. 1.2 des Berufsbildungsberichts 2000.

17 Krüger (1991) zeigt, dass das Berufsbildungssystem eine „horizontale Dreifachstruktur" (1991: 161) aufweist: das duale System, das Schulberufssystem und das „Moratoriumssystem" (zum Nach- und Vorholen von Qualifikationen bei Übergangsproblemen in den Ausbildungsmarkt). Allerdings wird in der folgenden Darstellung der Aspekt des „Moratoriums" weitgehend vernachlässigt, weil er nicht direkt in eine qualifizierte Berufstätigkeit führt. Während dieses letztgenannte Segment konjunkturabhängig ist, folgen die Unterschiede in den ersten beiden Segmenten (dem dualen System und der vollschulischen Ausbildung) strukturellen Grundmustern in der Aus-

Abbildung 1: Bildungsniveau und Berufspositionen

Bildungsniveau	Berufspositionen
Universitätsabschluss	Hochschulniveau: LehrerIn, PhysikerIn, Tätigkeiten im höheren Dienst der öffentlichen Verwaltung etc.
Fachhochschulabschluss	Fachhochschulniveau: Dipl. IngenieurIn (FH), Dipl. SozialarbeiterIn (FH), Mittel-Management, ChefsekretärIn, Tätigkeiten im gehobenen Dienst etc.
Fachschulabschluss	MeisterInnenniveau: HandwerksmeisterIn, SekretärIn, Assistenzberufe, ErzieherIn, Tätigkeiten im mittleren Dienst etc.
Berufsschulabschluss mit Berufsausbildung nach BBiG oder äquivalenter Berufsausbildung	FacharbeiterInnenniveau: ElektrikerIn, FriseurIn, VerkäuferIn, Bürokaufmann/-frau etc.
Ohne Berufsausbildung	Ungelernten-/Angelerntenniveau: Hilfstätigkeiten in Büro und Verwaltung, BandarbeiterIn etc.

Darstellung in Anlehnung an Krüger 1991: 143.

2.1 Mädchen als Gewinnerinnen der Bildungsoffensive

Seit der Bildungsreform in den 60er Jahren hat sich die Bildungsbeteiligung von Mädchen grundlegend verändert. Mädchen haben nicht nur aufgeholt, was den Besuch weiterführender Schulen betrifft, sie haben – hinsichtlich der höheren Bildungabschlüsse – die Jungen sogar überholt. Mädchen besuchen inzwischen häufiger als Jungen Schulen, die zu höheren Bildungsabschlüssen führen und erwerben in größerer Zahl höhere Bildungszertifikate. Mädchen können also durchaus als Gewinnerinnen der Bildungsoffensive gelten – trotzdem können sie ihre Qualifizierungsgewinne im schulischen Bereich nicht in berufliche Platzierungen umsetzen.

bildung von Mädchen und Jungen (ebd.), wie sich auch aus den Zahlen zur Ausbildungssituation von Jungen und Mädchen ablesen lässt.

Mädchen stellen über 50 Prozent der AbiturientInnen und verlassen die allgemeinen Schulen mit im Durchschnitt höheren Bildungsabschlüssen als Jungen

Im Schuljahr 1999/2000 sind rund 937.977 SchülerInnen aus allgemein bildenden Schulen entlassen worden, davon insgesamt 49 Prozent Mädchen. Mit der Höhe der Qualifikation steigt der Anteil der Mädchen an den AbsolventInnen. So waren von den im Jahr 1999/2000 die allgemeine Hochschulreife Erreichenden 56 Prozent junge Frauen, auch den mittleren Abschluss erwarben mit 51,8 Prozent mehr Mädchen als Jungen. Besonders hoch ist der Anteil der Absolventinnen mit Hochschulreife in den neuen Ländern. Junge Männer dagegen finden sich häufiger in den Hauptschulen wieder und haben einen größeren Anteil am (qualifizierenden) Hauptschulabschluss. Bei den SchulabgängerInnen, die keinen Abschluss machen, beträgt der Anteil von jungen Frauen sogar nur 35,3 Prozent (vgl. Abbildung 2). Auch wiederholen Mädchen seltener als Jungen die Klasse und besuchen auch seltener eine Sonderschule.

Abbildung 2: Frauenanteil an den Schulentlassenen aus allgemein bildenden Schulen 1992 und 2000

Schulabschluss	1992		2000	
	Insgesamt (absolut)	Frauenanteil in Prozent	Insgesamt (absolut)	Frauenanteil in Prozent
Ohne Hauptschulabschluss	63.558	36,8	86.601	35,3
Mit Hauptschulabschluss	209.757	43,8	238.509	42,5
Realschulabschluss	310.921	51,8	373.013	51,8
Fachhochschulreife	5.745	48,7	10.154	o.A.
Allgemeine Hochschulreife	186.158	52,4	229.700	56,0

Quelle: Statistisches Bundesamt, Allgemeinbildende Schulen, Fachserie 11, Reihe 1, verschiedene Jahrgänge, Wiesbaden.

Geschlechtsspezifische Unterschiede in der schulischen Fächerwahl

Doch während sich die Qualifikation von Jungen und Mädchen angeglichen hat, bestehen weiterhin große Unterschiede in der Wahl der Fächerkombinationen und gewählten Fachrichtungen. Im Jahr 1996 belegten nach Angabe der HIS-Studienberechtigtenbefragung (Schütt/Levin 1998) Mädchen und junge Frauen bevorzugt die Leistungsfächer Deutsch, Englisch und Biologie, Jungen und junge Männer dagegen wählten schwerpunktmäßig Mathematik, Englisch und Physik. Insgesamt wurden die sprachlichen Fächer mehrheitlich von jungen Frauen gewählt (92 Prozent der Abiturientinnen in den alten und 94 Prozent der Abiturientinnen in den neuen Bundesländern), während die Abiturienten sprachliche Fächer nur zu 52 Prozent (alte Bundesländer) bzw. 59 Prozent (neue Bundesländer) belegten. Entgegengesetzt stellt sich die Situation in naturwissenschaftlichen Fächern dar: Das Fach Mathematik wurde zwar bevorzugt von jungen Männern gewählt, allerdings findet sich hier ein deutlicher Unterschied zwischen den neuen und alten Bundesländern. In den neuen Bundesländern wählten mit 32 Prozent deutlich mehr Mädchen Mathematik als in den alten Bundesländern; hier waren es nur 22 Prozent.[18] Auffällig bei der Wahl der Leistungsfächer ist also nicht nur der Geschlechts-, sondern auch der Regionenunterschied (vgl. Abbildung 3).

Abbildung 3: Die am häufigsten gewählten Leistungsfächer im Abitur an allgemein bildenden Schulen nach Geschlecht in den alten und neuen Bundesländern 1996 in Prozent

Leistungsfächer	Alte Länder		Neue Länder	
	weiblich	männlich	weiblich	männlich
Chemie	5	10	3	5
Physik	3	22	4	29
Mathematik	22	45	32	60
Biologie	30	17	40	23
Deutsch	37	17	41	23
Englisch	35	27	50	33
Französisch	16	5	3	3
Alte Sprachen	4	3	–	–
Geschichte	9	13	10	11
Erdkunde	9	12	10	9
Sozialkunde	4	7	0	0
Religion/Werte	1	0	0	0
Musik/Kunst	12	6	2	0
Sport	2	3	0	0

Vgl. Bund-Länder-Kommission 2000.

Quelle: HIS-Studienberechtigtenbefragung, in: HIS-Bildungswege von Frauen 1998 (Schütte/Levin 1998: 22).

Die horizontale Differenzierung im Bildungswesen zeichnet sich nicht nur an Gymnasien ab. Auch bei anderen Schultypen sind geschlechterbezogene Unterschiede erkennbar: Die eher technisch ausgerichteten Fachgymnasien befinden sich weitgehend in „Männerhand". Die Absolventen der Fachoberschulen differenzieren sich stark entlang der Fachrichtungen. Der wirtschaftliche Zweig ist mehr oder weniger ausgewogen, der Zweig Sozialwesen wird überwiegend von Frauen, die technische Fachrichtung dagegen in der Mehr-

---

18 Auch bei den Jungen ist die Beliebtheit des Faches in den neuen Bundesländern größer: Hier wählten 60 Prozent Mathematik als Leistungsfach gegenüber 45 Prozent in den alten Bundesländern.

heit von Männern besucht (Bund-Länder-Kommission 2000: 29). Erstaunlicherweise ist nicht nur das „normale" Schulwesen segregiert. Auch im Bereich der Hochbegabtenförderung zeigt sich eine starke Geschlechtsdifferenzierung: Schulen mit einem sprachlichen Förderungsschwerpunkt werden zu über 90 Prozent von Mädchen besucht (Bund-Länder-Kommission 2000).

2.2 Die aktuelle Situation von jungen Frauen auf dem Ausbildungsmarkt

Eine qualifizierte Berufsausbildung oder ein Studium ist für Mädchen genauso wie für Jungen eine Selbstverständlichkeit und wird von den Jugendlichen fast durchgehend angestrebt: „Betrachtet man das gesamte Spektrum der Berufsausbildungsangebote, erreichen junge Frauen heute ebenso wie junge Männer zu etwa 90 Prozent einen qualifizierten Berufsabschluss" (BMBF 2000: 13).[19]

Die Beteiligung von jungen Frauen und Männern an den verschiedenen Berufsausbildungsangeboten unterscheidet sich nach wie vor

Mit dem Eintritt ins Berufsleben setzt sich ein starker Segregationsprozess mit dauerhaften Konsequenzen in Gang, der nicht zuletzt durch die „Doppelstruktur des Berufsbildungssystems" (Krüger 1991) geprägt ist. Jungen und Mädchen verteilen sich nicht nur unterschiedlich im Berufsbildungssystem, die Konzentration von jungen Männern und Frauen auf bestimmte, geschlechtsspezifisch konnotierte Berufe ist unvermindert hoch. Die Unterschiede zeigen sich vor allem darin, in welchem Berufsfeld und in welchem Typus von Ausbildung sich die jungen Frauen und Männer befinden. Der größte Teil aller Mädchen und jungen Frauen, 1998 waren es rund 664.000, münden in das duale System ein, der Frauenanteil unter den Auszubildenden im dualen System betrug damit rund 40 Prozent. In den vollqualifizierenden Berufsausbildungen in Berufsfachschulen und in den Schulen des Gesundheitswesens wurden 1998 rund 220.000 junge Frauen gezählt, das waren jeweils knapp 80 Prozent aller diese Schulen besuchenden Jugendlichen. Unter den StudienanfängerInnen waren 1997 an die 108.000 Frauen, insgesamt rund 48 Prozent. Bei der Laufbahnausbildung im Beamtenverhältnis betrug der Anteil junger Frauen 1998 rund 60 Prozent (74.000 Frauen) (BMBF 2000: 13).

---

19 Zur Struktur des Berufsbildungssystems und der Ausbildung von Mädchen (bzw. jungen Frauen) vgl. auch Ostendorf (2001).

2.2.1 Das duale Ausbildungswesen

In der dualen Berufsausbildung werden junge Menschen in qualifizierter und standardisierter Weise von der Praxis für die Praxis ausgebildet. Im Rahmen ihrer Ausbildung erhalten sie neben der fachpraktischen Ausbildung im Betrieb verpflichtend allgemein bildenden und fachtheoretischen Unterricht an den Berufsschulen. Geregelt ist die duale Ausbildung durch das Berufsbildungsgesetz (BBiG) bzw. die Handwerksordnung (HwO). War diese Form der Ausbildung in früheren Jahren weitgehend AbsolventInnen mit Hauptschul- und Realschulabschluss[20] vorbehalten, drängen inzwischen verstärkt auch AbiturientInnen in die betriebliche Berufsausbildung. Unter den 1 657 800 Jugendlichen, die 1998 einen Ausbildungsvertrag abgeschlossen hatten, verfügten bereits 16,8 Prozent über die (Fach-)Hochschulreife. Von Bedeutung ist dies besonders, weil sich dadurch ein Gefälle zwischen Auszubildenden und Ausbildungsberufen andeutet: HauptschulabsolventInnen und AbiturientInnen erlernen nicht dieselben Berufe. HauptschülerInnen finden sich vor allem im Handwerk oder Einzelhandel, RealschülerInnen in Berufen des Handels- und des Gesundheitsbereichs oder der gewerblichen Berufe, während studienberechtigte Auszubildende überwiegend kaufmännische Berufe wählen (vgl. Abbildungen 4-6).

Abbildung 4: Die zehn am häufigsten von AusbildungsanfängerInnen mit Hauptschulabschluss gewählten Ausbildungsberufe 1999

Ausbildungsberuf	Anteil der HauptschulabsolventInnen an allen Ausbildungsanfängern in Prozent
Kraftfahrzeugmechaniker/-in	48,0
Maler und Lackierer/ Malerin und Lackiererin	60,6
Kaufmann/Kauffrau im Einzelhandel	35,0
Friseur/Friseurin	55,3
Fachverkäufer/-in im Nahrungsmittelhandwerk	65,8
Maurer/Maurerin	52,7
Elektroinstallateur/-in	42,6
Verkäufer/Verkäuferin	51,2
Koch/Köchin	43,0
Metallbauer/Metallbauerin	56,4

Vgl. BMBF (2001): Berufsbildungsbericht, Übersicht 20, S. 79.

Quelle: Statistisches Bundesamt, Fachserie 11, Bildung und Kultur, Reihe 3, Erhebung zum 31. Dezember, Wiesbaden.

---

20 Der Unterschied zwischen Mädchen und Jungen wird besonders deutlich, betrachtet man die Auszubildenden nach ihrem Bildungsabschluss. So finden sich männliche Hauptschulabsolventen deutlich häufiger in einer betrieblichen Ausbildung als Hauptschülerinnen, die 1996 zu rund einem Viertel andere Ausbildungswege wählten.

Abbildung 5: Die zehn am häufigsten von AusbildungsanfängerInnen mit
Mittlerem Schulabschluss gewählten Ausbildungsberufe 1999

Ausbildungsberuf	Anteil der RealschulabsolventInnen an allen Ausbildungsanfängern in Prozent
Kaufmann/Kauffrau im Einzelhandel	38,8
Arzthelfer/Arzthelferin	60,6
Kraftfahrzeugmechaniker/-in	36,4
Bürokaufmann/Bürokauffrau (IuH)	44,2
Zahnarzthelfer/Zahnarzthelferin	57,5
Elektroinstallateur/Elektroinstallateurin	43,6
Industriekaufmann/Industriekauffrau	30,1
Kaufmann/Kauffrau in Groß- und Außenhandel	34,6
Kaufmann/Kauffrau für Bürokommunikation	48,0
Koch/Köchin	38,9

Vgl. BMBF (2001): Berufsbildungsbericht, Übersicht 19, S. 77.

Quelle: Statistisches Bundesamt, Fachserie 11, Bildung und Kultur, Reihe 3, Erhebung zum 31. Dezember, Wiesbaden.

Abbildung 6: Die zehn am häufigsten von AusbildungsanfängerInnen mit
Hochschulreife gewählten Ausbildungsberufe 1999

Ausbildungsberuf	Anteil der AbiturientInnen an allen Ausbildungsanfängern in Prozent
Bankkaufmann/Bankkauffrau	68,4
Industriekaufmann/Industriekauffrau	47,8
Kaufmann/Kauffrau in Groß- und Außenhandel	33,9
Bürokaufmann/Bürokauffrau (IuH)	17,7
Steuerfachangestellte/-r	54,6
Versicherungskaufmann/Versicherungskauffrau	61,9
Hotelfachmann/Hotelfachfrau	24,9
Rechtsanwalts-/Notarangestellte/-r	30,3
Kaufmann/Kauffrau für Bürokommunikation	22,3
Fachinformatiker/Fachinformatikerin	56,0

Vgl. BMBF (2001): Berufsbildungsbericht, Übersicht 19, S. 77.

Quelle: Statistisches Bundesamt, Fachserie 11, Bildung und Kultur, Reihe 3, Erhebung zum 31. Dezember, Wiesbaden.

Junge Frauen konzentrieren sich auf wenige Berufe

Der Anteil von Mädchen und jungen Frauen im dualen System betrug 1998 40,6 Prozent, nachdem er seinen Höchststand im Jahr 1989 von rund 43 Prozent erreichte. In den neuen Ländern lag der Frauenanteil mit 37,8 Prozent erheblich niedriger als in den alten Ländern.[21] Grund für den geringen Frau-

---

21 Ebenso wie auf dem allgemeinen Arbeitsmarkt in den neuen Ländern sind Frauen auch im Ausbildungssystem Männern unterlegen. Aus der betrieblichen Ausbildung wurden sie in außerbetriebliche Maßnahmen, in weiterführende Schulen oder Berufs-

enanteil in den neuen Bundesländern könnte das geringe Angebot an Ausbildungsplätzen in den Dienstleistungs- und Büroberufen sein (BMBF 2000: 71). Weibliche und männliche Jugendliche sind nicht nur in unterschiedlicher Anzahl im dualen Ausbildungswesen repräsentiert, auch ihre Beteiligung an den einzelnen Ausbildungsberufen ist äußerst unterschiedlich. Betrachtet man die am stärksten besetzten Ausbildungsberufe, zeigt sich für die überwiegende Zahl der Auszubildenden eine klare Zuordnung zu „Frauen-" und „Männerberufen". In der Bundesrepublik Deutschland gibt es weit über 300 anerkannte Ausbildungsberufe[22]; dennoch konzentriert sich das Gros der Auszubildenden auf nur wenige Berufe. In der dualen Ausbildung selbst verteilen sich 54 Prozent der weiblichen Auszubildenden und 41 Prozent der männlichen Auszubildenden jeweils auf nur zehn Ausbildungsberufe (BMBF 2000: 13). Insgesamt sind bei jungen Frauen neun der zehn am stärksten besetzten Ausbildungsberufe kaufmännische bzw. Dienstleistungsberufe, als einziger Handwerksberuf ist darunter derjenige der Friseurin zu finden. Die Situation bei den männlichen Auszubildenden stellt sich umgekehrt dar: Acht der zehn am häufigsten gewählten Ausbildungsberufe sind gewerblich-technische Berufe (vgl. Abbildungen 7 und 8). Damit sind nur rund 10 Prozent der jungen Frauen in den Fertigungsberufen des dualen Systems beschäftigt, während ihr Anteil in den Dienstleistungsberufen bei 70 Prozent liegt. In den neuen Medienberufen sind Frauen gleichermaßen wie Männer engagiert. Dies gilt für eine Reihe von Informations- wie auch Medienberufen: Film- und VideoeditorIn, Werbe- und MedienvorlagenherstellerIn, Film- und MediengestalterIn in Bild und Ton sowie Bild- und TonlaborantInnen werden von Mädchen und Jungen gewählt. Dagegen zeigt sich im Bereich der neuen Ausbildungsberufe der Informations- und Telekommunikationstechnik eine unterdurchschnittliche Beteiligung der jungen Frauen, ihr Anteil beträgt hier 25 Prozent oder weniger (BMBF 2000: 14).

---

fachschulen abgedrängt. Dabei stellt Schober (1996) fest, dass die jungen Frauen aus den neuen Bundesländern nicht bevorzugt eine schulische Berufsausbildung anstreben. Sie haben erheblich größere Schwierigkeiten bei der Suche nach einem Ausbildungsplatz als junge Männer. Haben sie dann einen Ausbildungsplatz erhalten, entspricht er viel häufiger als bei Jungen nicht ihren Berufswünschen. Auch sind ihre Übernahmechancen nach der Ausbildung deutlich geringer als die der männlichen Kollegen (Schober 1994, 1996).

22 Rund 80 Prozent der Berufe, die im dualen System erlernt werden können, fallen in die Kategorie „Männerberuf".

Abbildung 7: Die zehn am stärksten besetzten Ausbildungsberufe für
weibliche Auszubildende 1998 und 1999 in Prozent

Ausbildungsberufe für weibliche Auszubildende	Ausbildungsbereich	Anteil an den Neuabschlüssen weiblicher Auszubildender in Prozent 1998	Anteil an den Neuabschlüssen weiblicher Auszubildender in Prozent 1999
Bürokauffrau	Industrie und Handel	8,1	8,4
Kauffrau im Einzelhandel	Industrie und Handel	6,6	7,5
Friseurin	Handwerk	5,8	7,5
Arzthelferin	Freie Berufe	6,9	6,0
Industriekauffrau	Industrie und Handel	5,0	4,9
Fachverkäuferin im Nahrungsmittelhandwerk	Handwerk	4,7	4,6
Zahnarzthelferin	Freie Berufe	6,1	4,3
Verkäuferin	Industrie und Handel		4,1
Kauffrau für Bürokommunikation	Industrie u. Handel, Öffentlicher Dienst	3,5	3,9
Bankkauffrau	Industrie und Handel	3,9	3,7
Hotelfachfrau	Industrie und Handel	3,4	o.A.
Gesamt		54, 0	53,7

Vgl. BMBF (2001): Berufsbildungsbericht, Übersicht 38, S. 96 und Berufsbildungsbericht (2000), Übersicht 41, S. 75, eigene Darstellung.

Quelle: Statistisches Bundesamt, Fachserie 11, Bildung und Kultur, Reihe 3, Berufliche Bildung 1998, Erhebung zum 31. Dezember, Wiesbaden.

Abbildung 8: Die zehn am stärksten besetzten Ausbildungsberufe für
männliche Auszubildende 1998 in Prozent

Ausbildungsberufe für männliche Auszubildende	Ausbildungsbereich	Anteil an den Neuabschlüssen männlicher Auszubildender in Prozent 1998	Anteil an den Neuabschlüssen männlicher Auszubildender in Prozent 1999
Kraftfahrzeugmechaniker	Handwerk	7,7	6,5
Elektoinstallateur	Handwerk	5,1	4,0
Maler und Lackierer	Handwerk	4,3	4,8
Tischler	Handwerk	3,8	4,2
Maurer	Industrie/Handel/ Handwerk	3,6	3,1
Gas- und Wasserinstallateur	Handwerk	3,5	2,6
Kaufmann im Einzelhandel	Industrie/Handel	2,9	3,6
Kaufmann im Groß- und Außenhandel	Industrie/Handel	2,8	2,9
Metallbauer	Handwerk	2,8	2,7
Zentralheizungs- und Lüftungsbauer	Handwerk	2,5	o.A.
Koch	Industrie/Handel	o.A.	3,1
Gesamt		39,0	37,4

Vgl. BMBF (2001): Berufsbildungsbericht, Übersicht 38, S. 96 und Berufsbildungsbericht (2000), Übersicht 41, S. 75, eigene Darstellung.

Quelle: Statistisches Bundesamt, Fachserie 11, Bildung und Kultur, Reihe 3, Berufliche Bildung 1998, Erhebung zum 31. Dezember, Wiesbaden.

Mädchen und Jungen lernen nicht nur unterschiedliche Berufe, auch die Bedingungen, die mit einem dieser Berufe verbunden sind, unterscheiden sich: Während Auszubildende in den typischerweise von Jungen gewählten Ausbildungsgängen eher hohe Ausbildungsvergütungen erhalten, sind die von Mädchen gewählten Berufe eher mit geringen Vergütungen verbunden. Besonders hoch vergütete Berufe sind GerüstebauerIn, MaurerIn, StraßenbauerIn und Zimmerer und Zimmerin; während FriseurInnen oder FloristInnen am unteren Ende der Vergütungsskala rangieren.[23]

Unterschiedliches Ausbildungsplatzangebot in alten und neuen Bundesländern

Das Angebot an Ausbildungsplätzen unterscheidet sich in den alten und neuen Bundesländern. Im Bereich der Freien Berufe, der Dienstleistungs- und technischen Berufe von Industrie und Handel werden in den alten Bundesländern prozentual deutlich mehr Jugendliche ausgebildet als in den neuen Bundesländern. Dagegen ist der Anteil des Handwerks an den Ausbildungsplätzen in den neuen Bundesländern deutlich höher (BMBF 2000: 70ff.).

Mädchen bzw. junge Frauen sind in Industrie und Handel, dem größten Beschäftigungsbereich, mit einem Anteil von 41,8 Prozent in den alten Bundesländern und 47,7 Prozent in den neuen Bundesländern relativ gut vertreten (1998), ihre Beteiligung im Handwerk nimmt dagegen rapide ab. Hier beträgt der Frauenanteil nur rund 21 Prozent, in den neuen Bundesländern sogar nur 16,8 Prozent und ist im Wesentlichen auf die hohe Zahl weiblicher Auszubildender im Friseurhandwerk und bei den Fachverkäuferinnen im Nahrungsmittelhandwerk zurückzuführen. Das Handwerk kompensiert in den neuen Bundesländern vor allem die fehlenden Ausbildungsmöglichkeiten in Industrie und Handel für Jungen. In den Bereichen der Freien Berufe und Hauswirtschaft stellen die männlichen Jugendlichen die Minderheit. Frauen sind hier mit rund 95 Prozent vertreten. Auch im Öffentlichen Dienst überwiegt der Frauenanteil mit 61,7 Prozent in den alten bzw. 66,9 Prozent in den neuen Bundesländern (vgl. Abbildung 9).[24]

---

23 Durchschnittlich verdienten die Auszubildenden in den neuen Bundesländern im Jahr 1999 944 DM im Monat, in den alten Bundesländern 1088 DM, wobei die Ausbildungsvergütungen nicht nur zwischen den Berufen, sondern auch innerhalb der Berufe je nach Region und Wirtschaftszweig erheblich variieren. Tarifliche Ausbildungsvergütungen gelten zudem nur in der betrieblichen Ausbildung, in der außerbetrieblichen Ausbildung werden meist deutlich niedrigere Vergütungen bezahlt (BMBF 2000: 119).

24 Die Gründe dafür dürften nicht unbedingt in einer bewussten Auswahl der Berufe liegen, sondern vielfach Reaktion auf ein beschränktes Angebot sein. Hier sei auf die Diskrepanz hingewiesen, die zwischen Ausbildungsplatz und Berufswahl besteht. So wird z.B. im Entwurf des Handlungskonzepts zur Förderung von Mädchen und jungen Frauen in zukunftsorientierten Berufen festgestellt, dass sich „wie im Vorjahr... die

Abbildung 9: Anteile der Auszubildenden nach Ausbildungsbereichen und Anteil der weiblichen Auszubildenden an allen Auszubildenden nach Ausbildungsbereichen in den alten und neuen Bundesländern 1999 in Prozent

Ausbildungsbereich	Alte Länder		Neue Länder	
	Auszubildende gesamt	davon weiblich	Auszubildende gesamt	davon weiblich
Industrie und Handel	49,0	42,4	49,2	47,0
davon				
Gewerbliche Berufe	17,0	o.A.	21,6	o.A.
Dienstleistungs- und Technische Berufe	32,0	o.A.	27,6	o.A.
Handwerk	35,6	22,4	39,0	17,7
Landwirtschaft	2,1	26,6	3,4	33,1
Öffentlicher Dienst[1]	2,8	61,8	2,9	67,3
Freie Berufe[1]	9,8	95,6	4,4	94,9
Hauswirtschaft	0,7	95,6[2]	1,1	92,0[2]
Seeschifffahrt	0,0	4,9	0,0	0,0

1 Es ist zu berücksichtigen, dass ein Teil der im Öffentlichen Dienst und bei den Freien Berufen abgeschlossenen neuen Ausbildungsberufe statistisch bei anderen Bereichen erfasst wird.

2 Hauswirtschaft im städtischen Bereich.

Vgl. BMBF (2001): Berufsbildungsbericht, Übersicht 35 und 36, S. 74, eigene Darstellung.

Quelle: Statistisches Bundesamt, Fachserie 11, Bildung und Kultur, Reihe 3, Erhebung zum 31. Dezember, Berechnungen des Bundesinstituts für Berufliche Bildung.

Mädchen und junge Frauen in den alten Bundesländern werden überwiegend in „frauentypischen" Berufen ausgebildet (45,6 Prozent). Der Anteil der Frauen in den neuen Ländern, die in diesen Berufen ausgebildet werden, ist deutlich geringer: Er beträgt nur 35,8 Prozent, hier steht noch kein ausreichendes Angebot an Dienstleistungs- und Büroberufen zur Verfügung. Dies führt zu der Frage, ob dies die Chancen von Frauen in anderen Bereichen erhöht: Während der Anteil von Frauen in den alten Bundesländern in männlich dominierten Berufen seit 1990 zurückgeht (1998: 9,1 Prozent), ist der Frauenanteil mit 19 Prozent in den neuen Bundesländern in männlich dominierten Berufen deutlich höher. Allerdings, und dies relativiert die Bedeutung dieser Zahlen, finden sich die Frauen in den neuen Bundesländern nicht verstärkt in gewerblich-technischen Berufen, sondern vor allem in den Bereichen Landwirtschaft und Gastronomie, die definitionsgemäß auch zu den

---

Mehrzahl der Bewerberinnen auf sogenannte ‚frauentypische' Berufe im Büro- und Dienstleistungsbereich festgelegt [hat; Anm. d. Aut.]....Dies weist auf einen relativ engen Kreis von Berufen hin, zwischen denen sich die Bewerberinnen entscheiden. Das Interesse für die Ausbildung in gewerblich-technischen Berufen scheint dagegen relativ gering" (BiBB 1999: 12). Diese Interpretation ist verkürzt, lässt sie doch offen, welche Optionen den Mädchen geboten oder verwehrt wurden. Auf die Aspekte, die hinsichtlich der Berufswahl wirksam werden, wird in Kapitel 5 eingegangen.

„männlichen" Berufen zählen. Übermäßige Euphorie über die hohe Beteiligung der Frauen in männlich dominierten Ausbildungsberufen in den neuen
Bundesländern ist also nicht angebracht, solange sie nicht angemessen an den
neuen, zukunftsträchtigen Berufen beteiligt sind.[25]
Die Bund-Länder-Kommission (2000) stellt fest, dass in Abhängigkeit
vom Ausbildungs- und Arbeitsmarkt das Spektrum der Berufe für junge
Frauen eingeengt wird. So drängen aufgrund der ungünstigen Ausbildungssituation junge Männer auch in Dienstleistungsberufe, die sie früher vermie-
den haben. Der Zugang zu gewerblich-technischen Berufen bleibt für junge
Frauen dagegen schwierig und wird in konjunkturschwachen Zeiten erschwert, da den ausbildenden Betrieben ein hohes Potenzial an männlichen
Bewerbern zur Verfügung steht und die Betriebe nach wie vor Männer präfe-
rieren (Schober 1996). Es deutet sich also an, dass das duale Ausbildungssystem in mehrfacher Weise segregiert: Bildung, Geschlecht und regionale
Herkunft bestimmen maßgeblich über die Positionierung innerhalb des Ausbildungssystems.

2.2.2 Mädchen und junge Frauen im schulischen Ausbildungswesen

Das schulische berufliche Ausbildungswesen[26] ist zu einem großen Teil
weiblich geprägt. Aus historischer Sicht liegt hier seit langem der Schwerpunkt der beruflichen Bildung von Mädchen und Frauen. Inzwischen eröffnet
das Berufsausbildungssystem sehr differenzierte Ausbildungsmöglichkeiten,
doch die Ausbildung in den Fachgebieten Gesundheitswesen, Sozialpädagogik, Sozialpflege findet auch heute noch fast ausnahmslos an Berufsfachschulen, Fachschulen, Fachakademien oder Berufsakademien statt (oder erfordert ein Studium). Daneben werden auch diverse technische und kaufmännische Assistenzberufe im vollschulischen Ausbildungswesen erlernt. Mit
Ausnahme der Berufsakademien in Baden-Württemberg und Schleswig-
Holstein, deren Berufsakademien dem tertiären Bildungswesen zugerechnet

---

25 Anhand von Zeitverlaufsstudien (zwischen 1980 und 1990) weist Engelbrech (1996)
darauf hin, dass auch innerhalb der „Männerberufe" eine geschlechtsspezifische Segregation stattfindet. Dies sind oftmals Berufe mit unterdurchschnittlichen Ver-
bleibsmöglichkeiten im Beruf und Betrieb. Daneben kam es im Laufe der 80er Jahre
aber auch zu einem Anstieg des Frauenanteils in qualifizierteren und besser bezahlten
„Männerberufen" (1996: 75). Am Beispiel des/der SchriftsetzerIn lässt sich die Veränderung des Berufs aufzeigen. Der Frauenanteil bei den Auszubildenden ist innerhalb von 20 Jahren von 21 Prozent im Jahr 1978 auf 54 Prozent im Jahr 1998 gestiegen; gleichzeitig sank die Anzahl an Auszubildenden durch Einführung neuer Technologien von 1987 bis 1998 um rund zwei Drittel auf 830 Auszubildende (Berufsbildungsbericht 2000: 72).
26 An dieser Stelle werden keine Aussagen zum Berufsvorbereitungs- und Berufsgrund-
bildungsjahr getroffen.

werden, gehören alle diese Einrichtungen zum schulischen beruflichen Ausbildungswesen.

Insgesamt wurden im Schuljahr 1998/99 rund 383.200 SchülerInnen im schulischen Ausbildungswesen ausgebildet (BMBF 2000: 80). Der Frauenanteil in den Berufsfachschulen ist besonders in den neuen Bundesländern hoch, er betrug 79 Prozent gegenüber 61 Prozent in den alten Bundesländern. Nicht alle SchülerInnen verbinden mit dem Besuch einer Berufsfachschule das Ziel einer Berufsausbildung, insbesondere in den alten Bundesländern streben nur 36 Prozent der SchülerInnen mit dem Besuch der Schule einen beruflichen Abschluss an. Diese SchülerInnen besuchen beispielsweise Berufsfachschulen, die sie für allgemeine hauswirtschaftliche oder sozialpflegerische Tätigkeiten qualifizieren, z.B. auch in Verbindung mit dem Erwerb einer schulischen Qualifikation wie dem Mittleren Schulabschluss. Krüger faßt diese Form der Einmündung in den Ausbildungs- und Arbeitsmarkt wie auch den Besuch von Berufsgrundschuljahr oder Berufsvorbereitungsjahr unter dem Begriff des „qualifizierenden Moratoriums" (Krüger 1991) zusammen. Die Berufsfachschulen in den neuen Bundesländern dagegen vermitteln in der Regel einen beruflichen Abschluss; 92 Prozent der SchülerInnen an Berufsfachschulen in den neuen Bundesländern zielen auf einen beruflichen Abschluss innerhalb und außerhalb des Berufsbildungsgesetz (BBiG) oder der Handwerksordnung (HwO). Von den SchülerInnen, die sich in schulischen Ausbildungsgängen befinden, die keine Ausbildungsberufe gemäß BBiG und HwO sind, waren im Schuljahr 1998/99 79 Prozent weiblich[27] (BMBF 2000: 80f.).

In diesen Zahlen spiegelt sich keine individuelle Präferenz wider, sondern die unterschiedliche regionale Struktur des Berufsbildungssystems: Sind Ausbildungsmöglichkeiten innerhalb der Betriebe rar, stellt der Besuch von Berufsfachschulen, die „normale" Lehrberufe mit Ausbildungsabschlüssen nach BBiG und HwO vermitteln, eine Option dar.

Schulische Ausbildungsgänge sind nicht bundeseinheitlich geregelt

Abgesehen von den Berufsfachschulen, die entsprechend der dualen Ausbildung anerkannte Berufsabschlüsse nach dem BBiG und der HwO vermitteln, unterliegen die anderen vollschulischen Ausbildungsgänge der Kulturhoheit der einzelnen Länder.[28] Die Ausbildung ist damit formal Kulturaufgabe, nicht Berufsbildungsaufgabe. Die Zuordnung der Ausbildungsgänge zum Schultypus ist formal nicht durchgängig gleich. Nicht jede Ausbildung wird an einer Berufsfachschule absolviert, in manchen Bundesländern sind die einzelnen

---

27 Auch der Anteil der Schülerinnen an Ausbildungsgängen nach BBiG und HwO ist überdurchschnittlich, im gleichen Zeitraum (Schuljahr 1998/99) betrug er 60 Prozent.

28 Zum Teil liegen hier KMK (Kultusministerkonferenz)-Rahmenvereinbarungen vor, die als Regelungsgrundlage dienen (Kupka 2000: 143).

Berufe des Sozial- und Gesundheitswesens den Fachschulen zugeordnet, abhängig davon, ob sie als berufliche Erstausbildung oder Weiterbildung gelten wie beispielsweise der Beruf der Erzieherin.[29]

Die erworbenen Qualifikationen werden zwar durch den Abschluss der Berufsausbildung bestätigt, eine Vergleichbarkeit der Abschlüsse besteht aber nicht grundsätzlich. So zeigt sich am Beispiel der hauswirtschaftlichen Berufe, dass gleiche Qualifikationsabschlüsse in und zwischen den verschiedenen Bundesländern unterschiedliche Bezeichnungen aufweisen[30] oder aber umgekehrt, unterschiedliche Qualifikationsabschlüsse gleiche Bezeichnungen erhalten.[31] Während alle Berufe des dualen Ausbildungssystems auf der Grundlage des Berufsbildungsgesetzes (BBiG) bzw. der Handwerksordnung (HwO) geregelt und bundesweit anerkannt sind und auch im Ausland Anerkennung finden, gilt dies für die vollzeitschulischen Berufe nicht zwangsläufig.[32] So werden zweijährige Ausbildungen wie die Ausbildung zum/zur KinderpflegerIn nicht durchgängig in der EU anerkannt. Doch auch innerhalb der Bundesrepublik zeigt sich die Problematik uneinheitlicher Ausbildungsgänge. Während die Berufe des dualen Systems durch Ausbildungsrahmenpläne ein einheitliches Berufsbild aufweisen, in ihren zeitlichen Anteilen nach Ausbildungsjahren gegliedert sind und bundesweit gelten, trifft dies auf die vollzeitschulischen Ausbildungsgänge jenseits von BBiG und HwO nicht zu. Ein Wechsel beispielsweise in ein anderes Bundesland[33] ist damit mehr oder

---

29 Vergleichbar mit Fachschulen sind die Fachakademien in Bayern; von allen SchülerInnen waren 1998 82 Prozent Frauen (Statistisches Bundesamt, Fachserie 11, Reihe 2), die überwiegend zur ErzieherIn ausgebildet wurden. Der Frauenanteil betrug hier 82,2 Prozent.

30 Der Beruf der HauswirtschaftshelferIn wird in Bayern und Sachsen-Anhalt als Hauswirtschaftliche HelferIn, in Baden-Württemberg und Bremen als Hauswirtschaftstechnische BetriebshelferIn, als HelferIn der Hauswirtschaft (in Hessen, Niedersachsen, Sachsen-Anhalt) oder als HauswirtschaftshelferIn städtischer Bereich (in Berlin, Nordrhein-Westfalen, Brandenburg, Sachsen-Anhalt, Thüringen) bezeichnet (Degenkolb 2000: 124).

31 Eine Qualifikation als HauswirtschafterIn wird in Rheinland-Pfalz als HauswirtschaftsassistentIn, in Nordrhein-Westfalen als hauswirtschaftlich-technische/r AssistentIn bezeichnet (Degenkolb 2000: 124f.). Daneben lässt sich die unterschiedliche Bezeichnung gleicher Tätigkeiten auch an anderen Berufsbezeichnungen wie etwa der „SozialbetreuerIn" (in Bayern) als Beispiel heranziehen; so meint die „Staatlich geprüfte Fachkraft für Hauswirtschaft und Sozialpflege" in Schleswig-Holstein nichts anderes (Kupka 2000).

32 Krankenpflegeberufe nehmen innerhalb der vollzeitschulischen Ausbildung eine Sonderstellung ein: Qualifizierung und Arbeitskräfteeinsatz liegen in einer Hand. Die Prüfung wird nicht, wie in anderen Berufen, durch Kammern kontrolliert (Lemmermöhle u.a. 1994: 54), sondern unterliegen dem Bundesgesetz als Einzelberufsgesetz. Auch der Beruf der Hebamme fällt unter dieses Gesetz.

33 Betrachtet man die einzelnen Ausbildungsgänge in den Berufen des Gesundheitswesens, zeigt sich, dass mit Ausnahme der Krankenpflege kein anderer Ausbildungsgang in allen Bundesländern vertreten ist (BMBF 2000: 284f.).

weniger unmöglich (Kupka 2000), die Vergleichbarkeit der Abschlüsse schwieriger und ihre Anerkennung Glücksache. Berufliche Qualifikationen, in diesen Ausbildungsbereichen überwiegend von Frauen erworben, werden damit kaum angemessen verwertbar.

Vollzeitschulische Berufsausbildungen sind geschlechtsspezifisch besetzt

Berufe mit hohen Frauenanteilen wie Erzieherin, Hebamme, Krankenschwester, die junge Frauen zahlreich ergreifen, werden nicht im dualen Ausbildungssystem angeboten, sondern sind ausschließlich im schulischen Ausbildungswesen zu erlernen. Daneben gibt es allerdings auch eine Reihe von Ausbildungseinrichtungen für kaufmännische und technische Assistenzberufe (vgl. Abbildung 10).

Abbildung 10: Die zehn am stärksten besetzen Berufe an Berufsfachschulen außerhalb von BBiG und HwO im Schuljahr 1998/1999

Ausbildungsberuf	Anzahl der SchülerInnen 1998/99 (absolut)	Anzahl der SchülerInnen 99/2000 (absolut)
Kinderpfleger/-in	21.220	19.838
Kaufmännische/-r Assistent/-in und (Euro-)Wirtschaftsassistent/-in	14.272	15.109
Techn. Assistent/-in für Informatik und Wirtschaftsinformatik	10.248	11.597
Sozialassistent/-in Sozialpädagogische/-r Assistent/-in	8.287	8.790
Altenpfleger/-in	8.210	8.130
Krankenpfleger/Krankenschwester	7.868	7.781
Fremdsprachenassistent/-in und Europasekretär/-in	7.716	7.049
Physiotherapeut/-in (Krankengymnast/-in)	6.183	5.972
Beschäftigungs- und Arbeitstherapeut/-in	5.859	6.089
Pharmazeutisch-technische/-r Assistent/-in	4.704[1]	4.964
Hauswirtschaftshelfer/-in Hauswirtschaftsassistent/-in	5.239	o.A.
Anzahl Gesamt	95.102	95.319
Anteil an allen BerufsfachschülerInnen in Prozent	63,6	61.8

1 Geht nicht in die Summe der zehn häufigsten Berufe ein.

Vgl. BMBF (2001): Berufsbildungsbericht, Übersicht 60, S. 124 und Berufsbildungsbericht (2000), Übersicht 49, S. 83, eigene Darstellung.

Quelle: Statistisches Bundesamt, Wiesbaden.

In den Schulen des Gesundheitswesens wurden 1998/99 rund 120.000 Schülerinnen und Schüler ausgebildet (BMBF 2000: 89), der Frauenanteil betrug

77,9 Prozent (Statistisches Bundesamt 2000). Wie auch in den sozialpflegeri-
schen und sozialpädagogischen Ausbildungsgängen sind die jungen Frauen
hier deutlich überrepräsentiert.[34] Doch auch innerhalb dieser Ausbildungsbe-
reiche lassen sich Unterschiede ausmachen. Einige Berufe wie Hebamme
(100 Prozent), Kinderkrankenschwester (96,6 Prozent) oder Pharmazeutisch-
technische Assistentin (97 Prozent) werden fast ausschließlich von jungen
Frauen erlernt, während im Beruf des Rettungssanitäters/der Rettungssanitä-
terin die jungen Frauen fast die Ausnahme sind (13 Prozent). Für die jungen
Frauen und Männer gleichermaßen interessant erscheinen die Berufe des
Masseurs/der Masseurin (49,2 Prozent Frauenanteil) bzw. des Masseurs und
medizinischen Bademeisters/der Masseurin und medizinischen Bademeiste-
rin (57,6 Prozent Frauenanteil). In den klassischen Pflegeberufen überwiegen
nach wie vor die weiblichen Auszubildenden, allerdings sind die jungen
Männer in diesen Ausbildungsgängen mit zunehmender Tendenz vertreten:
Krankenschwester und Krankenpfleger (78,4 Prozent Frauenanteil) und AltenpflegerIn (80,4 Prozent Frauenanteil) sowie KrankenpflegehelferIn (80
Prozent Frauenanteil) (BMBF 2000: 285, eigene Berechnungen).
    Gleichzeitig deutet sich noch ein weiterer Effekt an. Werden Ausbildun-
gen sowohl im dualen System wie in der vollzeitschulischen Ausbildung angeboten, wie beispielsweise in den chemischen Berufen, sind junge Männer
in Ausbildungen des dualen Systems, Frauen in den schulischen Ausbildungsgängen zu finden. Zusammenfassend gilt auch für das schulische Be-
rufsausbildungswesen: Je technischer eine Ausbildung ist, desto weniger
Mädchen wählen sie, wenn sich Mädchen für technische Ausrichtungen interessieren, dann erfolgt die Ausbildung eher an einer (Berufs-)Fachschule
als in einem Beruf innerhalb des dualen Ausbildungssystems.[35]

---

34 Insgesamt lässt sich eine Zunahme der Schülerinnenzahl seit 1991 an den Berufsfach-
    schulen verfolgen. Die anderen Fachschulen dagegen erlebten seit 1991 einen Rück-
    gang der absoluten Schülerzahl um 2,4 Prozent bis 1998, doch der Frauenanteil stieg
    in den Jahren 1991 bis 1998 von 36,8 Prozent auf 56,1 Prozent (Statistisches Bundes-
    amt 2000). Hier ist deshalb zu differenzieren: An den Fachschulen für Dienstlei-
    stungsberufe stieg die Zahl der SchülerInnen um 90 Prozent an, während sie in den
    technischen Fachschulen um 46 Prozent und in den Fachschulen für Land-, Tier- und
    Forstwirtschaft und Gartenbau und in Fachschulen für Fertigungsberufe um rund 30
    Prozent sank (Statistisches Bundesamt 2000). Expansive Zuwächse gibt es in den Be-
    reichen, die den Umgang mit neuen Technologien erfordern (BMBF 2000: 82).
35 Im Ausbildungsgang zur Chemisch-technischen Assistenz (CTA) waren 1998 47 Pro-
    zent Mädchen, während in den sonstigen Chemieberufen, die im dualen Ausbildungs-
    system erlernt werden können, nur 15,2 Prozent der Auszubildenden weiblich waren.

2.2.3 Ausbildung im tertiären Bildungswesen: (Fach-)Hochschulstudium

Der Bereich der Hochschulen umfasst den Teil des Bildungssystems, in dem eine akademische Ausbildung vermittelt wird. Zu den Hochschulen zählen alle staatlich anerkannten Universitäten, Gesamthochschulen, Theologischen und Pädagogischen Hochschulen sowie Kunsthochschulen, Fachhochschulen und Verwaltungshochschulen.

Frauenanteile bei Studienanfängern steigen

Im Studienjahr 2000/01 haben insgesamt 250 000 Studienanfänger erstmals ein Hochschulstudium in Deutschland begonnen; 49 Prozent sind Frauen. Dieser Anteil ist einerseits sehr hoch und hält sich auf diesem Niveau seit 1998/99, andererseits beträgt ihr Anteil an den Studienberechtigten 54 Prozent (HIS 2002). Während der Anteil der Frauen an den Studierenden insgesamt im Jahr 2002 47,1 Prozent betrug, stellten Frauen bei den Studienanfängern erstmals eine Mehrheit von 50,4 Prozent.

Nach Angaben des Hochschul-Informations-Systems (Levin u.a. 1999) ist der hohe Frauenanteil im Studienjahr 1998/99 vor allem auf den Anstieg an den Studienanfängerinnen an den Fachhochschulen zurückzuführen (1999: 4). Gleichwohl haben an den Universitäten mit 52 Prozent mehr junge Frauen als junge Männer im Jahr 1998/99 ein Studium begonnen. Bei der Wahl der Hochschule zeigen sich Geschlechterunterschiede: Junge Frauen – insbesondere aus den alten Bundesländern – bevorzugen 1998 zu fast drei Viertel Universitäten und zu einem Viertel Fachhochschulen. Junge Männer dagegen orientieren sich stärker praxisbezogen. Sie wählen zu rund einem Drittel Fachhochschulgänge und zu zwei Drittel Universitäten. Trotz des hohen Frauenanteils an den Studienanfängern entscheiden sich immer noch viele junge Frauen mit Studienberechtigung für eine berufliche Ausbildung.[36] Gerade in den neuen Bundesländern mit einem höheren Anteil an Studienberechtigten ist eine Hinwendung zur Ausbildung jenseits der Universitäten bei den jungen Frauen erkennbar.[37]

---

36 Seit 1990 ist ein Rückgang der Doppelqualifizierung zu erkennen (Bund-Länder-Kommission 2000). Von den Studienberechtigten hatten 1996 21 Prozent Männer gegenüber 12 Prozent Frauen bereits vor Erreichen der Hochschulzugangsberechtigung eine Berufsausbildung absolviert.

37 In den alten Bundesländern wollten 1996 nur 63 Prozent der Frauen und 72 Prozent der Männer ein Studium aufnehmen; in den neuen Bundesländern ist diese Zahl noch geringer, nur 56 Prozent der berechtigten Frauen und 66 Prozent Männer waren studierwillig.

Mehr Studentinnen und Absolventinnen an allen Hochschulen

Nach Ergebnissen des Statistischen Bundesamtes haben sich im laufenden Wintersemester 2002/2003 an den Hochschulen in Deutschland insgesamt 1 945 000 Studierende[38] eingeschrieben. Davon studieren 73 Prozent an Universitäten oder gleichrangigen wissenschaftlichen Hochschulen, 25 Prozent an Fach- oder Verwaltungsfachhochschulen und 2 Prozent an Kunsthochschulen.

Nicht nur der Frauenanteil an den Studierenden wächst, auch die Zahl der Absolventinnen[39] steigt an. Von den 1998 insgesamt 227 525 bestandenen Abschlussprüfungen entfielen nach Angaben des Statistischen Bundesamtes 42,2 Prozent auf Frauen.[40]

Geschlechtsspezifische Studienfachwahl

Die Studienfachwahl der jungen Männer und Frauen kann nach wie vor als geschlechtsspezifisch geprägt bezeichnet werden. Sowohl an den Fachhochschulen als auch an den Universitäten und sonstigen Hochschulen finden sich Männer und Frauen häufig in verschiedenen Studiengängen wieder. An den Universitäten verteilen sich die Studienanfängerinnen im Studienjahr 1998 vor allem auf die Lehramtsstudiengänge (72,4 Prozent alte Länder, 76,7 Prozent neue Länder), auch wenn in diesen Studiengängen insgesamt ein Rückgang der Studierendenzahlen zu vermerken ist, und die Sprach- und Kulturwissenschaften einschließlich Sport (67,8 Prozent Frauenanteil alte Länder bzw. 71,8 Prozent neue Länder). Die geringsten Frauenanteile weisen die ingenieurwissenschaftlichen Fächer (21,6 Prozent bzw. 21,4 Prozent) auf, während die mathematisch-naturwissenschaftlichen Fächer auch bei Frauen zunehmend an Bedeutung gewinnen (40,7 Prozent Frauenanteil in den alten Ländern und 39,2 Prozent in den neuen Bundesländern). Die Zunahme der Frauenanteile in diesen Fächergruppen ist erheblich, wenngleich hier auf den Rückgang der männlichen Studierenden in diesem Bereich zu verweisen ist. Bei Männern und Frauen gleichermaßen beliebt sind die Wirtschafts-, Sozial- und

---

38 Studierende sind die in einem Fachstudium immatrikulierten (eingeschriebenen) Personen ohne Beurlaubte und Gasthörer.

39 In der Prüfungsstatistik werden die von den Studierenden abgelegten Abschlussprüfungen erfasst. Dabei wird unterschieden zwischen (Universitäts-)Diplomprüfungen, Promotionen, Lehramtsprüfungen und Fachhochschulabschlüssen. Studierende mit bestandener Abschlussprüfung werden als Hochschulabsolventen bezeichnet.

40 Allerdings setzt sich der hohe Anteil an Akademikerinnen bislang nicht in den Vollzug wissenschaftlicher Laufbahnen um (von Stebut 2000; Wetterer 1992, 1995). Faktisch sinkt der Frauenanteil mit zunehmender Qualifikation. Wenngleich in allen Stufen der akademischen Laufbahn die Frauenanteile ansteigen (bei den im Jahre 1998 abgeschlossenen Habilitationsverfahren betrug der Frauenanteil 15,3 Prozent) scheint eine Annäherung noch in weiter Ferne. Ende 1998 lehrten an den Hochschulen in Deutschland insgesamt 37 626 Professoren und Professorinnen (Frauenanteil 9,5 Prozent), darunter 12 370 (Frauenanteil 5,9 Prozent) in der höchsten Besoldungsstufe (C4).

Rechtswissenschaften (43,1 Prozent bzw. 48,9 Prozent) und Medizin (56,6 Prozent bzw. 64 Prozent).[41]

Abbildung 11: StudienanfängerInnen in den alten und neuen Bundesländern in den Jahren 1992 und 1998 an den Universitäten nach Fächergruppen

Fächergruppen bzw. Lehramt	Alte Bundesländer			
	1992		1998	
	Gesamt	Frauenanteil in Prozent	Gesamt	Frauenanteil in Prozent
Sprach-/Kulturwissen- schaften/Sport	24.730	66,3	23.300	67,8
Rechts-/Wirtschafts-/ Sozialwissenschaften	41.842	39,5	35.300	43,1
Mathematik/ Naturwissenschaften	24.988	32,7	18.600	39,2
Medizin	8.918	49,0	7.600	56,6
Agrar-/Forst-/Ernährungs- wissenschaften	2.488	51,8	2.000	60,0
Ingenieurwissenschaften	19.201	14,6	11.100	21,6
Kunst/Kunstwissenschaften	3.816	58,6	3.200	59,4
Lehramtsstudiengänge	25.887	70,0	17.400	72,4
Gesamt	151.870	46,0	118.500	51,5

Fächergruppen bzw. Lehramt	Neue Bundesländer			
	1992		1998	
	Gesamt	Frauenanteil in Prozent	gesamt	Frauenanteil in Prozent
Sprach-/Kulturwissen- schaften/Sport	4.547	46,6	7.100	71,8
Rechts-/Wirtschafts-/ Sozial- wissenschaften	6.084	47,0	8.800	48,9
Mathematik/ Naturwissenschaften	2.081	38,8	5.400	40,7
Medizin	2.187	50,9	2.500	64,0
Agrar-/Forst-/Ernährungs- wissenschaften	391	48,1	800	62,5
Ingenieurwissenschaften	2.819	21,9	4.200	21,4
Kunst/Kunstwissenschaften	1.085	53,3	1.600	62,5
Lehramtsstudiengänge	3.811	80,9	3.000	76,7
Gesamt	23.005	49,4	33.300	53,3

Vgl. Bund-Länder-Kommission 2000, eigene Darstellung.

Quelle: Berechnungen des HIS nach Vorberichten des Statistischen Bundesamtes und nach Angaben des Bundesministeriums für Bildung, Wissenschaft, Forschung und Technologie.

---

41 Zu beachten ist, dass diese Zahlen hochaggregiert sind, die Differenzierungen zwi- schen den Studiengängen als auch die Spezifizierungen innerhalb der Studiengänge sind erheblich.

An den Fachhochschulen findet sich diese Struktur wieder. Insgesamt weniger im Fachhochschulstudium vertreten, wählen Frauen neben den quantitativ zu vernachlässigenden Sprach- und Kulturwissenschaften häufig die Studiengänge innerhalb der Wirtschafts- und Sozialwissenschaften (53,4 Prozent Frauenanteil in den alten und 62,3 Prozent in den neuen Ländern), während ihr Anteil in den Ingenieurwissenschaften wie an den Universitäten gering, aber langsam ansteigend ist (20 Prozent Frauenanteil in den alten bzw. 23,6 Prozent in den neuen Ländern) (vgl. Abbildungen 11 und 12).

Abbildung 12: StudienanfängerInnen in den alten und neuen Bundesländern in den Jahren 1992 und 1998 an den Fachhochschulen (ohne Verwaltungsfachhochschulen) nach Fächergruppen

Fächergruppen	Alte Bundesländer			
	1992		1998	
	Gesamt	Frauenanteil in Prozent	Gesamt	Frauenanteil in Prozent
Sprach-/Kulturwissen-schaften/	925	81,3	700	71,4
Wirtschafts-/Sozialwissenschaften	19.087	53,0	23.600	53,4
Mathematik/ Naturwissenschaften	4.453	22,1	4.700	19,1
Agrar-/Forst-/ Ernährungs-wissenschaften	372.131	45,4	1.900	47,4
Ingenieurwissenschaften	32.200	15,3	19.500	20,0
Kunst/ Kunstwissenschaften	1.703	60,2	1.600	62,5
Gesamt	60.519	31,0	52.000	38,1

Fächergruppen	Neue Bundesländer			
	1992		1998	
	Gesamt	Frauenanteil in Prozent	Gesamt	Frauenanteil in Prozent
Sprach-/Kulturwissen-schaften/	89	74,2	500	80,0
Wirtschafts-/Sozialwissenschaften	3.021	60,3	6.100	62,3
Mathematik/ Naturwissenschaften	287	16,4	1.600	25,0
Agrar-/Forst-/Ernährungs- wissenschaften	548	45,1	800	62,5
Ingenieurwissenschaften	4.667	18,0	5.500	23,3
Kunst/ Kunstwissenschaften	170	75,9	300	66,7
Gesamt	8.782	35,9	14.800	43,9

Vgl. Bund-Länder-Kommission 2000, eigene Darstellung.

Quelle: Berechnungen des HIS nach Vorberichten des Statistischen Bundesamtes und nach Angaben des Bundesministeriums für Bildung, Wissenschaft, Forschung und Technologie.

Berufs- und Studienfachwahl spiegeln die Verteilung auf dem Arbeitsmarkt

Die Berufs- und Studienfachwahl der jungen Frauen überrascht nicht. Sie setzt – zumindest in den grundlegenden Entwicklungen – die aktuelle Verteilung von Frauen auf dem Arbeitsmarkt fort, wenngleich sich auch langsame Veränderungen abzeichnen. Auswertungen des Mikrozensus 1998 zeigen, dass von den insgesamt über fünfzehn Millionen erwerbstätigen Frauen rund zwei Drittel in zehn Berufsbereichen arbeiten. Über 3 Millionen Frauen (21,6 Prozent aller beschäftigten Frauen) arbeiten in Büroberufen, etwa die Hälfte davon ist im Gesundheitsbereich (ohne Ärztinnen) tätig und fast genauso viele im Handel (vgl. Abbildung 13) (Amtliche Nachrichten der Bundesanstalt für Arbeit 4/2000).

Abbildung 13: Häufigste von Frauen besetzte Berufsgruppen (1998)

Berufsgruppe	Weibliche Beschäftigte	Anteil an allen weiblichen Beschäftigten in Prozent
Büroberufe, kaufmännische Angestellte	3.310.000	21,6
Gesundheitsdienstberufe (ohne Ärztinnen)	1.498.000	9,8
Verkaufspersonal	1.313.000	8,6
Soziale Berufe	887.000	5,8
Reinigungs- und Entsorgungsberufe	762.000	5,0
Lehrerinnen	674.000	4,4
Rechnungskauffrauen, Informatikerinnen	523.000	3,4
Groß- und Einzelhandelskauffrauen	495.000	3,2
Bank- und Bausparkassenkauffrauen, Versicherungsfachfrauen	417.000	2,7
Berufe in der Unternehmensleitung, -beratung und -prüfung	387.000	2,4
Gesamt	10.266.000	66,9
Erwerbstätige Frauen gesamt	15.351.000	100,0

Vgl. Amtliche Nachrichten der Bundesanstalt für Arbeit (ANBA) 4/2000, Sonderdruck Abb. 5, S. 394.

Quelle: Mikrozensus 1998, Statistisches Bundesamt, Bevölkerung und Erwerbstätigkeit, Fachserie 1, Reihe 4.1.2, 1998, Wiesbaden 1999.

3 Zwischen „Tradition und Moderne"? Empirische Forschungsergebnisse zu Mädchen und jungen Frauen in „Frauenberufen" und in techniknahen „Männerberufen"

Typisch „weibliche" Berufe wurden nicht schon immer von Frauen ausgeübt. Während die Sozialberufe überwiegend Folge einer Verberuflichung und Professionalisierung früher ehrenamtlich und in der Familie ausgeübter Tätigkeiten sind, zeigt sich am Beispiel anderer Berufe, dass sie aufgrund wirtschaftlicher und konjunktureller Bedingungen im Laufe der Jahre einen „Geschlechtswechsel" durchlebten: „Männerberufe" oder „gemischte Berufe" wurden zu „Frauenberufen" oder umgekehrt. Beispiele für eine stärkere „Feminisierung" sind beispielsweise die Berufe im Büro und im Handel, die in den 20er Jahren noch gemischte Berufe waren und in der Folgezeit expandierten und modernisiert wurden. Sie gelten heute als „moderne Frauenberufe" (Willms-Herget 1985). Ein „Geschlechtswechsel" von Berufen ist historisch betrachtet keine Ausnahme (Wetterer 1995; Reskin/Roos 1990). Willms-Herget (1985) stellt in ihrer historischen Analyse von rund fünfzig ausgewählten Berufen fest, dass die Möglichkeiten für Frauen im Laufe der Zeit nicht größer wurden, sondern im Gegenteil eine immer stärkere Verfestigung der Berufe nach Geschlecht zu erkennen ist. Unabhängig davon, ob ein Berufsbereich sich ausdehnt oder schrumpft, die vorhandene Typisierung als „Männer-" oder „Frauenberuf" bleibt erhalten. Eine wirkliche Öffnung der Berufe für Männer oder Frauen findet sich nicht, die Bewegungen von Frauen in die gewerblich-technischen oder hoch qualifizierten Dienstleistungsbereiche, die in den 60er Jahren ausgemacht werden konnten, finden nach Willms-Herget in der langfristigen Betrachtung keine Fortsetzung. Nur in der Krankenpflege zeichnet sich ein Trend in der umgekehrten Richtung ab: Hier sank die Frauenquote (Willms-Herget 1985; Rabe-Kleberg 1993).

Fast gebetsmühlenartig wird betont, dass die Auflösung der Geschlechterdifferenz und Geschlechtsunterschiede auf dem Arbeitsmarkt zu erreichen sei, würden Mädchen und junge Frauen nur endlich die richtigen Berufe – sprich Männerberufe – wählen oder das richtige – sprich technische – Fach studieren. Diese Einschätzung hält Rabe-Kleberg für naiv: Es ändern sich zwar die Vorstellungen darüber, was Männer- und Frauenarbeit ist oder sein soll, die Trennung selbst aber ändert sich nicht (1999: 94).

Im Folgenden soll der Frage nachgegangen werden, welche Bedeutungen und Konsequenzen mit der Ausbildung in einem traditionellen „Frauenberuf" oder in technischen Berufsbereichen für die Mädchen und jungen Frauen verbunden sind.

3.1 Mädchen und junge Frauen in typisch „weiblichen" Berufsausbildungen[42]

3.1.1 Was macht einen Beruf zum „Frauenberuf"?

Die Unterscheidung von Berufen in „Männer-" oder „Frauenberufe" verläuft häufig entlang traditioneller, inhaltlich angelegter Zuschreibungen: Die Krankenschwester, die Erzieherin gelten als typisch weibliche, der Dachdecker oder der Drucker als typisch männliche Berufe. In der statistischen Zuordnung werden andere Maßstäbe angelegt. Die amtliche Statistik unterscheidet entsprechend der Verteilung von Frauen und Männern innerhalb eines Berufs: Männlich dominierte Berufe mit einem Frauenanteil von unter 20 Prozent, überwiegend männlich besetzte Berufe mit einem Frauenanteil von 20 bis unter 40 Prozent, gemischt besetzte Berufe mit einem Frauenanteil von 40 bis unter 60 Prozent, überwiegend weiblich besetzte Berufe mit einem Frauenanteil von 60 bis unter 80 Prozent und weiblich dominierte Berufe mit einem Frauenanteil von 80 Prozent und mehr.[43] Insbesondere „Männerberufe" sind stark segregiert[44], der Frauenanteil in „Männerberufen" ist geringer als der Männeranteil in „Frauenberufen"; Frauen dagegen beschränken sich auf weniger Berufe als Männer (vgl. Abbildung 14). „Frauenberufe" sind damit

---

42 Es gibt nur wenige jüngere empirische Untersuchungen, die sich mit „typischen Frauenberufen" beschäftigen. Diese stellen dann vor allem als Fallstudien auf einzelne Berufe und deren Entwicklung ab. Ein weiteres Manko ist, dass die vorliegenden Studien auf die Situation in den 80er Jahren rekurrieren, jüngere Untersuchungen fehlen. Untersuchungen, die sich auf Mädchen in typisch „weiblichen" Berufsausbildungen beziehen, fehlen fast vollständig. Im Folgenden wird deshalb auf die Besonderheiten und Problematik typischer Frauenberufe abgestellt.

43 Nach Heintz wird von geschlechtsspezifisch „segregierten" Berufen üblicherweise dann gesprochen, wenn der Anteil des anderen Geschlechts unter 30 Prozent liegt (Heintz 1997: 16). Kanter (1977) dagegen definiert einen Beruf als segregiert, wenn der Anteil des anderen Geschlechts unter 40 Prozent liegt. Auch die Aussagen zum Ausmaß der Segregation variieren. Sie sind abhängig von der gewählten Analyseebene.

44 Nach Stiegler (1994) arbeiten rund 28 Prozent der erwerbstätigen Frauen in solchen Berufen, in denen Frauen überwiegen, dagegen sind 40 Prozent der Männer in homogen besetzten Berufen tätig. Das Berufsspektrum von Männern ist breiter als das von Frauen: Rund 50 Prozent der Berufe gelten als „Männer-", 25 Prozent als „Frauen-" und weitere 25 Prozent als gemischte Berufe (Kraft 1985, zitiert nach Lemmermöhle u.a. 1994: 32).

nicht etwa die Berufe, in denen die meisten Frauen arbeiten. Doch unabhängig davon, ob die geschlechtliche Zuschreibung eines Berufs qua zahlenmäßiger Besetzung oder der Alltagsannahme geschieht, das Ergebnis ist dasselbe: Das Ausmaß der geschlechtsspezifischen Segregation ist hoch.[45]

Abbildung 14: Anteil der weiblichen Auszubildenden in ausgewählten Gruppen von Berufen an der Gesamtzahl der weiblichen Auszubildenden in den alten und neuen Bundesländern 1998 und 1999 in Prozent

Gruppe der Ausbildungsberufe	Alte Länder		Neue Länder	
	1998	1999	1998	1999
Weiblich dominierte Berufe (80% - 100% weibliche Auszubildende)	45,6	44,5	35,8	35,7
Überwiegend weiblich besetzte Berufe (60% - 80% weibliche Auszubildende)	13,9	14,5	18,4	19,3
Gemischt besetzte Berufe (40% - 60% weibliche Auszubildende)	24,9	24,7	22,1	21,0
Überwiegend männlich besetzte Berufe (20% - 40% weibliche Auszubildende)	6,5	7,2	4,6	5,3
Männlich dominierte Berufe (0% - 20% weibliche Auszubildende)	9,1	9,1	19,0	18,7

Vgl. BMBF (2001): Berufsbildungsbericht, Übersicht 37, S. 95 und Berufsbildungsbericht (2000), Übersicht 40, S. 74, eigene Darstellung.

Quelle: Statistisches Bundesamt, Fachserie 11, Bildung und Kultur, Reihe 3, Erhebung zum 31. Dezember, Berechnungen des BiBB.

„Frauenberufe" werden überwiegend im Bereich der personenbezogenen Dienstleistung[46] verortet, also dort, wo der Umgang mit Menschen, in wel-

---

45 Die berufliche Segregation umfasst immer eine horizontale (Männer und Frauen arbeiten in unterschiedlichen Berufen) und eine vertikale Dimension (sie besetzen hierarchisch unterschiedliche Positionen). Allerdings ist diese Trennung analytischer Natur, faktisch sind auch horizontal segregierte Berufe hierarchisch geordnet (Heintz 1997: 16).

46 Wir möchten an dieser Stelle auf die Berliner Expertise zur Entwicklung personenorientierter Dienstleistungen von Karsten u.a. (1999) verweisen. Gegenstand dieser Expertise sind personenbezogene Dienstleistungen im Bereich Altenpflege, Pflege, Erziehung, Soziales und Gesundheit, Beratungsberufe, insbesondere Informationsberatung und haushaltsnahe Berufe/Ernährungsberufe. Die zentralen Ergebnisse dieser Expertise fasst Karsten (2000: 84ff.) zusammen, einige davon sollen an dieser Stelle rekapituliert werden:
Gemeinsam ist den personenbezogenen Dienstleistungen, dass sie weiterhin als prinzipiell auch „im Haushalt" zu erbringende bezeichnet werden und dadurch bis heute als Berufe erscheinen, die durch private Leistungen substituierbar sind.
Die Bereiche Erziehung, Gesundheit und Pflege sind vom Niveau der Berufsausbildungen gekennzeichnet durch einen Anstieg der Fachkräfte und Rückgang ungelernter Arbeitskräfte, der Zunahme von Studiengängen an Fachhochschulen (Pflegemanagement und Sozialmanagement) sowie einer Differenzierung von Studiengängen an

cher Weise auch immer, im Vordergrund steht. „Alle Berufe, die sich um Kinder, Kleidung, Körper und Küche drehen, sind Frauenberufe, weil sie es jungen Mädchen und Frauen ermöglichen, sich auf das Leben als Familien- und Hausfrau vorzubereiten" (Ulshoefer 1992: 97). Verfolgt man die Diskussionen um die immer wichtiger werdenden „Schlüsselqualifikationen" wie beispielsweise soziale Kompetenzen im Umgang mit KollegInnen, MitarbeiterInnen, AuftraggeberInnen und KundInnen oder Kommunikationsfähigkeit, so wird unterstellt, dass Frauen solche sozialen Kompetenzen[47] wie beispielsweise Diplomatie, Teamfähigkeit und eine ausgleichende Haltung nicht im Berufsalltag erlernen müssen, sondern qua Geschlechtszugehörigkeit „haben". Doch führt die Tatsache, dass soziale und personenorientierte Fähigkeiten häufig in den Berufsfeldern, die von Frauen besetzt werden, eingesetzt werden müssen, nicht zu einer Aufwertung dieser Fähigkeiten (Stiegler 1994). Soziale Kompetenzen werden zwar immer stärker in ihrer Bedeutung erkannt, wenn sie aber in den so genannten Frauenberufen eingesetzt werden, bleiben sie unterbewertet (Stiegler 1994). Nach wie vor werden zahlreiche psychische, geistige und körperliche Anforderungen in den so genannten Frauenberufen nicht als Qualifikationen bewertet.[48]

Universitäten (z.B. Lehramt für Berufsbildende Schulen, Fachrichtung Pflege oder Sozialpädagogik). Insgesamt ist das fachliche und formale Qualifikationsniveau für Frauen durch die Berufsbildung allein nicht gesichert. Vollständig ungesichert sind die Bereiche Beratung und Informationsarbeit, z.B. im Bereich der Call-Center.
Das Berufsausbildungssystem für personenbezogene Dienstleistungen ist weiterhin in besonderer Weise geordnet, dass Bundesländer- und Anstellungsträgerzuständigkeiten jeweils bereichsspezifisch differenziert werden müssen. Die Gleichwertigkeit im Hinblick auf erwartbare Regelungen, Transparenz und Bewertung im Vergleich zum dualen System ist nicht gegeben. Die Besonderheiten jeden Bereichs behindern tendenziell jede gemeinsame Strategie. Das Niveau der Berufsausbildung reicht von der Berufsfachschule bis zur Universität für potenziell gleiche Arbeitsaufgaben. Jede Ausbildungsstufe steht jedoch für sich, sodass auch im vertikalen Aufbau Passungsschwierigkeiten bestehen.
Die Aus- und Weiterbildung der AusbilderInnen ist ebenfalls uneinheitlich geregelt.

47   Friese (2000) stellt fest, dass der Begriff der Sozialkompetenz in der berufspädagogischen Debatte fast ausschließlich im Rahmen von Schlüsselqualifikationen diskutiert wird. Zunehmend aber werden Sozialkompetenzen auch als Zieldimension der beruflichen Bildung gefordert, was sich durch die Implementierung in Ordnungsgrundlagen der Berufsausbildung niederschlägt, wobei sich gerade in den traditionell weiblich besetzten Berufen nur eine zögerliche Bereitschaft findet. Allerdings, so Friese, zeichnet sich der Begriff der sozialen Kompetenz „schillernd und durch Unschärfe" aus (2000: 98).
48   Damm-Rüger (1992) betont, dass diese Fähigkeiten analog zur „schweren körperlichen Arbeit" in Form von Muskelbelastungen, Lärm und Hitze bei männlichen Tätigkeiten anerkannt werden müssen (1992: 42).

Die Eignung der Frauenberufe für Frauen und die Eignung der Frauen für Frauenberufe

Stiegler (1994) nennt als Charakteristikum für die geschlechtsspezifische Teilung von Berufen einen Begründungszusammenhang, der auf „Eignung" zurückgreift und bereits von Rabe-Kleberg (1993) thematisiert wurde[49]: Frauen sind für Frauenberufe geeignet, diese Berufe aber auch für die Frauen. Basis dieses Diskurses ist die Annahme, so Stiegler kritisch, dass Frauen grundsätzlich der Wunsch nach einer Vereinbarkeit von Familien- und Berufsarbeit unterstellt wird.[50] „Frauenberufe" gelten dabei als Berufe, in denen diese Vereinbarkeit machbar ist. Tatsächlich aber lässt sich zeigen, dass gerade Berufe, die häufig von Frauen ausgeübt werden – z.B. Verkäuferin, Arzthelferin, Friseurin oder Altenpflegerin – ungünstige Arbeitsbedingungen wie Schichtarbeit, Wochenendarbeit und lange Arbeitszeiten aufweisen und deshalb nur schwer oder unter persönlichen Einschränkungen und Kompromissen mit Familienaufgaben zu verbinden sind (Jurczyk 1993). In der Folge verzichten Frauen häufig auf Kinder, wie Jurczyk (1993) am Beispiel von Altenpflegerinnen im Schichtdienst[51] zeigen konnte. Frauen, die trotz ungünstiger Arbeitsbedingungen keinen dauerhaften Ausstieg aus der Berufsarbeit wollen und/oder auf ihr Einkommen angewiesen sind, müssen damit rechnen, jenseits der allseitigen Verfügbarkeit auf weniger qualifizierte Tätigkeiten innerhalb des Berufsfeldes verwiesen zu werden. Beispielhaft dafür sind Tätigkeiten wie das Auffüllen der Regale im Einzelhandel außerhalb der regulären Öffnungszeiten oder „leichte Büroarbeiten", also Aufgaben, die jenseits mit Aufstieg verbundener Vollzeittätigkeiten auszuführen sind.[52] „Frauenberufe also, die deswegen so genannt werden, weil sie angeblich eine besondere Eignung für die Lebensplanung der Frauen besitzen sollen, sind Berufe, in denen die materielle Abhängigkeit von Frauen perpetuiert wird" (Stiegler 1994).

Die zweite Bedeutung des Eignungsarguments bezieht sich auf die Geschlechterdifferenz und gesellschaftlichen Zuschreibungen. Frauen sind für einen Beruf besonders geeignet, weil sich Geschlechtsstereotypen (also die

---

49   Rabe-Kleberg (1993) resümiert: „Aussagen über die besondere Eignung eines Geschlechts für einen Beruf bzw. die Ablehnung des anderen Geschlechts in einem geschlechtsspezifisch typisierten Beruf können so als Versuche erkannt werden, Tätigkeitsbereiche von der Konkurrenz durch das jeweils andere Geschlecht freizuhalten" (1993: 70).
50   Dass dem so nicht ist, zeigen die Ergebnisse von Keddi u.a. 1999.
51   Der Verzicht auf Familie zeigt sich auch am Beispiel von schichtdienstarbeitenden Operatorinnen (Jurczyk 1993).
52   Heintz u.a. (1997) ziehen aus ihrer Untersuchung den Schluss, dass im Gegensatz zu anderen Berufsfeldern die Arbeitszeitreduzierung im „Frauenberuf" Krankenpflege nicht mit einer Dequalifizierung einher geht. Allerdings lassen sich berufliche Aufstiege in Teilzeit kaum verwirklichen.

Vorstellung darüber, wie Frauen sind) und Berufsstereotypen (die Vorstellung darüber, wie die Personen sind, die diesen Beruf ausüben) in Einklang bringen lassen. Stiegler (1994) stellt hierzu fest, dass die Stereotypen der Frauenberufe weniger die Berufsarbeit konkretisieren, sondern sich auf allgemeine Tätigkeitsbeschreibungen beschränken. Den Frauenberufen ist kein spezielles Qualifikationsprofil zu entnehmen, sondern es wird der gesamte Einsatz der ganzen Person gefordert.

Ein weiterer Aspekt der Eignung liegt in der gesellschaftlichen Arbeitsteilung begründet. Die Zuständigkeit von Frauen für reproduktive Aufgaben aller Art legt gleichzeitig ihre Eignung für diese Aufgaben nahe. Zeichnen sich Berufe nun durch die Ähnlichkeit ihrer Tätigkeitsinhalte mit den Tätigkeiten aus, die Frauen privat und unbezahlt leisten, wird die mangelnde Anerkennung privater Reproduktionsaufgaben auch im beruflichen Kontext deutlich. Doch zeigt sich im Berufsalltag: Betont wird nicht die Ähnlichkeit, sondern die Abgrenzung zur privaten Arbeit. Krüger/Born (1989) zeigen in ihrer Untersuchung von Frauen in Berufsfeldern, die als „haus- bzw. familienarbeitsnah" bezeichnet werden können, dass diese nicht die Nähe der Berufs- und Familienarbeit, sondern die kontrastierenden Elemente der Erwerbsarbeit hervorheben. Während die private Arbeit zeitlich wie inhaltlich allumfassend ist, stellt sich die berufliche Arbeit als arbeitsteilige Form der Problemlösung dar, die sich auf einen bestimmten Gegenstand bezieht und beschränkt. Die Inhalte eines Berufes sind also geschlechtsspezifisch konnotiert und führen zu einer Etikettierung von Berufen.

3.1.2 „Frauenberufe" und ihre Besonderheiten

Die so genannten „Frauenberufe" weisen eine Reihe von Gemeinsamkeiten auf, die sie von anderen Berufen abgrenzen. Insbesondere die Berufe im sozialen Bereich (aber auch in anderen Dienstleistungsbereichen wie dem Handel) zeichnen sich dadurch aus, „dass die Grenze zwischen berufsfachlichem und allgemeinem Wissen verwischt ist, dass die konkreten Arbeitsaufgaben äußerst diffus bleiben, dass im Prozess der Verberuflichung sozialer Arbeit der Charakter der Lohnarbeit dieser Arbeit fehlte und auch heute noch die tarifliche Bezahlung dieser Arbeit im Vergleich zu männlichen Berufen mit vergleichbarem Qualifikationsniveau sehr gering ist, dass die Kontrollfunktionen über die Arbeit in der Regel eher bei Männern liegen, dass die Arbeitsphilosophie eher mit Wertvorstellungen verknüpft ist, die in privaten Lebensformen und in religiösen Kontexten verankert sind" (Stiegler 1994: 3).

„Frauenberufe" weisen ein diffuses Tätigkeitsprofil auf

Im Gegensatz zu den so genannten Männerberufen sind Frauenberufe mit dem Makel versehen, weniger qualifiziert zu sein und Tätigkeiten zu beinhalten, die eine inhaltliche Nähe zum Reproduktionsbereich aufweisen und eigentlich von jeder Person ausgeübt werden können. Dieses Vorurteil haben zahlreiche Studien (z.b. Damm-Rüger 1992) ausgeräumt. Die so genannten Frauenberufe zeichnen sich nicht durch Tätigkeiten aus, die bar jeder Ausbildung allein durch spezifisch weibliche Fähigkeiten zu bewältigen sind, sondern spiegeln eine Hierarchisierung der Berufswelt wider. Allerdings wird das Problem der Diffusion durch die Zusammenarbeit von nicht einschlägig ausgebildeten Personen und Fachpersonal verschärft.[53] Frauenberufe beinhalten Tätigkeiten, deren „Qualifikationsprofil durch Diffusion zwischen beruflicher Qualifikation und Laienqualifikation angesiedelt ist, sodass ein eindeutiger Berufscharakter eher schwer zu begründen ist" (Rabe-Kleberg 1999: 95). Gerade im Handel und sozialen Bereich bewegt sich nach Rabe-Kleberg (1993) der Anteil derer, die ohne fachspezifische Ausbildung beschäftigt werden, zum Teil bis zu 50 Prozent (1993: 67). Rauch/Schober (1996) stellen anhand einer Expertenbefragung des IAB fest, dass die Arbeitgeber angesichts eines – zumindest teilweise – bestehenden Nachwuchsmangels an Bewerberinnen für „Frauenberufe" deutlich größere Konzessionen machen. So glauben rund 74 Prozent der Arbeitgeber bei „Frauen-" und 72 Prozent bei „Mischberufen", auf andere, nicht einschlägig ausgebildete Arbeitskräfte zurückgreifen zu können (im Gegensatz zu 51 Prozent bei „Männerberufen").

Schmidbauer (1994) bezeichnet im Anschluss an Rabe-Kleberg die Anforderungen an „Frauenberufe im Dienstleistungssektor" als „ungewiss und maßlos" (1994: 35). Während Rabe-Kleberg (1987) beschreibt, dass den Berufsträgerinnen ihre benötigten Qualifikationen eher unklar sind (zitiert nach Schmidbauer 1994: 85), kommt Schmidbauer zu dem Ergebnis, dass beispielsweise Sozialarbeiterinnen über gestiegenes subjektives Berufsverständnis verfügen, sich ihrer Qualifikationen also durchaus bewusst sind.[54]

„Frauenberufe" sind häufig Sackgassenberufe

In zahlreichen „Frauenberufen" fehlt die Möglichkeit, weitergehende Berufsperspektiven zu entwickeln. Dies gilt nicht nur für die sozialen Dienstleistungsberufe, sondern auch für die Mehrzahl der im dualen System zu erlernenden Ausbildungsberufe. Mit Ausnahme der dem Handwerk zuzuordnenden Berufe wie Friseurin oder Schneiderin ist für die Mehrzahl der Berufe im Gegensatz zu technischen und Handwerksberufen eine Qualifizierung zur

---

53 In der Pflege arbeiten Frauen und Männer mit einer dreijährigen Ausbildung zur Krankenschwester zusammen mit KrankenpflegehelferInnen, die eine einjährige Ausbildung absolviert haben und SchwesternhelferInnen, die einen vierwöchigen Kurs besucht haben. Daneben finden sich auch Personen ohne jegliche Ausbildung. Alle werden – zumindest von außen, aus der Sicht der PatientInnen – als „Schwester" oder „Pfleger" wahrgenommen.

54 Die Arbeit von Schmidbauer rekurriert auf eine österreichische Studie, bei der Absolventinnenjahrgänge verschiedener Sozialberufe befragt wurden.

Meisterin oder Technikerin nicht vorgesehen. Während den eher von Männern gewählten Berufen eine reguläre Weiterbildung offen steht, ist dies in den zumeist von Frauen gewählten Berufen nicht möglich: Eine Arzthelferin kann nicht Ärztin werden, eine Rechtsanwaltsgehilfin nicht zur Rechtsanwältin aufsteigen. Ein Mechaniker kann ebenfalls nicht zum Ingenieur weitergebildet werden, wohl aber als Mechanikermeister entsprechende Funktionen übernehmen.

„Frauenberufe" stellen sich damit oftmals als Sackgassenberufe dar, d.h. als Berufe, in denen trotz individueller Fort- und Weiterbildungsbemühungen kein Aufstieg möglich ist. Die Hierarchien sind in der Regel flach, es besteht keine Durchlässigkeit oder die Berufe sind als Assistenzberufe männlich besetzten anderen Berufen untergeordnet und verfügen dadurch nicht über Aufstiegswege (Rabe-Kleberg 1999: 95; Lappe 1981). Ein Aufstieg nach der Ausbildung oder im Beruf ist zumeist nicht vorgesehen.

Die von Frauen als Erstausbildung präferierten Berufe werden gehäuft bald nach der Ausbildung aufgegeben, da sie eine hohe Belastung, schlechte Bezahlung, ungünstige Arbeitszeiten und oftmals prekäre Beschäftigungsverhältnisse sowie geringe Aufstiegsmöglichkeiten mit sich bringen.[55] Durch die Anlage des Berufssystems dieser Berufe werden die Abschlüsse und Berufserfahrungen beim Wechsel des Berufsfeldes abgewertet, die erworbenen Kompetenzen und Erfahrungen als persönliche, nicht aber als fachliche Kompetenz, die übertragbar ist, anerkannt. Daraus ergibt sich ein doppeltes Dilemma der „Frauenberufe": Durch die Ordnung der Berufe sind vertikale Veränderungen nicht möglich, während horizontale Veränderungen mit einer Dequalifizierung einhergehen.

„Frauenberufen" fehlt die gesellschaftliche Anerkennung

„Kein Geselle aus der Baubranche würde sich als Assistent, Helfer oder Bruder des Architekten oder Bauherrn bezeichnen lassen" (Ulshoefer 1992: 99). Frauen dagegen scheinen dafür prädestiniert zu sein, Assistentin, Helferin oder Schwester einer anderen Berufsgruppe zu sein. Beispiele hierfür sind die chemisch-, biologisch-, pharmazeutisch-technischen Assistenzberufe, die Krankenschwester oder Arzthelferin.[56]

Die mangelnde Bewertung der spezifischen Kompetenzen und Anforderungen dieser Berufe zeigt sich in den diskreditierenden Berufsbezeichnungen wie der schlechten Bezahlung dieser Tätigkeiten. Trotz eines hohen Ver-

---

55 Rabe-Kleberg (1993) hält fest, dass Frauen immer dort eingesetzt werden, wo die Arbeitsplätze schwieriger oder schlechter sind als in vergleichbaren Männerberufen. Die überwiegend von Frauen ausgeübten Berufe sind in der Regel schlecht bezahlt, vergleicht man sie mit Berufen und Tätigkeiten, die mehrheitlich von Männern ausgeübt werden.

56 Die Bezeichnung ApothekenhelferIn wurde umbenannt in Pharmazeutisch-kaufmännische/r Angestellte/r.

antwortungspotenzials vieler dieser Berufe (für Menschen, nicht Maschinen) ist die tariflich vorgesehene Eingruppierung in Folge einer unzureichenden Ausformulierung der Anforderungen sehr niedrig. Stiegler (1994) beschreibt dies als Folge des Prozesses der Verberuflichung sozialer Arbeit, die in ihrer nicht-beruflichen Ausübung nicht entlohnt wird. Das gesellschaftliche Ansehen typischer „Frauenberufe" ist durchwegs niedrig, im besten Fall ambivalent. So wird zwar formuliert, dass der Beruf der Krankenschwester/Erzieherin/Altenpflegerin „eine wichtige und schwierige Aufgabe" sei (Rabe-Kleberg 1999: 95) – keiner aber in diesem Beruf arbeiten möchte.[57] Die geringe Anerkennung gerade (sozialer) „Frauenberufe" lässt sich nicht zuletzt auf ihren Gegenstand zurückführen: Das Prestige der Klientel – Alte, Behinderte, Kinder – ist gering und lässt sich auf die verhandelnden Berufsgruppen übertragen.

3.1.3 Ausbildung im „Frauenberuf"

Nach wie vor mündet der Großteil junger Frauen, die im Rahmen des dualen Systems ausgebildet werden, in frauendominierte Berufe ein. In den pflegenden und erziehenden Dienstleistungsberufen liegt der Frauenanteil sogar bei rund 80 Prozent. Dabei liegt das Problem nicht in der Verteilung von Frauen und Männern auf Berufe[58] und Ausbildungszweige, sondern darin, welche Konsequenzen mit dieser Differenzierung bereits mit dem Schritt der Berufseinmündung verbunden sind. Wir wollen deshalb auf die Spezifika typischer Ausbildungsberufe für Frauen hinweisen.

Zugangsbedingungen

Während es für Ausbildungen im dualen System keinerlei Mindestalterbeschränkungen gibt, setzen sozial-pflegerische und Gesundheitsberufe – also „typische Frauenberufe" – eine gewisse „Reife" voraus, die jedoch nicht als Qualifikation definiert wird. Dies hat Konsequenzen für die Bewerberinnen: Sie sind zu jung und müssen die Zeit überbrücken, in der sie keine beruflich verwertbaren Qualifikationen erwerben können (etwa durch Praktika, andere qualifizierende Vollzeitschulen oder „Jobben", d.h. ungelernte Tätigkeiten)

---

57 In der DDR erfolgte eine Modernisierung des traditionellen Frauenberufs nach dem Muster technischer Berufe. Nach der Wende fand eine Westangleichung vor allem durch die Entwertung und den Verlust des beruflichen Wissens statt (Rabe-Kleberg 1999: 95ff.).

58 Ende 1995 wurden 65 Prozent der jungen Frauen und 77 Prozent der jungen Männer in Berufen ausgebildet, in denen der Anteil ihres eigenen Geschlechts überwiegt, d.h. mehr als 60 Prozent ausmacht. Weibliche Auszubildende sind mit 24 Prozent gegenüber 14 Prozent männlichen Auszubildenden verstärkt in gemischt geschlechtlich besetzten Berufen vertreten (Tischer/Doering 1998).

und erreichen dadurch später als Auszubildende des gleichen Qualifikationsniveaus im dualen System einen Berufsabschluss. Das Mindestalter im Bereich der vollzeitschulischen Ausbildung verzögert also die Berufseinmündung der jungen Frauen. Krüger (1995) vermerkt dazu: „Die im Vergleich zu
entsprechenden, historisch männlichen Ausbildungen mit Facharbeiterab-
schluss i.d.R. erheblich längeren Ausbildungszeiten und höheren Allgemein-
bildungsvoraussetzungen bringen junge Frauen bildungsbiographisch bereits
nahe an das heiratsfähige Alter heran, entlassen sie also wesentlich später auf
den Arbeitsmarkt als Männer" (1995: 211).[59] Doch nicht allein die Frage des
Mindestalters bei verschiedenen Ausbildungsgängen unterscheidet das voll-
schulische Ausbildungswesen vom dualen Ausbildungssystem. Während es
in anderen dualen Berufsfeldern einheitlich geregelte Erstausbildungen gibt,
die formal geregelte Weiterqualifizierungen ermöglichen, fehlt dies in den
genannten Feldern. Um dort eine Ausbildung beginnen zu können, gibt es in
den Bundesländern differenzierte, aber sehr unterschiedliche Zugangswege,
jedoch keine einschlägigen und bundeseinheitlich geregelten Erstausbildungen (Kupka 2000: 145).[60]

Fehlende Durchlässigkeit der Ausbildungswege

In „typisch weiblichen" Berufsausbildungen findet sich eine Doppelstruktur
wieder. Während „Frauenberufe" einerseits als diffus und unklar gelten können, zeigen sie sich andererseits voneinander abgeschottet. So kann eine Kinderpflegerin nicht durch Weiterbildung Erzieherin werden, sondern muss eine neue Ausbildung absolvieren. Ähnliches gilt auch für die anderen Sozial-
und Gesundheitsberufe. Durch die unterschiedlichen Anforderungen an die
schulische Qualifikation ist jedoch auch dieser Weg häufig versperrt bzw. nur
mit großem Aufwand zu erreichen. Im Gegensatz zu Handwerksberufen, die
auch HauptschulabsolventInnen die Möglichkeit eines Karrierewegs über die
Meisterausbildung eröffnen, ist diese Durchlässigkeit in vielen „Frauenberufen" nicht gegeben. Werden die Tätigkeiten innerhalb des gleichen Berufs-

---

59 Hier ist einschränkend zu bemerken, dass dies nicht für diejenigen „Frauenberufe"
     gilt, die innerhalb des dualen Ausbildungssystems erlernt werden können, d.h. die Be-
     rufe im kaufmännischen Bereich, im Handel oder einer Reihe freier Berufe (wie die
     Rechtsanwalts- und Notarsgehilfin).

60 Kupka (2000) beschreibt am Beispiel der Ausbildung in der Altenpflege, die als duale
     Ausbildung, in der Berufsfachschule oder auch als vollzeitschulische Ausbildung an
     einer Fachschule erlernt werden kann, dass ein Wechsel in ein anderes Bundesland zu
     einem unüberwindbaren Hindernis werden kann. Dieses Problem wird sich nach In-
     krafttreten des Altenpflegegesetzes zum 1. August 2003 erledigen. Die Ausbildung
     dauert künftig bundeseinheitlich 3 Jahre, alle SchülerInnen haben einen Anspruch auf
     Ausbildungsvergütung und erstmals wird in allen Bundesländern die Möglichkeit be-
     stehen, die Ausbildung unmittelbar im Anschluss an die Schule zu beginnen. Durch
     Vorgaben zum Prüfungsverfahren wird eine Vergleichbarkeit (und damit auch Aner-
     kennung) der Abschlüsse in ganz Deutschland möglich.

felds zwischen verschiedenen Berufsgruppen auch oftmals als identisch beschrieben oder lassen sich in der praktischen Arbeit nur schwer voneinander trennen (wie zwischen Erzieherinnen und Kinderpflegerinnen), sind die Ausbildungsgänge trotzdem nicht kompatibel oder als „Bausteine" zu sehen, die die vorherige Qualifikationsstufe aufnehmen. Damit bleiben viele „Frauenberufe" jenseits der üblichen Karrieremuster des Berufssystems; gleichzeitig aber tritt eine Hierarchisierung der Berufe bereits in der Ausbildung ein; es gibt Hilfsberufe wie Kinderpflegerin, Krankenpflegehelferin und „richtige" Berufe wie Erzieherin, Krankenpflegerin und Altenpflegerin (Lemmermöhle u.a. 1994: 54).

„Frauenberufe" erfordern höhere finanzielle Investitionen

Im Unterschied zu Ausbildungsberufen im dualen System – die zwar ebenfalls unterschiedlich hoch vergütet werden, zumindest aber eine Ausbildungsvergütung garantieren – ist die Ausbildung im schulischen Ausbildungssystem von den Schülerinnen bzw. deren Eltern überwiegend selbst zu finanzieren, da ein großer Teil der Ausbildungen im Bereich personenbezogener Dienstleistungen privat organisiert ist. Hinzu kommt, dass in dieser Zeit keine Beiträge in die Rentenversicherung eingezahlt werden, das heißt, dass auch in Hinsicht auf eine Bilanzierung der gesamten Arbeitszeit am Ende des Berufslebens Nachteile entstehen und in keiner Weise mehr aufgeholt werden können. Im Gegensatz zu einem Studium, das – in der Regel – mit einem höheren Einkommen einhergeht, das eine längere Ausbildungszeit ausgleichen kann, gilt dies für die typischen „Frauenberufe" des schulischen Ausbildungswesens nicht – im Gegenteil. Der Abschluss einer schulischen Ausbildung hat trotz vergleichbarer Ausbildungsdauer häufig einen geringeren Marktwert und ist zum Teil Vorstufe für eine weitere Berufsausbildung, wodurch sich der Aufwand an Zeit und Geld für Mädchen nicht in gleicher Weise „lohnt" wie für Männer mit einer betrieblichen Ausbildung. In Folge wird die vollzeitschulische Berufsausbildung für junge Frauen zu einem zusätzlichen „Screening"-Faktor (Engelbrech 1991: 99).

Die verschiedenen „Frauenberufe" bzw. die dazugehörigen Berufsfelder weisen jeweils unterschiedliche segregierende Merkmale auf. Die dargestellten Besonderheiten – diffuse Tätigkeitsprofile, Sackgassenlaufbahnen, mangelnde Anerkennung – finden sich in den unterschiedlichen Berufsfeldern in unterschiedlicher Weise. Im Folgenden werden deshalb anhand einiger Berufsfelder, in denen sich die genannten Charakteristika typischer „Frauenberufe" konkretisieren, exemplarisch benannt.

– Krankenpflege

Der Beruf der Krankenschwester und des Krankenpflegers stellt eine spezifische Mischform aus praktischer und theoretischer Ausbildung dar. Die Ausbildung wird an Berufsfachschulen durchgeführt, allerdings sind diese Schulen an Krankenhäuser angegliedert und können somit als betriebliche Ausbildungsstätten gelten. In Folge dieser Konstruktion entfällt für die KrankenpflegeschülerInnen der obligatorische allgemein bildende Unterricht der Berufsschulen. Die für die Beschäftigung an Berufsschulen verbindlichen Mindestgrundsätze für die Qualifizierung des Lehr- und Ausbildungspersonals fehlen an den Schulen für Pflegeberufe.[61] Die Ausbildung in den Pflegeberufen wird von Unterrichtspflegekräften, also Fachkräften der Alten- und Krankenpflege mit Weiterbildung übernommen. Sie werden ergänzt durch die AbsolventInnen von (Fach-)Hoch-schulgängen, die jedoch über keine weitere pädagogische oder fachspezifische Qualifizierung verfügen müssen (Meifort 1999).[62]

In der dualen Ausbildung hat der Betrieb als Lernort eine zentrale Bedeutung. Dies trifft in den Pflegeberufen so nicht zu. Nach Meifort wird hier Lernen und Lehren in der Praxis weitgehend dem Zufall überlassen (1999: 93). Festgelegt ist ausschließlich das Mindestalter von 17 Jahren, das bundeseinheitliche Rahmengesetz regelt die Dauer der Ausbildung, doch nicht deren Ausbildungsinhalte und Mindeststandards (vgl. Ulshoefer 1992).[63]

- Erziehende und sozialpflegerische Berufe

Ähnlich wie in der Krankenpflege gibt es auch hier eine Anzahl gegeneinander abgegrenzter Ausbildungsgänge. Den Beruf der Kinderpflegerin wählen überwiegend Hauptschulabsolventinnen, die nach zweijähriger Ausbildung an einer Berufsfachschule und einem einjährigen Berufspraktikum ihren Abschluss machen. Erzieherinnen dagegen benötigen den Mittleren Schulabschluss und besuchen nach einem ein- bis zweijährigen „Vorpraktikum" (das durch eine vorherige Berufsausbildung oder Arbeit in der Familie erlassen bzw. reduziert werden kann) zwei Jahre lang eine Fachakademie oder Fachschule, um dann ein weiteres Jahr Berufspraktikum anzuschließen. Im ungünstigsten Fall dauert die Ausbildung zur Erzieherin also fünf Jahre, länger als ein durchschnittliches Studium. Die tarifliche Eingruppierung dagegen ordnet den Beruf im Bereich durchschnittlicher Ausbildungsberufe ein. In der Praxis der Kindertagesstätten allerdings zeigt sich der Unterschied eher auf

---

61 Für das Lehramt an beruflichen Schulen ist ein Fachstudium in einer entsprechend festgelegten Leitdisziplin und einem zweiten Fach zu absolvieren. Parallel dazu ist ein erziehungswissenschaftliches Studium zu absolvieren und im Anschluss daran ein Referendariat abzuleisten.

62 Meifort (1999) beschreibt, dass z.B. Lehrkräfte an Altenpflegeschulen in Berlin lediglich ein beliebiges Universitätsstudium „in einer der Altenpflege zuträglichen Fachrichtung" absolviert haben müssen.

63 Ein spezifischer Fall ist die Ausbildung im Bereich der Altenpflege. Erst jüngst (September 2000, Süddeutsche Zeitung) erwog die Bundesregierung ein einheitliches Rahmengesetz für diese Ausbildung zu verabschieden. Bislang wird die Ausbildung in unterschiedlichster Qualität in unterschiedlich lang dauernden Ausbildungsgängen durchgeführt.

formaler denn praktischer Ebene: Während die Erzieherin offiziell die Gruppe leitet, sind die Tätigkeiten der Beschäftigten selbst nur wenig zu trennen. Weitere Berufsmöglichkeiten sind ein Studium der Sozialarbeit/Sozialpädagogik, das an Fachhochschulen angeboten wird und inklusive Praxissemester vier Jahre dauert und ein breites Einsatzfeld bietet. Schmidbauer (1994) beleuchtet die Struktur der Sozialarbeit unter feministischer Perspektive. Sie zeigt darüber hinaus, dass der Arbeitsbereich der Sozialarbeit sowohl horizontal als auch vertikal segregiert ist, die befragten Frauen angeben, deutlich unter ihrem Qualifikationsniveau liegende Arbeiten auszuführen (1994: 84). Auch kann sie nachweisen, dass Männer eher statushohe, verwaltende, Frauen eher ausführende Aufgaben übernehmen. So formuliert Rabe-Kleberg (1990) am Beispiel sozialer Arbeit: „Auf der männlichen Seite finden wir eher kontrollierende Tätigkeiten in hierarchisch leitenden Positionen, z.B. Finanzverwaltung. Und wir finden Männer an Plätzen, wo Theorien und Ideologien über die Sozialarbeit formuliert werden. Weiterhin finden wir sie dort, wo Sozialarbeiterinnen ausgebildet werden" (1990: 65). Dies spiegelt deutlich die Hierarchisierung vieler „frauentypischer" Berufe wider, die auch von Männern gewählt werden: „Administrative Tätigkeit wird als männlich erkannt, sie entbindet von direkter Klientenarbeit und entkommt dadurch möglichen geschlechtsbedingten Arbeitskomplikationen" (Drake 1980: 56).

– Hauswirtschaftliche Berufe

Hauswirtschaftliche Berufe gelten unabhängig davon, ob sie praxisrelevant oder akademisch ausgerichtet sind, als hausarbeits- und familiennah. Das Spektrum dieses Berufsfeldes ist breit. Degenkolb (2000) weist nach, dass kein verbindliches Wissen darüber besteht, welche Tätigkeitsbereiche bzw. Berufsgruppen und Berufe dem Berufsfeld zugeordnet werden können (2000: 120). Insgesamt zeigt sich eine Fülle von Ausbildungsmöglichkeiten, die wiederum unterschiedliche Qualifikationsanforderungen stellen. Der Beruf der Hauswirtschafterin wird im dualen System erlernt[64] – oder aber im Rahmen einer vollzeitschulischen Ausbildung, während hauswirtschaftliche HelferInnen und hauswirtschaftliche AssistentInnen allein in vollzeitschulischen Ausbildungsgängen ausgebildet werden. Fortbildungsmöglichkeiten zur Meisterin (zum Meister) oder zur Technikerin (zum Techniker) bestehen für einige der Ausbildungsberufe innerhalb des Berufsfeldes, jedoch nicht durchgängig für alle. Daneben existieren auch hochschulische Ausbildungsgänge wie z.B. Diplom-Ökotrophologin oder Diplom-Haushaltsökonomin.

– Gehilfinnen und Helferinnen

Während der Beruf der Bürogehilfin durch die Neuordnung der Büroberufe Anfang der 90er Jahre dem Beruf „Kauffrau/-mann für Bürokommunikation"

---

64 Wobei der Anteil der im dualen System ausgebildeten Personen geringer ist als die vollzeitschulischen Ausgebildeten (Degenkolb 2000).

weichen musste und die Rechtsanwaltsgehilfin zur Rechtsanwaltsfachange-
stellten wurde, werden nach wie vor Arzt- und Zahnarzthelferinnen ausgebildet. Der Beruf der Arzthelferin rangiert nach dem Beruf der Bürokauffrau an
zweiter Stelle der von Frauen am stärksten besetzen Ausbildungsberufe
(Hecker 1999).[65] Unabhängig von der Bezeichnung ist den Berufen gemeinsam, dass sie überwiegend von Frauen erlernt und ausgeübt werden, die Ausbildung im dualen System stattfindet – und damit endet. Diese Ausbildungsberufe bieten im Gegensatz zu Berufen des Handwerks oder Berufen des gewerblich-technischen Bereichs kaum eine Möglichkeit der anerkannten Wei-
terqualifizierung (im Sinne einer Meisterprüfung oder eines Technikerab-
schlusses)[66] mit entsprechenden Aufstiegsoptionen. Im Gegensatz zu den breit
angelegten Büroberufen stehen ihnen auch horizontale Veränderungsmög-
lichkeiten nur in begrenztem Maße offen. Diese Berufe tragen daher alle
Kennzeichen eines Sackgassenberufs.

– Kaufmännische und verwaltende Berufe

Büroberufe umfassen ein breites Spektrum an Tätigkeiten und stellen sich als
typische Ausbildungsberufe im dualen System für Mädchen, aber auch Jungen dar. Sie erfreuen sich großer Beliebtheit, auch wenn Heintz u.a. (1997) in
ihrer Untersuchung nachzeichnen, dass der/die „Kaufmännische Angestellte"
oder SachbearbeiterIn[67] ein Beruf ist, der „fast ausschließlich in einem Aus-
schlussverfahren gewählt wird" (1997: 175).[68] Die Wahl eines kaufmännischen Berufs ist also weniger eine Entscheidung für einen bestimmten Beruf
als gegen andere Alternativen und erscheint dabei als „derart unausweichlich,
dass von einer Wahl im eigentlichen Sinne nicht mehr gesprochen werden
kann" (ebd.).[69]
Insgesamt lässt sich feststellen, dass seit 1995 in allen Büroberufen eine
Steigerung der Ausbildungsverhältnisse zu verzeichnen ist, wobei der Frau-

---

65 Die Ergebnisse einer Untersuchung von Arzthelferinnen durch das BiBB zeigen, dass
    die Arzthelferinnen selbst ihre Berufschancen als begrenzt sehen; eine Entwicklung,
    die vor dem Hintergrund der Gesundheitsreform und Kostenreduzierung noch größe-
    ren Einfluss bekommen wird (Hecker 1999).
66 Eine Ausnahme lässt sich nennen: Die Steuerfachgehilfin kann nach zehnjähriger Be-
    rufstätigkeit die Prüfung zur Steuerberaterin ablegen.
67 „Sachbearbeitung" ist kein spezifischer Ausbildungsberuf und zeigt kein klares Tätig-
    keitsprofil. Sie kann als Oberbegriff für unterschiedlichste Tätigkeiten auf unter-
    schiedlichen Qualifikationsstufen gelten. Heintz u.a., die die Sachbearbeitung als Bei-
    spiel eines „integrierten" oder „geschlechtsneutralen" Berufsfeldes untersuchen, fas-
    sen Sachbearbeitung als „ausdifferenziertes Tätigkeitsfeld innerhalb des kaufmänni-
    schen Berufs" (Heintz u.a. 1997: 166).
68 Die Abgrenzung erfolgt laut Heinz u.a. geschlechtsspezifisch, Männer grenzen sich
    gegenüber handwerklichen und technischen Berufen, Frauen eher gegenüber sozialen
    Berufen ab (1997: 176).
69 Diese Aussage bestätigt die Untersuchung des Bundesinstituts für Berufliche Bildung
    zur Evaluation der Büroberufe (Stiller 1999).

enanteil leicht sinkt (Stiller 1999). Stiller führt dies auf die Neuordnung der Büroberufe Anfang der 90er Jahre zurück. Trotz zunehmender Attraktivität der Büroberufe für junge Männer wird deutlich, dass die Ausbildungsberufe, die auf Assistenzfunktionen zielen, weniger männliche Auszubildende als beispielsweise der Beruf des Bürokaufmanns aufweisen (Stiller 1999). In den „klassischen" Büroberufen (Bürokauffrau/-mann 76 Prozent, Kauffrau/-mann für Bürokommunikation 87 Prozent und Fachangestellte/r für Bürokommunikation 88 Prozent) werden überwiegend Frauen ausgebildet, wenngleich der Anteil männlicher Auszubildender in den letzten Jahren angestiegen ist. Insgesamt liegt der Frauenanteil bei den kaufmännischen und verwaltenden Ausbildungsberufen im Durchschnitt bei 68 Prozent (Stiller 1999).[70]

– Handelsberufe

Paulini (1992) formuliert am Beispiel des Berufsfelds „Handel", dass dieser Tätigkeitsbereich Frauen entspricht; denn „in seiner Dienstleistungsfunktion kommt er dem Berufswunsch der Frauen entgegen, auch im Beruf unmittelbaren Umgang mit Menschen zu haben, Material zu pflegen und konkret fassbare Tätigkeiten auszuüben" (Paulini 1992: 77). Dennoch werden die Handelsberufe von Mädchen und Jungen gewählt, bei beiden gehört der Ausbildungsberuf „Kauffrau/-mann im Einzelhandel" zu den meist gewählten. Doch wie auch in anderen Berufsfeldern, findet sich auch hier eine Unterscheidung von Tätigkeiten nach Geschlecht wieder: „Männer sind überwiegend im Ein- und Verkauf, im Außendienst sowie in leitenden Funktionen beschäftigt. Frauen dagegen haben ihren Tätigkeitsschwerpunkt in selbstständiger, problemorientierter und kooperativer Sachbearbeitung und Abwicklung. Sie sind eher bei den Zu- und Folgearbeiten des Verkaufsgeschäfts der dort agierenden Männer tätig" (a.a.O.: 91). Neben den Kauffrauen und Kaufmännern des Einzelhandels werden auch VerkäuferInnen ausgebildet, deren Ausbildung kürzer ist und weniger auf spätere leitende Tätigkeiten ausgerichtet. Dieser Beruf wird überwiegend von Mädchen und jungen Frauen erlernt.

Paulini (1992) weist nach, dass insbesondere die weniger umfassend – und damit auch weniger flexibel – ausgebildeten Verkäuferinnen überwiegend im Berufsfeld verbleiben, während die besser ausgebildeten Kaufmänner und Kauffrauen das Berufsfeld eher verlassen.[71] Betrachtet man die Auf-

---

70 An dieser Stelle sei auf die Untersuchung von Heintz u.a. verwiesen, die betonen, dass wichtige Weichen erst nach dem Abschluss der Ausbildung gestellt werden, wenn eine Entscheidung zwischen Sachbearbeitung und Sekretariat zu treffen ist. Sekretariatsarbeit gilt im Hinblick auf einen Aufstieg oder fachliche Spezialisierung nicht als Qualifikation, sondern entwertet Qualifikationen (Heintz u.a. 1997: 179).

71 Hier zeigt sich ein weiteres Problem vertikaler Segregation. Der Beruf der Verkäuferin gilt oftmals als Ausbildung für leistungsschwache Jugendliche. Im Gegensatz zum Beruf des/der Einzelhandelskaufmanns/-frau ist der Beruf der Verkäuferin überwiegend mit Frauen besetzt.

gaben der im Verkauf Tätigen, zeigt sich, dass die überwiegend von Mädchen gewählte Tätigkeit als Verkäuferin sich hinsichtlich ihrer Tätigkeitsprofile nur wenig von der der Einzelhandelskauffrauen unterscheidet, während ein großer Unterschied zwischen männlichen und weiblichen Einzelhandelskaufleuten besteht (Paulini 1992: 91).[72]

Diese Auflistung empirischer Ergebnisse und Merkmale der einzelnen Berufsbereiche soll zeigen, welchen Restriktionen diese Berufe und Berufsfelder oftmals unterliegen und welche Konsequenzen die Einmündung in einen „Frauenberuf" für die Mädchen und jungen Frauen für ihre Erwerbslaufbahn hat. Trotzdem sollte das anhaltende Interesse von Mädchen und jungen Frauen an diesen Berufen weder negiert werden noch sollte der gesellschaftliche Bedarf, diese Berufsfelder zu besetzen, vernachlässigt werden. Es ist notwendig, diese Berufe aufzuwerten, die Ausbildungsabschlüsse durchgehend anzuerkennen und die Ausbildungsgänge auch zeitlich und formal dem jeweiligen Qualifikationsniveau des dualen Systems anzupassen.

Frauenberufe müssen frei gewählt werden können

Die Einmündung in einen „Frauenberuf" darf für Mädchen und junge Frauen keine Selbstverständlichkeit darstellen, sondern soll Ausdruck einer aktiven Berufsentscheidung sein. Vorraussetzung dafür ist das Wissen um die Barrieren dieser Berufsausbildungen wie die Möglichkeit, andere Optionen im Ausbildungssystem wahrzunehmen. Lemmermöhle (1997: 27) zeigt anhand von Falldarstellungen, wie Mädchen mangels anderer Alternativen doch auf einen Ausbildungsplatz in einem typischen „Frauenberuf" zurückgreifen. Diese mehr oder weniger zwangsweise Einmündung in einen ungewünschten „Frauenberuf" wird von den Mädchen als Abwertung sowohl ihrer Arbeitskraft als auch ihres Geschlechts wahrgenommen und auf alle „frauendominierten" Berufe übertragen. Lemmermöhle betont, dass sie Einzelfälle beschreibt; repräsentative Folgerungen über Frauen oder Hauptschülerinnen seien nicht möglich. Gleichwohl wird aus ihren Ausführungen deutlich, dass die Annahme einer geschlechtsspezifischen Berufswahl der Mädchen und jungen Frauen zu überprüfen ist. In diesen Annahmen bleiben die strukturellen Hintergründe, die zur Berufswahl führen, unsichtbar (vgl. auch Krüger 1991, 1995). Wie sich ihren Falldarstellungen aber entnehmen lässt, sind die Resultate der Berufswahl weder Resultate allein von Subjektleistungen noch

---

72 In einer neuerlichen Analyse kommt Paulini (1999) zu dem Schluss, dass die Unterschiede hinsichtlich der Aufgabengebiete bei Kaufleuten und VerkäuferInnen größer sind als zwischen männlichen und weiblichen Kaufleuten. Sie schließt daraus, dass der Beruf Kaufmann/-frau im Einzelhandel im Vergleich zum/zur VerkäuferIn vielfältigere Einsatzfelder bietet (1999: 76). Von Relevanz ist diese Aussage vor allem, weil die Geschlechtersegregation aufrechterhalten wird. Im Gegensatz zu dem mehr oder weniger geschlechtsintegrierten Ausbildungsberuf der Kaufleute im Einzelhandel ist die Berufsausbildung zur Verkäuferin nach wie vor weiblich dominiert.

allein im Ausbildungs- und Arbeitsmarkt begründet, sondern stellen ein Zusammenwirken von gesellschaftlichen Strukturen, Zuweisungsprozessen und subjektiven Konstruktionen dar (Lemmermöhle 1997: 33f.; vgl. Kapitel 6).

3.2 Mädchen und junge Frauen in techniknahen und informationstechnischen Berufen

Bereits in den 80er Jahren wurden zahlreiche Modellprojekte und -vorhaben zur „Erschließung" von technisch-naturwissenschaftlichen Berufen für Frauen durchgeführt, die sich an Betriebe, Schulen und Schulabgängerinnen sowie erwachsene Frauen wandten. Letztlich hat sich trotz dieser Programme keine grundlegende Veränderung in der quantitativen Verteilung von Frauen ergeben, teils sind Entwicklungen sogar wieder rückläufig. Auch zu Beginn des 21. Jahrhunderts bleibt das Thema „Frauen in technischen Berufen" aktuell. Die Nachfrage nach qualifizierten IT-Arbeitskräften und die (zu) geringe Beteiligung von Frauen ließ die Diskussion der 80er Jahre um Frauen und ihr Verhältnis zu Technik wiederaufleben. So sind nur 14 Prozent aller Auszubildenden in den neuen IT-Berufen Frauen und dies mit sinkender Tendenz (Dietzen 2001: 38). Informationstechnische Berufe werden für Mädchen und junge Frauen als wichtige und zukunftsweisende Berufsfelder angesehen, entwickeln sich doch vor allem für Frauen im primären Dienstleistungsbereich durch Rationalisierung und Verlagerung von einfachen Bürotätigkeiten sowie in Betrieben mit überwiegend weiblicher Belegschaft zunehmende Beschäftigungsrisiken (Engelbrech 1999). In den „neuen" Berufen der Informations- und Kommunikationsgesellschaft sind die Prognosen dagegen günstig; qualifizierte Auszubildende und Arbeitskräfte werden verstärkt nachgefragt.

3.2.1 Techniknahe und informationstechnische Berufe

Die Gruppe der technischen Berufe ist sehr heterogen. 80 Prozent der im dualen System anerkannten Berufe gehören den technischen und naturwissenschaftlichen Berufsfeldern und -gruppen an; sie fallen mehrheitlich in die Kategorie der so genannten Männerberufe mit einem Anteil weiblicher Auszubildender bis zu 20 Prozent. Hierzu gehören die gewerblich-technischen Berufe in Handwerk und Industrie einschließlich der Metall- und Elektroberufe sowie die neuen IT-Berufe. Hinzu kommen technische Sonderfachkräfte, wie Technischer Zeichner/Technische Zeichnerin, die Technischen Assistenten/Technischen Assistentinnen der verschiedenen Fachrichtungen sowie Techniker/ Technikerinnen und Ingenieure/Ingenieurinnen (nach Schmickler-Herriger 1995: 49). Dostal/Troll (1995) unterscheiden zusätzlich zwischen techniknahen (Ziel der Tätigkeit sind technische Produkte oder Systeme) und technikfernen (andere Ziele) Tätigkeiten und Berufen, eine Unterscheidung, die der Tatsache Rechnung trägt, dass nahezu alle Erwerbstätigen mittlerweile in irgendeiner Weise mit Technik umgehen. Wir leben „in einer technikgeprägten Welt, in der kaum eine Erwerbsaktivität zu finden ist, die völlig ohne Technik bestehen kann" (Dostal/Troll 1995: 3). Informations- und Kommunikationstechnologien durchdringen zunehmend alle Lebens- und Arbeitsbereiche und spielen vor allem im Dienstleistungsbereich eine wichtige Rolle. Traditionelle Vorstellungen von Technik greifen nicht mehr, da sich Informationstechniken von klassischen Maschinen grundlegend unterscheiden. Informationstechnik hat nicht mehr viel mit schwerer körperlicher Arbeit zu tun, wie noch im Berufsbild des Maschinenarbeiters.

Lagen die Wurzeln der Informationstechnik zunächst in der Hardwareproduktion, kamen mit der Ausweitung von Softwareentwicklungen neue Branchen hinzu; in den letzten Jahren ergaben sich Erweiterungen durch Telekommunikation und Multimedia, sodass inzwischen auch Verlags- und Druckhäuser zur „Informationswirtschaft" gezählt werden (vgl. Dostal 2000). Durch die Computertechnik hat Technik auch in bisher eher technikfreien Bereichen Einzug gehalten. In den 90er Jahren haben sich PCs an Arbeitsplätzen, vor allem im Büro und Dienstleistungsbereich, durchgesetzt. 62 Prozent der Erwerbstätigen nutzen entsprechend einer aktuellen Erhebung programmgesteuerte Arbeitsmittel und nur an 38 Prozent der Arbeitsplätze spielen Computer heute noch keine Rolle (vgl. Abbildung 15).

Abbildung 15: Computernutzung. Erwerbstätige nach Nutzungsintensität 1999 in Prozent

Erwerbstätige nach Computernutzung in Prozent					
alle Erwerbstätigen	100 %				
Nutzer programmgesteuerter Arbeitsmittel	62 %				
PC-/Computernutzer	51 %				
überwiegend am Computer tätig	29 %				
spezialisierte Computertätigkeiten	9,3 %				
sich selbst als Computerfachleute Bezeichnende	1,2%				

Vgl. IAB-Materialien, Nr. 1/2000, S. 10, Abb. 1.
Quelle: BiBB/IAB-Erhebung 1999 zu „Qualifikation und Erwerbsarbeit".

Im Produktionsbereich erleichtern Computer die Bedienung, Wartung und Pflege von Maschinen. Der Bezug zum Computer, zur Technik ist jedoch sehr unterschiedlich. Technik kann sich auf einfache Werkzeuge und Vorrichtungen oder auf innovative hochkomplexe Systeme einschließlich Software beziehen. Durch den Einsatz neuer Technologien wird sich der bestehende Strukturwandel auf dem Arbeitsmarkt verstärken, der gekennzeichnet ist durch die Zunahme von Dienstleistungstätigkeiten und Verschiebungen von einfachen Bürotätigkeiten hin zu höher und hoch qualifizierten Dienstleistungen wie Organisation, Management, Beratung und Betreuung (Tischer 1999: 950f.).

Auch im IT-Bereich sind systematische Abgrenzungen von IT-Berufen und -Branchen schwierig (Dostal 2000: 10). Die Definition von Informatik als der „Wissenschaft, Technik und Anwendung der maschinellen Verarbeitung und Übermittlung von Informationen" (ebd.) erscheint einleuchtend, hilft jedoch im Einzelfall nicht weiter. 9,3 Prozent der Erwerbstätigen leisten beispielsweise spezialisierte Computertätigkeiten (vgl. Abbildung 16), für die vertiefte Computerkenntnisse erforderlich sind; sie bezeichnen sich jedoch nicht automatisch als Computerspezialisten, vor allem wenn sie in „Computer-Mischberufen" tätig sind, „in denen sowohl Computerkompetenz auf gehobenem Niveau als auch Fachqualifikationen im jeweiligen Anwendungsfeld notwendig sind" (a.a.O.: 11).

Abbildung 16: Professionelle Computeranwender 1999 an allen Erwerbstätigen absolut und in Prozent

Erwerbstätige in ...	Erwerbstätige insgesamt in 1000	Computeranwender in diesen Berufen	
		absolut in 1000	in Prozent
Dienstleistungsberufen (ohne unten angegebene Berufe)	21.607	1.506	7,0
Technischen Berufen	2.316	590	25,5
Fertigungsberufen	8.280	421	5,1
Computerberufen	400	397	99,3
Speziellen Dienstleistungsberufen	351	96	27,4
Agrarberufen	757	15	2,0
Sonstigen Berufen	323	28	8,7
Gesamt	34.034	3.053	9,2

Vgl. IAB-Kurzbericht, Nr. 3/2000, S. 4, Tabelle 2.

Quelle: BiBB/IAB-Erhebung 1999 zu „Qualifikation und Erwerbsarbeit".

Andere sprechen von Berufen der Informationswirtschaft und zählen auch den Medienbereich dazu (vgl. auch Abbildung 17). Die meisten Informatikerinnen und Informatiker arbeiten zunehmend nicht mehr bei Herstellern oder in technischen Entwicklungsbereichen, sondern direkt in den Anwendungsbereichen. Gleichzeitig steigt der Anteil derer, die über „Computer-Mischqualifikationen" verfügen.

Abbildung 17: Beschäftigung in der Informationswirtschaft 1999 in Prozent

Bereiche der Informationswirtschaft	Erwerbstätige	
	Personen	in Prozent
Hardware, Software & Services	1.037.420	59,8
Informationstechnik	433.160	25,0
Herstellung Büromaschinen und DV-Geräte	135.680	7,8
Software und IT-Dienstleistungen	297.480	17,1
Telekommunikation	338.000	19,5
Herstellung von nachrichtentechnischen Geräten	101.000	5,8
Fernmeldedienste	237.000	13,7
Elektronische Bauelemente	81.500	4,7
Unterhaltungselektronik	35.280	2,0
Fachhandel und Distribution	149.480	8,6
Medien	698.690	40,2
Verlagsgewerbe	219.170	12,6
Druckgewerbe	284.000	16,4
Film-/Videoherstellung, -verleih, -vertrieb, Filmtheater	32.640	1,9
Hörfunk/Fernsehen, Programmherstellung	65.100	3,7
Korrespondenz-/Nachrichtenbüros, freie Journalisten	45.760	2,6
Buch-, Zeitschriften- und Musikhandel	52.020	3,0
Gesamt	1.736.110	100

Vgl. IAB-Kurzbericht, Nr. 3/2000, S. 3, Tabelle 1.

Quelle: BiBB/IAB-Erhebung 1999 zu „Qualifikation und Erwerbsarbeit".

Anfang der 70er Jahre wurde erstmals ein System von IT-Erstausbildungen eingeführt: im dualen System die neuen IT-Berufe und „Abiturientenberufe" wie die mathematisch-naturwissenschaftlichen AssistentInnen; im Berufs-fachschulbereich einschlägige Ausbildungen für Personen mit mittlerer Reife oder Abitur; im Fachschulbereich gibt es eine breite Palette von Fortbildun-gen und Aufbaukursen; im Hochschulbereich ist die Informatik in unter-schiedlichen Spezialisierungsausrichtungen eingeführt. Derzeit sind noch gut zwei Drittel der IT-Fachleute Quereinsteiger, wobei der Trend zur Hoch-schulausbildung geht.[73]

Insgesamt ist also jeweils zu präzisieren, welche Berufsfelder gemeint sind, wenn von technischen Berufen gesprochen wird.

3.2.2 Der naturwissenschaftliche/informationstechnische Arbeitsmarkt – ein Arbeitsmarkt für Mädchen und junge Frauen?

Frauen sind schon bisher von technischen Änderungen massiv betroffen. Aufgrund von Automatisierung und neuartigen Produkten sind zahlreiche ty-

---

73 Die neuen dualen Ausbildungsberufe werden von Dostal (2000) angesichts dessen als problematisch eingeschätzt, da das traditionelle Niveau der dualen Ausbildung mit der dominanten Praxisorientierung nur für einen Teil der IT-Tätigkeiten ausreichend sei.

pische Frauenarbeitsplätze weggefallen, vor allem im Bereich der primären Dienstleistungen; aber auch Betriebe mit überwiegend weiblichen Beschäftigten, vor allem Handel, Wäschereien, Reinigungs- und Körperpflegebetriebe, Gaststätten und Beherbergungsbetriebe, Betriebe im Gesundheitsbereich und Heime, schätzen die künftigen Beschäftigungsmöglichkeiten und -aussichten häufig als schlecht ein (Engelbrech 1999: 947).

Auf der anderen Seite wurden Arbeitsplätze für Frauen erschlossen, die bisher aufgrund hoher körperlicher Belastungen allenfalls für Männer geeignet erschienen (z.B. Setzerei). Unter dem Motto „Computer statt Blei" drangen Frauen in traditionelle Männerberufe vor wie die Druckberufe, in denen heute knapp 60 Prozent der Auszubildenden junge Frauen sind – mit zum Teil guten Arbeitsmarktchancen und sehr guter tariflicher Einstufung. Solche Entwicklungen hängen jedoch immer auch mit der abnehmenden Attraktivität der Berufe für Männer zusammen.

Neue Technologien werden heute auch in typischen Arbeitsfeldern von Frauen und in gemischt-geschlechtlichen Arbeitsfeldern im Angestelltenbereich eingesetzt (Schmitt 1999: 207). Büroberufe, bei ihrer Entstehung zunächst eher eine Männerdomäne, gelten inzwischen als gemischtes Berufsfeld mit geschlechtstypischen Bereichen; techniknahe Tätigkeiten und Management sind weiterhin Männerdomänen geblieben. In Textil- und Bekleidungsberufen konnten sich Frauen zwar behaupten, mussten aber niedrigere Einkommen in Kauf nehmen; die eher technikgeprägten Spinn- und Textilherstellungsberufe wurden tendenziell zu Männerdomänen, handarbeitsbezogene Textilverarbeitungs- und -veredelungsberufe wurden bzw. blieben Frauendomänen.

Junge Frauen wählen seltener einen techniknahen oder IT-Beruf als junge Männer

Auch heute werden Mädchen und junge Frauen nur in Ausnahmefällen in den männlich dominierten technischen Handwerksberufen oder industriellen Facharbeiterberufen ausgebildet (Foster 1999: 19), bei den Elektro- und Elektronikberufen liegt der Frauenanteil unter 10 Prozent, bei den Metallberufen sogar unter 3 Prozent (a.a.O.: 21). Der Berufsbildungsbericht 2000 (BMBF 2000: 71) konstatiert, dass die Anteile junger Frauen in männlich dominierten Berufen seit 1990 sogar zurückgehen.[74] Im Vergleich zu 1977 ist in den alten Ländern dennoch eine Verdreifachung des Frauenanteils auf 9,1 Prozent fest-

---

74 „Insbesondere in handwerklichen Berufen (Anmerkung: vor allem Kraftfahrzeugmechaniker/ -in, Tischler/-in, Maler/-in und Lackierer/-in) fiel der Frauenanteil an den Auszubildenden generell in den Jahren 1990 bis 1996 von dem ‚Höchststand‘ von 27 Prozent auf 20,3 Prozent" (Schemme 1999: 28). Eine Abnahme der weiblichen Auszubildenden ist aber auch in vielen industriellen Berufen festzustellen wie bei den Industriemechaniker/innen von 9 Prozent im Jahr 1991 auf 5,8 Prozent 1998 (BMBF 2000: 72f.).

zustellen, in den neuen Ländern ist der Anteil der Mädchen und jungen Frauen mit 19 Prozent vergleichsweise hoch, was jedoch vor allem darauf zurückzuführen ist, dass sie in landwirtschaftlichen Berufen und Berufen aus dem Gastronomiebereich ausgebildet werden (a.a.O.: 74).

Abbildung 18: Frauenanteil in IT- und Medienberufen 1999 in Prozent

IT und Medienberufe	Ausbildungs-verträge 1999 insgesamt	Frauenanteil in Prozent
Fachangestellte/-r für Medien- und Informations-dienste	108	70
Fachinformatiker/-in	11.353	12
Fachkraft für Veranstaltungstechnik	906	14
Film- und Videoeditor/-in	90	50
Film- und Videolaborant/-in	42	69
Fotolaborant/-in	260	85
Fotomedienlaborant/-in	290	72
Informatikkaufmann/-frau	3.910	23
Informations- und Telekommunikationssystem-Elektroniker/-in	6.337	4
Informations- und Telekommunikationssystem-Kaufmann/-frau	4.014	28
Kaufmann/Kauffrau für audiovisuelle Medien	569	62
Mediengestalter/-in Bild und Ton	1.319	35
Mediengestalter/-in für Digital- und Printmedien	113	52
Mediengestalter/-in für Digital- und Printmedien Medienberatung	175	60
Mediengestalter/-in für Digital- und Printmedien Mediendesign	4.406	59
Mediengestalter/-in für Digital- und Printmedien Medienoperating	1.485	47
Mediengestalter/-in für Digital- und Printmedien Medientechnik	334	54
Werbe- und Medienvorlagenhersteller/-in	684	57
Werbekaufmann/-frau	3.351	70
Werbevorlagenhersteller/-in	8	38

Vgl. Informationen für die Beratungs- und Vermittlungsdienste ivv 22/00, 31. Mai 2000, S. 2396.

Quelle: Deutscher Industrie- und Handelstag.

Eine Ausbildung in einem Beruf der Datenverarbeitung (vier neue IT-Berufe) begannen auch 1999 nur 14 Prozent der jungen Frauen (Dietzen 2001; Statistisches Bundesamt 14. Juli 2000), obwohl ihr Anteil an den Datenverarbeitungsberufen gegenüber dem Vorjahr mit 56 Prozent stärker stieg als bei den männlichen Kollegen (50 Prozent). Es kann also nicht die Rede davon sein, dass sich Mädchen und junge Frauen überhaupt nicht auf die neuen IT-Berufe einlassen. In ihrer „Expertise Zukunftsberufe für Frauen" stellt die Sozialforschungsstelle Dortmund jedoch fest, dass die Beteiligung von jungen Frauen an den 1997 neu entwickelten Berufen im Bereich der Informations- und Telekommunikationstechnik trotz guter Zukunftsperspektiven und eines relativen Anstiegs alarmierend gering sei. Dabei zeigt sich, dass je stärker der assoziierte Technikbezug der neuen Berufe ist, der Anteil der Mädchen und jungen Frauen, die sich dort ausbilden lassen, umso geringer ist (vgl. Abbildung 18). Der Ausbildungsberuf „IT-Elektroniker/-in" wies beispielsweise einen Frauenanteil von 4 Prozent auf; bei den Medien- und kaufmännischen Berufen lag der Frauenanteil dagegen mit teils über 50 Prozent sehr viel höher.

Neben der IT-Berufsausbildung im Rahmen des dualen Systems bestehen auch rein schulische Berufsausbildungen. Auch hier ist der Anteil der Mädchen und jungen Frauen, die eine Ausbildung in einem Datenverarbeitungsberuf („technische/r Assistent/in für Informatik", „technische/r Assistent/in für Automatisierungs- und Computertechnik", „Assistent/in für Wirtschaftsinformatik" sowie „Informatiker/in") wählten, im Schuljahr 1998/99 mit 23 Prozent gering, vor allem im Vergleich zum überproportional hohen Frauenanteil bei den schulischen Berufsausbildungen von 79 Prozent insgesamt.

Junge Frauen ergreifen selten ein (informations-)technisches oder naturwissenschaftliches Studium

Seit 10 Jahren liegt der Anteil der Studentinnen in den Ingenieurwissenschaften bei 12 - 20 Prozent. Bei den Studienanfängerinnen lag der Anteil im Jahr 2002 bei 21,2 Prozent (BLK 2002). Ähnliches gilt auch für andere Berufe, die ein Hochschulstudium voraussetzen, wie Physiker/innen, Mathematiker/innen und Berufsschullehrer/innen für technische Berufe. In den Fächern Elektrotechnik und Maschinenbau sind sogar nur drei bis sechs Prozent der FH- und Uni-Studierenden Frauen (vgl. Abbildung 19).

Die Zahlen in Maschinenbau und Elektrotechnik gehen ebenfalls auf niedrigem Niveau nach oben. Bei der Studienwahl setzen sich die Fächerwahlen aus der Schule fort. Mädchen sind in naturwissenschaftlichen Gymnasien ebenfalls seltener vertreten als Jungen. Informatik wird seit Ende der 60er Jahre als Studienfach in Deutschland angeboten.

Abbildung 19: Anteil der weiblichen Studierenden nach Fächergruppen in den alten und neuen Bundesländern 1995 in Prozent

Fächergruppen/Studienfach	Universität Frauenanteile im Studium in Prozent	Fachhochschule Frauenanteile im Studium in Prozent
Ingenieurwissenschaften	18	15
– Architektur	– 42	– 44
– Bauingenieurwesen	– 19	– 17
– Maschinenbau	– 6	– 4
– Elektrotechnik	– 5	– 3
– Fertigungsingenieurwesen	– 20	– 43
Naturwissenschaften	29	23
– Biologie	– 53	
– Chemie/Chemieingenieurw.	– 28	– 35
– Physik	– 11	
– Mathematik	– 27	
I– nformatik	– 11	– 12
Recht und Wirtschaft	36	43
– Jura/Rechtspflege	– 43	– 70
– Betriebswirtschaftslehre	– 32	– 43
– Volkswirtschaftslehre	– 30	
– Verwaltungswesen		– 44
Gesellschaft und Soziales	57	69
– Politologie/Soziologie	– 45	
– Psychologie	– 68	
– Pädagogik	– 64	
– Sozialarbeit/-pädagogik	– 67	– 70
– Evangelische/Katholische Theologie	– 36	
Medizin	51	
– Humanmedizin	– 47	
– Zahnmedizin	– 45	
– Tiermedizin	– 72	
– Pharmazie	– 69	
Kultur und Medien	59	65
– Geschichte/Ethnologie	– 54	
– Germanistik/Anglistik	– 69	
– Dokumentation/Bibliothekswiss./ Publizistik	– 52	– 68
– Gestaltung/Bildende Kunst	– 53	– 62
– Musik	– 49	
Lehrämter	65	
Universität/Fachhochschule gesamt	45	32

Vgl. Schreyer, Franziska: Studienfachwahl und Arbeitslosigkeit. Frauen sind häufiger arbeitslos – gerade wenn sie ein „Männerfach" studiert haben. In: Informationen für die Beratungs- und Vermittlungsdienste ibv 44/99, 3. November 1999, S. 3711, Tabelle 1.

Leerfelder sind i.d.R. auf fehlende/zu geringe Datenbasis zurückzuführen.
Quellen: Hochschulstatistik; Mikrozensus; Arbeitslosenstatistik.

Der Frauenanteil stieg anfangs überproportional bis zu seinem Höchststand von 17,2 Prozent im WS 82/83; anders als in den klassischen Ingenieurwissenschaften wie Maschinenbau und Elektrotechnik, in denen der Frauenanteil besonders niedrig ist, stellte sich die junge Profession für Frauen als attraktiv und als Einstieg in hoch qualifizierte technische Berufsbereiche dar. Seit 83/84 ist der Frauenanteil leicht rückläufig, bei gleichzeitigem Anstieg der absoluten Zahlen bei beiden Geschlechtern. Bei den Studienanfängerinnen in der Informatik betrug er 2000 18,3 Prozent (BLK 2002). Es kann zwar nicht, wie häufig dargestellt, von einer massiven Abkehr gesprochen werden, allerdings ist bei den Männern eine höhere Zuwachsrate zu verzeichnen. Ähnlich sind übrigens auch Entwicklungen in den USA: Während dort 1984 37 Prozent der in den Computerwissenschaften Graduierten weiblich waren, waren es 2000 nur noch 28 Prozent (www.nua.ie/newthinking: Women Thrive On the Internet, 13 Aug 2000). Berufe in der Computerbranche haben inzwischen ein technikzentrierteres Image erhalten und nähern sich der Profession der Ingenieurwissenschaften an, die traditionell als typisch „männliche" Berufsfelder gelten (Mengel-Belabbes 1998: 35). Damit werden die Barrieren für junge Frauen, sich für diese Berufe zu entscheiden, wiederum höher (vergleiche auch Kapitel 3.2.3).

Anteil von Frauen in techniknahen Berufen immer noch gering

Die Frauenbeschäftigung hat in den letzten 20 Jahren um 22 Prozent zugenommen und zwar vor allem in den technikfernen Bereichen. Nur wenige Frauen üben techniknahe Berufe aus. Auch in techniknahen Berufen übernehmen Frauen vor allem technikferne Tätigkeiten. Der „Technikbezug" der erwerbstätigen Frauen verringerte sich in diesem Zeitraum sogar erheblich (Dostal/Troll 1995), was auch darauf zurückzuführen ist, dass in technikfernen Berufen und Tätigkeiten für Frauen sehr viel günstigere Arbeitsmarktchancen bestanden, die sie auch nutzten. Im Büro- und Dienstleistungsbereich sind heute mehr Frauen als Männer beschäftigt. Der Frauenanteil bei den erwerbstätigen Computernutzern liegt bei 41 Prozent. Je mehr sich die Tätigkeit auf den Computer konzentriert, umso geringer werden die Frauenanteile. Eine Ausnahme zeigt sich nur bei typischen Frauen-Arbeitsplätzen, an denen der Computer als hauptsächliches Arbeitsmittel genutzt wird. Hier liegt der Frauenanteil bei 45 Prozent (Dostal 2000). Auch bei den Ingenieurberufen zeigen sich noch immer geschlechtsspezifische Verteilungen. Insgesamt lag der Frauenanteil 1973 bei 1,3 Prozent, 1995 bei 7 Prozent, mit deutlichen Unterschieden je nach Fachrichtung. In Ostdeutschland ist er mit 22 Prozent bei mäßigen Beschäftigungschancen deutlich höher. Die Frauenquote in den technischen Facharbeiterberufen ist in Ostdeutschland so niedrig wie in Westdeutschland (Foster 1999: 23).

Weniger Frauen als Männer üben eine Tätigkeit in IT-Berufen aus

Obwohl sich die Informatik als junge, offene Disziplin darstellt, die Frauen gegenüber aufgeschlossen ist – im Gegensatz zu anderen Disziplinen wie Chemie und Ingenieurwissenschaften –, werden die Informations- und Kommunikationstechniken (IuK) immer noch vorwiegend von Männern entwickelt, gestaltet und eingesetzt (Informationen für die Beratungs- und Vermittlungsdienste der Bundesanstalt für Arbeit 13/99: 979f.). Frauen bilden auf der Entscheidungsebene eine Minderheit und sind eher im Anwendungsbereich vertreten (Dostal/Troll 1995). Sie nutzen zwar computergestützte Arbeitsmittel quantitativ (Bedienung, Arbeitsmittel), sind aber weniger an der Entwicklung, Programmierung und Systembetreuung beteiligt (ebd.). Von den 345 00 Computerspezialisten, die 1999 in Deutschland in einem abhängigen Arbeitsverhältnis beschäftigt waren, waren nur knapp 10 Prozent Frauen; ihre Zahl wächst zwar in der Tendenz, jedoch nur parallel zur Gesamtzahl (Computer Zeitung 49/9, Dezember 1999). Auch in den Computer-Kernberufen sind Frauen mit 23 Prozent unterrepräsentiert (21 Prozent in den alten Bundesländern, 41 Prozent in den neuen Bundesländern) (vgl. Abbildung 20).

Abbildung 20: Anteil der Frauen an den Erwerbstätigen in
Computer-Kernberufen 1996 in Prozent

Computerkernberufe	Frauenanteil in Prozent
Erwerbstätige in Computerkernberufen (327.700)	23
Alte Länder (297.000)	21
Neue Länder (30.700)	41
Anwendungssoftwaretechniker/-innen	40
Datenverarbeitungsfachleute	31
Rechenzentrums- und DV-Benutzerservicefachleute	24
Datenverarbeitungskaufleute	23
Sonstige Datenverarbeitungsfachleute	22
Softwareentwickler/-innen	20
Softwareentwickler/-innen, allgemein	19
Informatiker/-innen o. n. A.	18
DV-Beratungs- und Vertriebsfachleute	17
DV-Organisatoren/Organisatorinnen	16
Systemsoftwareentwickler/-innen	12
DV-Leiter/-innen	11

Vgl. Tischer, Ute: Arbeit im Wandel. Thesen und Risiken von Frauen in der Informationsgesellschaft. In: Informationen für die Beratungs- und Vermittlungsdienste der Bundesanstalt für Arbeit ibv 13/99, 31. März 1999, S. 966, Übersicht 4.
Quelle: Mikrozensus 1993, Dostal MatAB 2/1996.

In der Informatik haben sich zwar bisher keine eindeutig geschlechtsspezifischen Arbeitsbereiche herauskristallisiert, was vor allem auf die Heterogenität des Berufsfeldes zurückzuführen ist (Mengel-Belabbes 1998: 37); dennoch liegt der Frauenanteil in anwendungsbezogenen Fachgebieten deutlich über dem Anteil in reinen Informatikbereichen. Frauen haben besonders in den Fachbereichen, die am wenigsten mit Technik zu tun haben, die besten Chancen (ebd.).

Deutlich schlechtere Chancen für Akademikerinnen in Ingenieur- und techniknahen Berufen

Die Arbeitslosigkeit für Akademikerinnen ist vor allem dann besonders hoch, wenn sie ein „Männerfach" studiert haben, aber auch insgesamt und in geisteswissenschaftlichen Fächern sind Akademikerinnen häufiger arbeitslos als Akademiker (vgl. Abbildung 21).[75] Die Spezialauswertung des Instituts für Arbeitsmarkt- und Berufsforschung (Schreyer 2000: 14) zeigt, dass das verbreitete Vorurteil, dass Frauen aufgrund der geschlechtstypischen Studienfachwahl häufiger arbeitslos sind als Männer, nicht zutrifft. In „Mischfächern" mit einem Frauenanteil zwischen 30 und 70 Prozent – wie Architektur, Human- und Zahnmedizin, Jura und Theologie – sind die Unterschiede der Arbeitslosenquoten zwischen Frauen und Männern ebenfalls hoch. Diese Unterschiede werden darauf zurückgeführt, dass Frauen Schwierigkeiten haben, in diesen „klassischen akademischen Professionen mit besonderen Privilegien" wirklich Fuß zu fassen (a.a.O.: 15). Bei „Männerfächern" – wie Bau- und Elektroingenieurwesen, Informatik, Maschinenbau und Fertigungswesen – mit einem Frauenanteil von weniger als 30 Prozent sind die Arbeitslosenquoten der Absolventinnen zwei- und dreimal so hoch wie bei den Absolventen (ebd.).

Frauen haben es besonders schwer, in den Arbeitsmarkt für Ingenieurinnen vorzudringen; dies gilt für Westdeutschland in gleicher Weise wie für Ostdeutschland, wo viele Frauen zu DDR-Zeiten eine Ingenieursausbildung abgeschlossen hatten. Die altersspezifischen Arbeitslosenquoten sind vor allem für junge Frauen sehr hoch und zeigen ihr Risiko, nach der Ausbildung einen adäquaten Arbeitsplatz zu finden. Die Arbeitslosenquoten von Ingenieurinnen liegen deutlich höher als bei Ingenieuren (IAB 1999). 1995 betrug die Arbeitslosenquote bei Elektroingenieurinnen beispielsweise 14,6 Prozent im Vergleich zu 5,7 Prozent bei den Elektroingenieuren (univ.). Bei den FertigungsingenieurInnen waren die geschlechtsspezifischen Unterschiede der Arbeitslosenquoten mit 15,4 Prozent bei den Frauen und 6,5 Prozent bei den Männern ähnlich hoch. Hier wird besonders deutlich, dass eine geschlechtsuntypische Studienfachwahl das Arbeitslosenrisiko von Frauen nicht notwendigerweise senkt.

---

75 Bundesweit lag die Arbeitslosenquote der Frauen mit Universitätsabschluss bei 5,5 Prozent im Vergleich zu 4 Prozent bei den Männern; in den geisteswissenschaftlichen Fächern betrug sie 1995 6,2 bei den Frauen gegenüber 4,3 Prozent bei den Männern (Schreyer 2000: 14).

Abbildung 21: Anteil weiblicher Studierender sowie entsprechende geschlechtsspezifische Arbeitslosenquoten 1995 in Prozent

Fächergruppen Studienfach	Universität			Fachhochschule		
	Studium Frauen	Arbeitslosenquoten Frauen	Männer	Studium Frauen	Arbeitslosenquoten Frauen	Männer
Ingenieurwiss.	18	10,8	5,5	15	6,5	4,2
Architektur	42	4,1	1,8	44	5,0	1,6
Bauingenieurw.	19	7,6	2,7	17	3,2	1,7
Maschinenbau	6	10,7	6,0	4	6,0	4,6
Elektrotechnik	5	14,6	5,7	3	6,2	4,6
Fertigungsing.	20	15,4	6,5	43	7,7	3,2
Naturwissenschaften	29	9,6	5,0	23	3,7	1,8
Biologie	53	13,5	8,8			
Chemie/Chemie-ingenieur	28	10,8	7,0	35	8,9	3,9
Physik	11		5,6			
Mathematik	27	4,7	3,6			
Informatik	11	6,8	3,4	12	4,3	2,7
Recht und Wirtschaft	36	6,0	3,4	43	2,1	1,5
Jura/Rechtspflege	43	5,2	2,4	70	0,7	1,1
BWL	32	6,7	4,1	43	3,6	2,5
Volkswirtschaftsl.	30	6,9	5,2			
Verwaltungswesen				44	0,2	0,2
Gesellschaft/Soziales	57	7,0	4,7	69	5,0	4,9
Politologie/Soziologie Psychologie	45	13,1	11,2			
Pädagogik	68	10,2	6,1			
Sozialarbeit/pädagogik	64	6,1	3,9			
Evangelische/ Kath.	67	4,8	3,1	70	7,2	5,7
Theologie	36	4,6	2,3			
Medizin	51	4,0	1,9			
Humanmedizin	47	4,1	1,9			
Zahnmedizin	45	2,6	1,3			
Tiermedizin	72	8,5	5,3			
Pharmazie	69	3,5	1,6			
Kultur und Medien	59	7,6	5,4	65	5,3	5,5
Geschichte/Ethnologie	54	10,4	9,3			
Germanistik/Anglistik	69	6,2	4,3			
Dokumentation/ Bibliothekswiss./ Publizistik	52	13,2	10,1	68	3,6	
Gestaltung/Bildende Kunst	53	9,0	6,2	62	10,8	7,5
Musik	49	2,3	2,4			
Lehrämter	65	3,3	1,9			
Universität/FH gesamt	45	5,4	3,8	32	4,2	3,3

Vgl. Schreyer, Franziska: Studienfachwahl und Arbeitslosigkeit. Frauen sind häufiger arbeitslos – gerade wenn sie ein „Männerfach" studiert haben. In: Informationen für die Beratungs- und Vermittlungsdienste der Bundesanstalt für Arbeit ibv 44/99, 3. November 1999, S. 3711, Tabelle 1.

Leerfelder sind i.d.R. auf fehlende/zu geringe Datenbasis zurückzuführen.

Quellen: Hochschulstatistik; Mikrozensus; Arbeitslosenstatistik.

Es lässt sich also die Frage stellen, welchen Sinn es macht, Mädchen und junge Frauen für Berufe zu motivieren, in denen sie mit hoher Wahrscheinlichkeit arbeitslos werden.

Technische Berufe sind nicht familienfeindlicher als Frauenberufe

Der geringe Anteil von Frauen in technischen und auch in den neuen IT-Berufen kann auch nicht auf die familienfeindlichen Arbeitszeiten in diesen Berufsfeldern zurückgeführt werden, wie oft behauptet, denn diese sind in Frauenberufen im Handel oder in Pflegeberufen in weitaus höherem Umfang gegeben. Insofern ist dieser Aspekt, der die künftige Familiengründung als Ursache für Berufswahlentscheidungen nennt, zwar wichtig im Hinblick auf die Lebensplanung von jungen Frauen, aber nicht zentral für ihre Berufswahl.

3.2.3 Warum „wählen" Mädchen und junge Frauen seltener einen informationstechnischen/naturwissenschaftlichen Beruf?[76]

In der Öffentlichkeit werden immer wieder die fehlende Technikkompetenz und das geringe Technikinteresse von Mädchen und jungen Frauen herausgestellt und als Hauptursache dafür gesehen, dass sie die „guten" Chancen in technischen Berufen nicht ergreifen. Im Oktober 1996 erklärte der damalige Bundeswirtschaftsminister Rexrodt, dass Frauen selbst schuld seien an ihren mangelnden Karriereaussichten, weil sie die falschen Berufe und Studiengänge wählten. Der Glaube, dass in Bezug auf Technik, Computer und das Internet etwas mit Mädchen „nicht stimme", ist weit verbreitet. In den letzten Jahren sind zahlreiche Studien durchgeführt worden, um die „Verweigerung von Mädchen und jungen Frauen" gegenüber technischen Berufen zu erklären. Dabei kristallisieren sich unterschiedliche Faktoren heraus, die die Komplexität der Zusammenhänge sichtbar machen und verdeutlichen, warum es nicht ausreicht, einzelne Ursachen herauszugreifen. Die Berufsfindung ist ein langer Prozess und von vielen individuellen und strukturellen Faktoren geprägt. Technik und Geschlecht sind – dies haben Frauen- und Kulturforschung ergeben – verbunden mit Vorstellungen, Klischees und zähen Leitbildern; sowohl Technik als auch Geschlecht sind kulturelle Konstrukte und etwas, das wir tun und das uns zugeschrieben wird, nicht das wir sind.

---

76 Während in diesem Kapitel auf Ergebnisse von Studien zur Berufswahl von Mädchen und jungen Frauen in techniknahen Berufen eingegangen wird, werden im Kapitel 6 theoretische Ansätze zur Erklärung geschlechtstypischen Berufswahlverhaltens zusammengefasst.

Mädchen und Frauen nutzen technische Arbeitsmittel

Es ist zunächst wichtig, darauf hinzuweisen, dass Frauen seit vielen Jahrzehnten in der Arbeits- und Privatwelt Technik ohne Probleme bedienen und auch einen hohen Prozentsatz der Auszubildenden in vielen Assistenzberufen stellen, die mit Technik zu tun haben (Schiersmann 1995: 80f.). Frauen haben keine Scheu vor technischen Arbeitsmitteln; im Büro- und Dienstleistungsbereich unterscheidet sich die Techniknutzung entsprechend nicht von derjenigen von Männern, im Produktionsbereich allerdings schon. Wie die Modellversuche „Mädchen in gewerblich-technischen Berufen" gezeigt haben, durchlaufen junge Frauen techniknahe Ausbildungen ohne größere Probleme und erzielen die gleichen Prüfungserfolge wie die jungen Männer. Probleme zeigen sich erst im Anschluss an die Ausbildung, wenn es um die Übernahme geht. „Folglich steht der pauschale Verweis auf Distanz der Frauen gegenüber Technik in der Gefahr, (ungewollt) zu einer Festschreibung von Geschlechtsrollenstereotypen beizutragen. Die Zielperspektive von Forschungsansätzen und politischem Handeln im Interesse von Frauen muss vielmehr in einer Dekonstruktion von Geschlechterzuschreibungen liegen" (ebd.).

Mädchen und Frauen nutzen Technik seltener und anders als männliche Nutzer

In einer Vielzahl sozialwissenschaftlicher Studien zu Besitz, Nutzung und Umgang mit Bildschirmspielen finden sich erhebliche geschlechtsspezifische Unterschiede (zusammenfassend Dittler 1995): Mädchen setzen sich insgesamt mit Technik und Computern wesentlich seltener auseinander als Jungen und zeigen auch andere Umgangsformen; wenn sie sich – in wesentlich geringerem Ausmaß als Jungen – in ihrer Freizeit mit Computer- und Videospielen beschäftigen, bevorzugen sie andere Spielinhalte als Jungen und spielen lieber mit anderen zusammen als gegen diese (z.B. Fauser/Schreiber 1989; Heppner u.a. 1990; Metz-Göckel u.a. 1991; Rentmeister 1992). Neuere Untersuchungsergebnisse bestätigen, dass auch heute Computer bei weiblichen Jugendlichen trotz ihres Einzugs ins Alltagsleben eine geringe Rolle spielen. Mädchen gehen deutlich distanzierter als Jungen mit Video- und Computerspielen um. Im Schulalter bekunden fast dreimal so viel Jungen (ca. 55 Prozent) wie Mädchen (ca. 20 Prozent) großes Interesse für Computer (z.B. Fauser 1992; Dittler 1995). Interesse an Technik, so auch die neueste Shell-Studie (Fritzsche 2000: 199), ist eher eine Männersache; während 42 Prozent der Jungen sehr interessiert an Technik sind, sind es nur 5 Prozent der Mädchen. Es bestehen Unterschiede hinsichtlich der Aspekte Bildung und Einstellungen: Interesse an Computern korreliert mit höherer Bildung und einem positiven Bild der technischen Fähigkeiten des eigenen Geschlechts (ebd.).

Die immer noch bestehenden geschlechtsspezifischen Unterschiede in Technik- und Computeraneignung zeigen sich auch im Umgang mit dem Internet. In Erhebungen zu den Freizeitinteressen und Interneterfahrungen von Kindern und Jugendlichen ergeben sich deutliche geschlechtstypische Unterschiede (vgl. Feil 2000: 19). Mädchen zeigen zunächst weniger Interesse als Jungen, nutzen jedoch das Internet, wenn sie Gelegenheit dazu erhalten – allerdings häufig anders als Jungen dies tun (ebd.). Zunehmend mehr Mädchen und Frauen sind jedoch begeisterte Surferinnen. Im Jahr 2000 verdoppelte sich der Anteil der „surfenden" Frauen in Deutschland innerhalb eines halben Jahres auf rund 33 Prozent (www.womanticker.de/internet/internet44). Es stellt sich jedoch die Frage, inwieweit Aktionen wie „Frauen ans Internet", die derzeit mit großem Aufwand durchgeführt werden, tatsächlich zu einer Veränderung am Arbeitsmarkt führen. Letztlich ist der Umgang mit dem Internet nichts anderes als telefonieren oder lesen und von daher eine notwendige Kulturtechnik, aber nicht mehr. Und die Tatsache, dass inzwischen über 50 Prozent der US-amerikanischen Internetnutzer Frauen sind, freut vor allem die Marketingspezialisten und den Electronic Commerce, wird jedoch allein kaum Effekte auf das Berufsfindungsverhalten von jungen Frauen haben.

Mädchen wird der Zugang zu Technik, Computern und Internet immer noch erschwert

Der distanzierte Umgang von Mädchen und Frauen mit Technik und neuen Medien hängt auch mit ihren geringen Möglichkeiten zusammen, Technik zu üben (Macha 1991). Für die Entwicklung von Technikinteresse scheint schulischer Unterricht allein nicht zu genügen, denn insbesondere Mädchen, „die – häufig zunächst im Freizeitbereich über interessierte Väter und/oder Brüder und unterstützt durch schulische Lernangebote – Zugang zum Umgang mit den neuen Informations- und Kommunikationstechniken finden, verlieren ihre Technikdistanz" (Horstkemper 1991: 37). Auffällig in diesem Zusammenhang ist die geringe Förderung des Interesses von Mädchen an Technik und Medien durch die Eltern (Dittler 1995): Während für Jungen der Besitz eines Computers eher die Regel darstellt, gehört der Computerbesitz bei Mädchen eher zur Ausnahme. In Kindergarten und Hort werden diese Tendenzen durch Verhaltensweisen und Einstellungen von ErzieherInnen, dem Spielverhalten in geschlechtshomogenen Gruppen sowie den angebotenen Erziehungsmitteln verstärkt (z.B. Macha 1991; Permien/Frank 1995). Auch zum Internet haben Mädchen nach wie vor nicht die gleichen Zugangsmöglichkeiten wie Jungen.

Die Bedeutung von Technik als Schlüssel, um zu verstehen, warum Mädchen und junge Frauen sich von Technik distanzieren

Der Zugang für Mädchen zu Technik, neuen Technologien und technischen Ausbildungen, so zeigen die Ergebnisse der Modellversuche der 80er Jahre, reicht nicht aus, um Mädchen und Frauen eine gleichberechtigte und selbstbestimmte Beteiligung an Technik im weitesten Sinn zu ermöglichen. Viele Modellversuche und Förderungsansätze unterstellen Mädchen und Frauen latente und unentwickelte Potenziale sowie technische Defizite, die zu wecken und zu fördern sind. Mädchen seien defizitäre Jungen und hätten sich an männlich geprägte Strukturen anzupassen.

Unterschiedliche Verhaltensweisen und Interessen im Umgang mit Technik und Computern liegen jedoch auch in der Techniksozialisation von Mädchen und Jungen begründet. Durch geschlechtsspezifische Zuschreibungen und Stereotypen werden ihnen geschlechtsspezifische Beziehungen zu Technik, Physik und Mathematik als Teil ihrer Geschlechteridentität vermittelt (Renninger 2002). Die Frauen- und Geschlechterforschung sowie die Cultural Studies versuchen, das Unbehagen von Frauen gegenüber Technik zu erklären und rücken die symbolischen Aspekte von Technik und Technologien in den Mittelpunkt. Sie fassen Technologien als kulturelle Produkte und Prozesse auf, die das Wissen um Technologien und die gesellschaftlichen Zuschreibungen an Technik erschaffen.

Die Geschichte von Naturwissenschaft und Technik lässt sich entsprechend als Geschichte der „symbolischen wie realen Ausgrenzung von Frauen" (Walter 1999: 137) interpretieren. Die Bestimmung von Weiblichkeit als etwas, das dem Verstand entgegengesetzt und unter die Kategorie Natur zu fassen sei, habe ein prinzipiell asymmetrisches Verhältnis zwischen Frauen und Technik begünstigt (ebd.) und in Folge Mädchen und Frauen eine Technikkompetenz abgesprochen.

Technik ist männlich![77]

Technik(kompetenz) wird allgemein mit der männlichen Geschlechtsrolle verknüpft, bildet aber auch einen wesentlichen Bestandteil männlicher Identität. Dagegen wird Technik weder mit der weiblichen Geschlechtsrolle verbunden noch wird ihr ein wichtiger Stellenwert in den Identitätskonzepten von Frauen zugeschrieben (Sklorz-Weiner 1991). Auch die „Computerwelt" wird von Mädchen und jungen Frauen als männlich wahrgenommen. Die Beschäftigung mit dem Computer wird von ihnen häufig als Zugang zur Welt insgesamt interpretiert. Die Beherrschung technischer Medien vermittele Mädchen das Gefühl von Produktivität und Subjekthaftigkeit; sie erlebten sich als leistungsfähig und weiblich oder als leistungsfähig, obwohl weiblich (vgl. Ritter 1992). In einer Untersuchung bei FachhochschulstudentInnen unterschiedlicher Fachgebiete empfanden die befragten jungen Frauen Technik und Männlichkeit mehr als die befragten jungen Männer als einander zugehörig und nahmen pointierter als diese den maskulinen Habitus von Technik wahr. Das Bild des Ingenieurs ist immer noch das des Bastlers; mehr interdisziplinäre Inhalte in der Ausbildung würden sowohl Frauen stärker an-

---

77 Vergleiche auch Keddi/Wittmann 1997.

sprechen als auch zukunftsgerichteter sein (Schwarze 1995: 112; vgl. auch Kapitel 6.2). Neben dem Nutzen des Umgangs mit Technik, Computern und Internet betonen Mädchen und Frauen oftmals auch kritische Aspekte. Sogar passionierte Surferinnen – „Geekgirls" wie sie sich selbst nennen –, die das Internet selbstverständlich zum Surfen, Chatten und Spielen mit unterschiedlichen (Geschlechts-)Identitäten nutzen, empfinden immer auch eine Spur Unbehagen gegenüber der „Maschine" (Turkle 1995). Spender (1996) führt diese Distanz auf eine Computerkultur zurück, die traditionell von Vorstellungen wie Konkurrenz, Sport und Gewalt beherrscht wird und auf junge Frauen zunächst abschreckend wirkt.

Haben Männer und Frauen ein unterschiedliches Technikverständnis?

Techniksoziologische Forschungen arbeiten Unterschiede zwischen Mädchen und Jungen bei ihren Aneignungs- und Anwendungsweisen heraus. Diese Unterschiede werden meist als typisch weibliche Technikdistanz oder -feindlichkeit interpretiert. Frauen und Mädchen wird ein reduziertes Technikverständnis unterstellt. Unabhängig von realen technischen Pionierleistungen und Kompetenzen von Frauen, die häufig ausgeblendet, verzerrt wahrgenommen und interpretiert oder als große Ausnahme dargestellt werden, bestehen geschlechtsbezogene Leitbilder zum technischen Wissen und Können von Frauen. Frauen seien technikfeindlich und technikdistant, so das gängige Klischee, das im täglichen „doing-gender" (vgl. Kapitel 6.2) reproduziert wird.

Die Annahme einer generellen Technikdistanz von Frauen wurde durch viele Studien infrage gestellt. Es ist weniger der „andere" Umgang mit Technik als ein psychostrukturelles Potenzial, das sich als sperrig gegenüber technologischen Rationalitäten ausweist. In einer Studie des Instituts „Frau und Gesellschaft" wurde der „weibliche Zugang" zu Technik und Informationstechnologien thematisiert (Schiersmann 1987). „Weibliche" Denkstile und Zugangsweisen wurden männlichen gegenübergestellt und als gleichwertig interpretiert. Die Annahme von der weiblichen Technikdistanz weicht so der Betrachungsweise von Differenz. Frauen würden neben dem instrumentellen Nützlichkeitsaspekt den gesellschaftlichen Bezug von Technik betonen und sensibler als Männer auf die Steuerbarkeit von Technik reagieren (Walter 1999: 151). Technik muss für Frauen vor allem interessant sein, sie persönlich weiterbringen und persönliches Engagement belohnen. Junge Frauen verbinden mit Technik entsprechend häufig Umwelttechnik und Haushaltstechnik und beziehen ihre sozialen Folgen ein, während junge Männer Technik überwiegend mit Autos und Maschinen in Beziehung setzen (EMNID 1991; Jugendwerk der deutschen Shell 1992). So sind nur 35 Prozent der Frauen davon überzeugt, dass die modernen Informationstechnologien ihr Leben vereinfachen, während dies 52 Prozent der Männer sind (http://www.iid.de/aktionen/aktionsprogramm/kapitel2_1.html#note 2). „Typisch" scheint eine pragmatische Haltung von vielen Frauen gegenüber Technik zu sein.

Walter (1999) untersuchte bei FachhochschulstudentInnen unterschiedlicher Fachrichtungen subjektive Technikkonzepte und -haltungen: Frauen stellten die gesellschaftliche Bedeutung und Auswirkungen von Technik stärker in den Vordergrund als ihre instrumentellen und funktionalen Bezüge (Walter 1999: 148). Technik muss für sie interessant sein und etwas, das sie persönlich weiterbringt und wofür sie sich engagieren können. Sie beurteilen technische Innovationen zurückhaltender und vorsichtiger als Männer.

Technisch interessierte Mädchen und Frauen betonen häufig die potenzielle Nützlichkeit für den (späteren) Beruf (vgl. Sklorz-Weiner 1991; Spender 1996). Auch Ritter (1992) stieß in ihrer Untersuchung auf den „Nützlichkeitsaspekt" der Computerbeschäftigung: „Der Computer wird zur Utopie einer gelungenen Verbindung von Familienwünschen und Berufsorientierung". Bei Online-Medien ist ebenfalls eine Orientierung von Mädchen und Frauen am Nutzen und Sinn der Informationssysteme festzustellen. Die Nutzerinnen – Mädchen wie Frauen – fragen zumeist erst danach, was die Netze ihnen bringen, bevor sie sie nutzen. Sie sind weniger von der Technik fasziniert als vielmehr von den Möglichkeiten der schnellen, vielfältigen und weltweiten Kommunikation, des gegenseitigen problemlosen Informationsaustausches und der Vernetzung. Die dezentrale und horizontale Struktur der Kommunikation spricht sie besonders an.

Diese Ergebnisse dürfen jedoch Mädchen und Frauen nicht auf spezifische An-eignungs- und Umgangsweisen festlegen, die zwar sozialisationsbedingt sind, aber Geschlechterdifferenzen aufmachen und zementieren und von einer „femininen" Technologie und Moral ausgehen (ein Beispiel hierfür ist das „sanfte Programmieren"). „Es gibt nicht eine weibliche und männliche Moral im Umgang mit Computern, sondern zwei Typen von Entscheidungssituationen, in denen unser Moralverständnis offensichtlich verschiedene Formen moralischen Urteils auf der Grundlage gleich bleibender ethischer Normen nahe legt: zum einen die auf Gemeinschaft bezogene .... Fürsorglichkeitsperspektive ...; zum anderen die fallferne Entscheidung in unpersönlicher Gesellschaftsstruktur ..." (Jelden 1999: 168). Unterschiede sind nicht als grundsätzliche geschlechtsspezifische Eigenschaften zu deuten, sondern im Zusammenhang des „doing-gender" als situations- und rollenspezifisch (ebd.).

Nicht alle Mädchen und jungen Frauen sind technikdistanziert

Mädchen und Frauen stellen keine homogene gesellschaftliche Gruppe dar. So sind weder „Defizite" noch durchgehende Geschlechter-Differenzen eindeutig und immer feststellbar. Vielmehr stellen Geschlechterunterschiede häufig Tendenzen dar, dazwischen liegen zahllose Übergänge und untypische Einzelfälle. Nach Hagemann-White (1984) eignen sich Mädchen Zweigeschlechtlichkeit aktiv an; dies bedeutet keine unentrinnbare Unterwerfung in das weibliche Schicksal, sondern schließt die Aushandlung von Grenzen und Modifikationen ein, somit auch unterschiedliche Grade der Relevanz von Geschlecht; hier zeigen sich Handlungsspielräume für Mädchen und junge Frauen. Diese setzen sich als Subjekte mit Technik und stereotypen Geschlechtsrollenerwartungen auseinander, deshalb ist nicht generell von homogenen Technikhaltungen auszugehen. So sind die Unterschiede zwischen Frauen und Männern nicht durchgängig, sondern beispielsweise auch vom Alter und dem Bildungsstand abhängig. Technikaneignung ist ein kontextbezogener, ambivalenter und widersprüchlicher Prozess, der durch die eigenständigen Aneignungspraxen der Individuen letztlich nicht prognostizierbar ist, so das Fazit entsprechender Studien. Frauen, die den Schritt in die Medienberufe tun, tun dies aus Interesse und Neigung, vor allem die Kombination von kreativen und technischen Anteilen ist anziehend für sie, so die Expertise „Zukunftsberufe für Frauen" der Sozialforschungsstelle Dortmund; ihre Motive seien Zukunftsfähigkeit und -sicherheit, Kreativität und Abwechslungsreichtum der Tätigkeit, gute Bezahlung, Karrieremöglichkeiten und die Vereinbarkeit mit Familie durch Mobilitätsmöglichkeiten.

Technikorientiere Interessen und Berufe bringen Mädchen und junge Frauen in Konflikt mit ihrem Selbstkonzept

Gesellschaftliche und geschlechterbezogene Leitbilder und Stereotype definieren die Identitäten von Frauen. In diesem Zusammenhang ergeben sich für junge Frauen Konfliktlagen zwischen Selbstbild und dem Fremdbild. Berufsentscheidungen haben wahrscheinlich sehr viel weniger mit Interesse oder Desinteresse an Technik zu tun als angenommen. Vielmehr sind Berufsentscheidungen zugunsten technikorientierter Berufe immer im Kontext des Selbstkonzeptes und der Lebensplanung von jungen Frauen zu sehen (vgl. Kapitel 2.1). Sie orientieren sich in Berufsentscheidungen an der gesellschaftlichen Wirklichkeit, in der schon früh eine Definition von „Männer"- und „Frauen"-Berufen erfolgt. Eine bewusste Umorientierung tangiert ihr Selbstkonzept und wird deshalb von vielen auch nicht vorgenommen. Denn der Beweis der „Normalität" als Frau kostet viel Kraft; junge Frauen fühlen sich in einer Minderheitenposition, in der sie nicht selbstverständlich akzeptiert werden, sondern sich die Integration in der jeweiligen Situation erst erarbeiten müssen (Küllchen 1997: 335; vgl. auch Kapitel 6.2). In diesem Zusammenhang müssen sie „Stigma-Management" betreiben. Das bedeutet, dass sich naturwissenschaftlich-technisch interessierte Frauen schon in der Schule und auch später immer wieder gezwungen fühlen, anderen „normalen" Frauen und Männern zu beweisen, dass sie trotz ihres Technikinteresses ganz „normale" Frauen sind. Sie entwickeln unterschiedliche Umgangsformen: Sei es, dass sie sich als Pionierinnen deuten, unter der Situation leiden und über sie klagen, sich rückblickend als neutral und die Situation als anders, aber nicht schwierig ansehen oder eine besondere Affinität zu Männern betonen, „mit Jungs kann ich eh besser", oder dass sie, um die Stimmigkeit ihrer Identität zu beweisen, auf Interessenkontinuität seit der Kindheit referenzieren (Küllchen ebd.). Alle Formen des „Stigma-Managements" kosten Kraft und Energie. Netzwerke mit anderen jungen Frauen bringen hier oft gegenseitige Bestärkung. In der Freizeit wählen diese jungen Frauen übrigens häufig nichttechnische Aktivitäten.

Junge Frauen wollen keine Pionierinnen in technischen Berufen sein

Junge Frauen und Mädchen wissen um die exponierte Position und den Minderheitenstatus, den sie in einem technischen Beruf hätten. Vor allem während der Adoleszenzphase widerspricht es Mädchen – und übrigens auch Jungen –, sich in Zusammenhängen zu befinden, in denen sie in der Minderzahl oder sogar vereinzelt sind. Sie wollen unter sich bleiben ebenso wie Jungen dies wollen. Nach Erhebungen des BIBB (1999: 23) müssen sich Frauen beim Einstieg in die technische Welt gegen die Abwehrstrategien der Kollegen zur Wehr setzen. Es ist nicht die Technik als Inhalt von Lernangeboten, die für Frauen besonders schwer zu erwerben ist, sondern der Widerspruch mit der Realität der Arbeitswelt. Junge Frauen sind deshalb oft nur durch zusätzliche Anreize zur Ausbildung in Männerberufen zu bewegen. Hinzu kommt, dass Mädchen und junge Frauen kaum Vorbilder vorfinden, an denen sie sich orientieren können. Die Vorbildfunktion technisch kompetenter Frauen sowie die aktive Erfahrung eigener technischer Fähigkeiten vermögen das technikkompetente Selbstbild von Mädchen und Frauen zu stärken.

Mädchen und junge Frauen unterschätzen häufig die eigenen Fähigkeiten

Mädchen und Frauen neigen dazu, die eigenen Fähigkeiten zu unterschätzen, Erfolge herunterzuspielen und sich in übertriebener Weise mit schulischen Leistungsbewertungen zu identifizieren (Küllchen 1997: 347f.). Oft haben sie nicht gelernt, sich offensiv für eigene Interessen einzusetzen; vor allem bezogen auf beruflichen Erfolg und Karriere, die eher negativ besetzt sind, verhalten sie sich zurückhaltend. Ihre Kompromissbereitschaft hemmt und beeinflusst den Berufsfindungsprozess. Dabei erfordert gerade die Entscheidung für einen technikorientierten oder nicht typisch „weiblichen" Beruf erhebliches Selbstbewusstsein und Durchsetzungsvermögen. Berufliche und private Lebensentwürfe überlagern sich dabei; so sehen Schülerinnen kaum eine Verbindung zwischen dem absolvierten Leistungskurs und einem späteren Beruf; ganz anders bei Schülern, die einen deutlichen Zusammenhang herstellen. Die Erfolgsattribuierung ist häufig geschlechtsspezifisch und zwar nicht nur auf der Seite der SchülerInnen, sondern auch aufseiten der LehrerInnen und Eltern. Auch bei eigenen Erfolgen werden die Erwartungen von Mädchen an sich selbst nicht deutlich höher.

Monoedukativer Unterricht fördert Mädchen und junge Frauen

Während vor 25 Jahren das Ende der Trennung von Mädchen und Jungen in Schule und Ausbildung als Fortschritt galt, belegen inzwischen viele Studien (beispielsweise Kahlert/Mischau 2000), dass der gemeinsame Unterricht in naturwissenschaftlichen und technischen Fächern häufig nur den Bedürfnissen der Jungen gerecht wird, nicht aber denjenigen der Mädchen. Diese lernen Physik oder Chemie beispielsweise lieber an Beispielen und konkreten Fragestellungen statt mit abstrakten Formeln. Mit einem Frauenstudium lässt sich dann zwar nicht rückgängig machen, was Frauen in der Schule geprägt hat, es ermöglicht ihnen jedoch, in Ruhe Kompetenz und Selbstbewusstsein aufzubauen.

Je älter Mädchen werden, um so weniger identifizieren sie sich mit Technik

Die Distanz von Mädchen zur Technik nimmt in der Adoleszenz zu. Im Grundschulalter begreifen sie sich als ebenso technikbegabt wie Jungen, während sie in der Adoleszenz an ihren Fähigkeiten für typisch männliche Fächer zu zweifeln beginnen (Ritter 1999: 122). In der Adoleszenz verfestigen sich die schon in jüngeren Jahren zu beobachtenden Unterschiede zwischen Mädchen und Jungen (z.B. Flaake 1992). Häufig verlieren Schülerinnen in der achten und neunten Klasse den Spaß an den Naturwissenschaften. Sie ziehen sich darauf zurück, sie hätten eben keine Begabung für diese Fächer. In der Oberstufe wählen sie diese Fächer so schnell wie möglich ab und nach dem Schulabschluss ist dann an eine technische Ausbildung oder ein technisches Studium nicht mehr zu denken. Die Adoleszenz wird für Mädchen bestimmt von der Auseinandersetzung mit ihren eigenen Vorstellungen und gesellschaftlich definierten Rollen (Flaake/King 1992; vgl. Kapitel 6.2). Sie werden in diesem Alter ganz „Mädchen" und haben kein Interesse an „nichtweiblichen" Fächern und Inhalten. Bereits in der vierten Klasse erfolgt eine Definition von Berufen als Frauen- und Männerberufe, wodurch die jeweils dem anderen Geschlecht zugeordneten Berufe aus dem eigenen Blickwinkel geraten (Schiersmann 1995: 81).

Es gibt Anhaltspunkte, dass in der ehemaligen DDR bei jungen Frauen eine größere Technikakzeptanz bestand; hier war Technikunterricht ab der 7. Schulklasse für Mädchen und Jungen die Regel, was junge Frauen offener für Naturwissenschaften und Ingenieurwissenschaften machte (Schade 1999: 41). Jedoch unterlag die Zuweisung von Frauen in technische Berufe ähnlichen Prozessen wie in Westdeutschland (Seidenspinner u.a. 1996: 46f.). So waren auch in der DDR Frauen überwiegend an den unattraktiveren Arbeitsplätzen zu finden und seltener mit Leitungsaufgaben betraut als Männer; hinzu kamen planwirtschaftliche Gesichtspunkte. „Eine Analyse des Lehrstellenverzeichnisses ergab, dass Mädchen oft von vornherein in jene Bereiche ‚verplant' wurden, die bereits einen hohen Frauenanteil aufwiesen" (a.a.O.: 48).

Lander (1995) vermutet, dass der spezifisch männliche Umgang mit Computern auch mit der Segregation des Arbeitsmarktes in einerseits planende, kreative und entscheidende Tätigkeiten – mehrheitlich von Männern ausgeführt – sowie in andererseits zuarbeitende und ausführende Tätigkeiten – hauptsächlich weibliche Arbeitsplätze – zusammenhängt. Die eigenständige Entwicklung von Computerinteresse werde bei Mädchen und Frauen durch die geschlechtsspezifische und geschlechtshierarchische Arbeitsteilung verhindert und unterbunden. Die Chancen, Interesse an Technik und Computern zu entwickeln, sind demnach – und das gilt für beide Geschlechter gleichermaßen – dann besonders hoch, wenn ein regelmäßiger, aber vor allem kompetenter Umgang mit technischen Geräten besteht, d.h. die reine Tatsache einer Erwerbstätigkeit ist für die Entwicklung von Interesse nicht von Bedeutung (vgl. Lander 1995).

Es ist nicht zu übersehen, dass sich Mädchen und junge Frauen in ihren Berufsentscheidungen an der gesellschaftlichen Realität orientieren. Angesichts der Strukturveränderungen am Arbeitsmarkt scheint es nur allzu realistisch zu sein, dass sie sich verstärkt dem Dienstleistungsbereich zuwenden. Barrieren liegen letztlich weniger in berufsspezifischen, als in allgemeinen Strukturen der geschlechterbezogenen Arbeitsteilung und des Geschlechterverhältnisses. Nicht die Arbeitsinhalte machen einen Beruf zu einem „Männer"- oder „Frauen"-Beruf, sondern die ökonomischen und sozialen Rahmenbedingungen. So nutzen Frauen computergestützte Arbeitsmittel quantitativ ebenso wie Männer und verfügen sogar häufiger über EDV am Arbeitsplatz als diese (Schmitt 1999). Interessanterweise entwickeln sich neue Trennungslinien zwischen Frauen und Männern auf gleichem Qualifikationsniveau, wie sich am Beispiel von IT-Arbeitsfeldern im Bankengewerbe zeigen lässt: Frauen übernehmen dort häufiger technikabhängige Routinetätigkeiten und Männer eher karrierefördernde Beratungs- und Verhandlungstätigkeiten (ebd.). Diese Entwicklung verlief letztlich unabhängig vom technischen System. Technologie allein scheint jedenfalls nicht geeignet, als Motor zum Aufbrechen geschlechtsspezifischer Trennlinien zu dienen. Hierzu tragen auch Einstellungsvorbehalte und Vorurteile bei Personalverantwortlichen bei.

Die Informationstechnologie hat die in sie gesetzte Hoffnung, Frauen Zugang zu technischen Professionen zu schaffen, bisher nur begrenzt und teils um den Preis neuer innerberuflicher Differenzierungen erfüllt (Schmitt 1999: 212). Auch hier wiederholen sich bekannte Muster der Benachteiligung von Frauen im Erwerbsleben. Gesellschaftliche Zuschreibungsprozesse mit offenen und verdeckten Abwertungen und Ausgrenzungen gegen Mädchen und Frauen perpetuieren die Reproduktion in schlecht bezahlte Frauen- und gut bezahlte Männerberufe; so nimmt der Frauenanteil ausgerechnet in Berufen zu, die einen sinkenden Trend im Beschäftigungsanteil mit schlechter werdenden Perspektiven verzeichnen (vgl. Lemmermöhle-Thüsing 1990: 44).

Die inhaltliche Zuordnung von Eigenschaften oder Arbeitsbereichen zu den Geschlechtern war historisch gesehen immer variabel, während sich die Struktur der Geschlechterhierarchie erhalten hat.

3.2.4 Zukunftsträchtige Berufe sind nicht nur techniknahe Berufe

Angesichts der höheren Arbeitslosigkeit von Frauen in vielen techniknahen und sogenannten „Männer"-Berufen stellt sich die Frage, ob es überhaupt sinnvoll ist, diese Bereiche zu fördern. Mädchen und junge Frauen verhalten sich arbeitsmarkttechnisch rational, wenn sie in die höherwertigen sekundären Dienstleistungsberufe gehen. Ihnen vorzuwerfen, „dass sie die in den neuen Berufen liegenden Chancen nicht immer ausreichend wahrnehmen" (Presse- und Informationsamt der Bundesregierung 2000, Nr. 284), führt nicht weiter, zementieren solche Aussagen doch Klischees vom mangelnden Technikinteresse. Krüger (2000: 47) bezeichnet den Ruf nach Mädchen in Männerberufen angesichts der hohen Zuwachsraten in personenbezogenen Dienstleistungen sogar als das „Irreführendste", was man sich vorstellen kann. Insgesamt ist weniger die Frage bedeutsam, ob Mädchen und junge Frauen einen technischen und bisher von Männern besetzten Beruf ergreifen, als die Frage, ob es sich um einen Beruf mit günstigen und zukunftsträchtigen Beschäftigungschancen handelt. Dies sind nicht zwangsläufig alle technischen Berufe. Vorrangiges Ziel kann nicht die Erschließung von Männerberufen sein, sondern die Wahrnehmung geeigneter Berufe auszuweiten und in bestehenden Feldern nach Nischen zu suchen, die besonders für Mädchen und junge Frauen geeignet sind.

Exkurs: Perspektiven der Frauenerwerbstätigkeit

Da die Förderung des Zugangs von Frauen zum Arbeitsmarkt neue Arbeitsplätze im Dienstleistungsbereich schaffen und Abhilfe beim Mangel an qualifizierten Arbeitskräften bedeuten kann, ist Frauenerwerbstätigkeit als eine der Kernfragen der Modernisierung des Arbeitsmarkts anzusehen.[78] Auf dem Arbeitsmarkt zeichnen sich Tendenzen ab, die sich grundsätzlich positiv für Frauen auswirken können:

– Ausweitung der Dienstleistungsgesellschaft,
– Entstehung neuer Berufe im medien- und informationstechnischen Bereich,

---

78 Einen fundierten Überblick über alte und neue Debatten über den Wandel und die Zukunft in Arbeit, Ökonomie und Geschlechterverhältnis gibt der Aufsatz von Hornung (2000).

- zunehmende Bedeutung sozialer und kommunikativer Kompetenzen,
- Flexibilisierung der Arbeitszeit,
- Entkoppelung von Betriebs- und Arbeitszeit.

Das Beschäftigungsniveau von Frauen (in Westdeutschland) ist in den letzten Jahren – vor allem durch die Entstehung neuer Arbeitsplätze im Dienstleistungsbereich und hier wiederum vor allem in Teilzeitbeschäftigungsverhältnissen – stetig gestiegen. Die Tatsache, dass sich die geschlechtsspezifische Lohn- und Gehaltsschere keineswegs geschlossen hat, weist jedoch darauf hin, dass es sich dabei in der Mehrzahl um schlecht entlohnte, häufig minder oder nicht gesicherte Arbeitsplätze handelt (Hornung 2000: 10).

Die mittelfristigen Prognosen für die Entwicklung der Frauenerwerbstätigkeit sind denn auch nicht durchgängig positiv. Das Institut für Arbeitsmarkt- und Berufsforschung der Bundesanstalt für Arbeit (IAB) kommt in einer Ende 1999 veröffentlichten Studie auf der Basis unterschiedlicher Modellannahmen zur Beschäftigungsentwicklung in Westdeutschland bis zum Jahr 2010 zu dem Schluss, dass „trotz der erwarteten positiven Entwicklung der Beschäftigungsmöglichkeiten von Frauen das Arbeitsmarktungleichgewicht auch in Zukunft fortbestehen (wird)" (Engelbrech/Jungkunst 1999: 22). Da das Erwerbspotenzial und die Erwerbsorientierung weiter zunehmen, werden in Anbetracht knapper Arbeitsplätze und des Abbaus von Vollzeitarbeitsplätzen die Erwerbswünsche von Frauen weiterhin schwer zu realisieren sein; sie werden noch stärker als bisher um Vollzeit-, vor allem aber zukünftig auch um Teilzeitarbeitsplätze mit Männern konkurrieren. In den neuen Bundesländern wird die Arbeitslosigkeit von Frauen, so die Prognosen, andauernd hoch bleiben, wobei allerdings zu berücksichtigen ist, dass der Beschäftigtenanteil ostdeutscher Frauen über dem der westdeutschen liegt.

„Bei der gegenwärtigen Diskussion um einen schlanken Staat und dem prognostizierten Beschäftigungsabbau bei einfachen Bürotätigkeiten besteht im Dienstleistungsbereich ... die Gefahr geringerer Beschäftigungsmöglichkeiten in traditionellen Frauenbereichen. Zudem zeigt sich in den letzten Jahren die Tendenz, dass vom Beschäftigungsanstieg bei den zukunftsträchtigen wirtschaftsbezogenen Dienstleistungen in Ost und West Männer etwas mehr als Frauen profitieren" stellte das IAB 1998 fest (Tischer/Doering 1998: 525).

Da sich die Frauenbeschäftigung auf den Dienstleistungsbereich konzentriert, ist hier der Blick auf die zukünftigen Entwicklungen von besonderem Interesse. Im Bereich der primären Dienstleistungen wird es, so die Voraussage, zu zusätzlichen Teilzeitarbeitsplätzen für Frauen vor allem im Handel und hier für Fach- und Führungskräfte kommen. Auch bei Bürotätigkeiten mit Führungsfunktionen wird mit einer positiven Entwicklung gerechnet, von der Frauen mit Teilzeit- und Männer mit Vollzeitarbeitsplätzen profitieren werden. Bei den über-wiegend mit Frauen besetzten Vollzeitarbeitsplätzen mit einfachen Bürotätigkeiten dagegen wird ein Rückgang erwartet.

Die auf Basis der IAB-Studie getroffene Feststellung der Bund-Länder-Kommission für Bildungsplanung und Forschungsförderung (BLK): „Es gibt gute Beschäftigungsperspektiven für Frauen im Bereich der sekundären Dienstleistungen" (BLK 2000: 26) ist allerdings zu differenzieren. Engelbrech/Jungkunst konstatieren: „Bei den sekundären Dienstleistungen sind mehr als eine halbe Million zusätzliche Arbeitsplätze für Männer und über 850 000 für Frauen zu erwarten, davon ein Drittel in Teilzeitarbeit. Vom zunehmenden Gewicht höherwertiger Tätigkeiten bei ‚Organisation und Management' profitieren mit gut 350 000 Arbeitsplätzen überwiegend die Männer... Gleichmäßig verteilt sich hingegen die Zunahme von 110 000 Arbeitsplätzen bei ‚Forschungs- und Entwicklungstätigkeiten'. Mit der deutlichsten Beschäftigungsexpansion für Frauen ist in den nichtakademischen Gesundheits- und Betreuungsfunktionen zu rechnen" (Engelbrech/Jungkunst 1999: 2). Es deuten sich also durchaus positive Entwicklungen für Frauen in diesem Sektor an, allerdings müssen Frauen sich verstärkt der Konkurrenz mit Männern stellen und hier vor allem bei Führungspositionen und höherwertigen Tätigkeiten.

Wenn das IAB meldet: „Frauen gewinnen im Strukturwandel", so bezieht sich diese Aussage lediglich auf die Perspektiven im Teilzeitbereich. Und die Prognose für den Teilzeitbereich gilt auch nur für den Fall, dass die Verteilung von Männern und Frauen auf Vollzeit- und Teilzeitarbeitsplätze genau so bleibt, wie sie Mitte der 90er Jahre war. Selbst wenn dies der Fall sein sollte, so kommt es „lediglich zu einer Umverteilung von Arbeit, häufig gegen den Willen von Frauen und nur innerhalb der Gruppe der Frauen" (Tischer/Doering 1998: 524).

Beschäftigungsrückgang wird es auch bei den produktionsorientierten Tätigkeiten geben. Insgesamt werden hier deutlich mehr Männer als Frauen Arbeitsplätze verlieren. Frauen sind jedoch überproportional auf Arbeitsplätzen mit geringeren Qualifikationsanforderungen betroffen; hier sieht das IAB folglich besonderen Handlungsbedarf (Engelbrech/Jungkunst 1999: 2). Laut BLK werden Frauen hier nur dann eine Chance haben, wenn sie eine qualifizierte gewerbliche bzw. technisch-naturwissenschaftliche Ausbildung besitzen und ihre spezifischen Interessen und Fähigkeiten (wie z.B. Sprach- und Kommunikationsfähigkeit und Sozialkompetenz, Fähigkeiten also, die durchaus auch von Männern erworben werden können) verstärkt zusätzlich einbringen können (BLK 2000: 27).

Unterschiedliche Einschätzungen werden geäußert, wenn es um die Auswirkungen der expandierenden Informations- und Kommunikationstechnik auf die Beschäftigungschancen von Frauen geht (Tischer 1999: 950). Sicher ist, dass sich hier vor allem für (hoch) qualifizierte Frauen Chancen ergeben werden, z.B. in den Informations-, Beratungs-, Betreuungs- und Ausbildungstätigkeiten. Hier ist jedoch nicht auszuschließen, dass diese Berufe zunehmend auch für Männer attraktiver werden und es so zu „verstärkter Konkurrrenz kommt" (a.a.O.: 953). Weitere Möglichkeiten ergeben sich im „direkten Informations- und Kommunikationsbereich" (beispielsweise als „Multimediaspezialistinnen"), in dem auch künftig verstärkt Arbeitskräfte nachgefragt werden. Kühlwetter (1998, zitiert nach Tischer 1999: 959) geht davon aus, dass die Chancen von Frauen in den techniknahen Berufen unter den derzeitigen Bedingungen eher gering sind, da es für Frauen nach wie vor schwierig ist, in männerdominierte Tätigkeitsfelder einzudringen.

Nach einer neuen IAB/Prognos-Pilotstudie für den Arbeitskräftebedarf nach Qualifikationsebenen für Westdeutschland (Dostal/Reinberg 1999) zeigt sich, dass die beiden mittleren Ebenen „Lehr- und Fachschulabschluss" leichte Beschäftigungsgewinne erzielen werden, wobei eine deutliche Gewichtsverschiebung zugunsten der Fachschulebene erwartet wird. Die Kombination aus „Hauptschule plus Lehre" wird gegenüber „Mittlere Reife und Lehre" verlieren. Daneben wird auch der Bedarf an HochschulabsolventInnen steigen; insbesondere Fachhochschulabschlüsse scheinen zukunftsträchtig zu sein.

Qualifikation wird somit ein immer wichtigeres Kriterium für die Erwerbsmöglichkeiten von Frauen. „Frauen ohne Berufsausbildung bzw. mit weniger anspruchsvollen Berufen werden auch in Zukunft ein überdurchschnittliches Arbeitslosigkeitsrisiko haben" stellen Tischer/Doering fest (1998: 524). Berufsfindungsprozesse und Berufswahlentscheidungen im Kindes- und Jugendalter gewinnen damit ein immer stärkeres Gewicht.

4 Maßnahmen, Projekte und Initiativen zur Erweiterung des Berufsspektrums von Mädchen und jungen Frauen

In den letzten Jahrzehnten wurden zahlreiche Maßnahmen, Modellprojekte und Initiativen durchgeführt, um das Berufsspektrum von Mädchen und jungen Frauen zu erweitern, ihre Erwerbsmöglichkeiten zu verbessern sowie ihnen den Zugang zu chancenreicheren Berufen zu eröffnen. Überwiegend handelte und handelt es sich dabei um Maßnahmen, Mädchen und jungen Frauen den Zugang in männlich dominierte und/oder techniknahe Berufe und seit neuestem in die Berufsfelder der IT-Technologien zu eröffnen.[79] Im Folgenden werden unterschiedliche Ansatzpunkte und Handlungsfelder vorgestellt.

4.1 Maßnahmen im schulischen Bereich

Seit Ende der 80er Jahre werden auf Länderebene Projekte im Schulbereich – und auch im Hochschulbereich – durchgeführt. Dabei geht es vor allem um die Entwicklung und Erprobung neuer Bildungsangebote und Maßnahmen der internen Differenzierung, um die Erneuerung der Unterrichtsinhalte sowie um Innovationen im Interaktionsgeschehen (Kontrolle des eigenen Verhaltens von Lehrern) und in der Unterrichtsorganisation (Koedukation oder nicht). Im Rahmen des BLK-Förderschwerpunkts „Mädchen und Frauen im Bildungswesen" wurden zwischen 1991 und 1998 verschiedene Modellversuche durchgeführt.[80] Im Blickpunkt standen dabei die Erneuerung der Unter-

---

79 Im Rahmen des Aktionsprogramms der Bundesregierung.
80 Beispielsweise folgende Modellversuche (eine vollständige Auflistung in BLK 2000):
    „Mädchen können alles" – Förderung von Mädchen als Haupt- und Realschülerinnen zur Aufnahme eines gewerblich-technischen Berufs mit Probierwerkstatt und Begleitung während der Ausbildung (1991-1994),
    „Konfliktbewältigung für Mädchen und Jungen" – einschließlich wissenschaftlicher Begleitung (1994 -1997),

richtsinhalte, um die spezifischen Lebenszusammenhänge, Interessen und Vorerfahrungen von Mädchen zu berücksichtigen, sowie das Bemühen, Innovationen in der Interaktion zwischen Lehrkräften und SchülerInnen und in der Organisation anzustoßen. Ein wichtiger Ansatzpunkt ist beispielsweise die Gestaltung des mathematisch-natur-wissenschaftlichen Unterrichts (BLK 2000: 12).

Ein weiterer Typ von Projekten setzt an der Schnittstelle zwischen Schule und Hochschule an, um Mädchen und junge Frauen für ein Studium einer naturwissenschaftlich-technischen Richtung zu begeistern. Ein solches Projekt wurde beispielsweise in Thüringen initiiert;[81] es wendet sich an Schülerinnen der gymnasialen Oberstufe und koordiniert Sommeruniversitäten, Informationsveranstaltungen für Eltern und Fortbildungsmöglichkeiten für LehrerInnen. Die Universität Stuttgart hat mit jährlichen Mädchen-Tagen für naturwissenschaftliche und technische Fächer den Frauenanteil in traditionellen Männerdomänen verdoppeln können, beispielsweise in Maschinenwesen und Elektrotechnik von knapp vier auf zehn Prozent (www.uni-stuttgart.de/frauenbeauftragte/frauenwork.htm.).

In anderen Modellprojekten werden Forschungsergebnisse zur Bedeutung von Vorbildern umgesetzt. In Rheinland-Pfalz wurde beispielsweise ein regionales Mentorinnen-Netzwerk gegründet, um Schülerinnen für mathematisch-naturwissenschaftliche Studiengänge zu gewinnen. Dabei besuchen junge Frauen, die als „Pionierinnen" diese Fächer studieren, Schülerinnen in den Schulen und stellen sich vor, laden zu einem Schnupperstudium ein und veranstalten Projekttage an den Hochschulen. Erste Kontakte zwischen

„Mädchen und Technik – Schulpsychologische Unterstützung beim Zugang zu den neuen Technologien sowie beim Abbau der bestehenden geschlechtsspezifischen Verengung des Berufsspektrums – Entwicklung und Erprobung eines geschlechtsspezifischen Angebots für Schülerinnen der Sekundarstufe I" (1988-1991),
„Förderung von Schülerinnen durch Entwicklung von Untersuchungskonzepten und – materialien, insbesondere für die Fächer Chemie, Deutsch, Geschichte, Mathematik, Physik und Sozialkunde" – einschließlich wissenschaftlicher Begleitung (1992-1998),
„Zur arbeitsorientierten und geschlechterbewußten Bildung" (1994-1997),
„Förderung der Berufsfindungs- und Selbstfindungsprozesse bei Mädchen in der Sekundarstufe I" (1991/92-1994/95),
„Chancengleichheit – Veränderung des Anfangsunterrichts Physik/Chemie unter besonderer Berücksichtigung der Kompetenzen und Interessen von Mädchen" (1991-1994),
„Aufbau eines regionalen Netzwerkes von Schulen und außerschulischen Bildungs- und Berufsbildungseinrichtungen zur Förderung der Motivation und des Interesses von Mädchen für Naturwissenschaft und Technik und einschlägiger Berufsorientierung" (1995-1998).
Im Rahmen des BLK-Modellversuchsprogramms „Steigerung der Effizienz des mathematisch-naturwissenschaftlichen Unterrichts" gibt es ein spezielles Modul „Förderung von Jungen und Mädchen" (BLK 2000: 17).

81 Finanziert über das Hochschulsonderprogramm III; einbezogen sind alle Thüringer Hochschulen mit entsprechenden Studiengängen (Schade 1999).

Mentorinnen und Schülerinnen werden häufig durch die Arbeitsämter geknüpft. Das Projekt hat sich bewährt. Mittlerweile arbeiten 80 Studentinnen an fast allen rheinland-pfälzischen Hochschulen mit. Auch an den Hochschulen anderer Bundesländer werden zunehmend Veranstaltungen für Schülerinnen angeboten, darüber hinaus gibt es Materialien, Lehrvideos, Vorträge, Computertage und Seminare. Diese Maßnahmen werden teils auch als Modellversuche und wissenschaftlich begleitet durchgeführt. Das Bundesforschungsministerium fördert im Rahmen der Initiative „Schulen ans Netz" einen neuen Schwerpunkt „Lehrerinnen und Schülerinnen ans Netz".

Lemmermöhle (1998) weist darauf hin, dass die Schule zwar für den Einstieg in das Erwerbsleben an Bedeutung gewonnen hat, dass aber angesichts der Krise des Ausbildungssystems und des Arbeitsmarktes Bildungs- und Beschäftigungssystem zunehmend entkoppelt sind und schulische Bemühungen für die Bewältigung des Übergangs ins Beschäftigungssystem nur einen begrenzten Stellenwert haben. Insofern könnten auch Modellversuche in diesen Bereichen gesellschaftliche Probleme und Lösungen zwar thematisieren, aber nicht lösen, da Ausbildungs- und Arbeitsplätze im Verantwortungsbereich von Politik und Ökonomie liegen. Schule dürfe auch nicht ausschließlich als Berufswahlvorbereitung verstanden werden, vielmehr sei es wichtig, dass sie Schülerinnen darauf vorbereite, mit Unsicherheiten umgehen zu können. In den Modellversuchen zeigte sich auch, wie wichtig es ist, Lehrerinnen und Lehrer in diese Prozesse einzubeziehen und sie gezielt fortzubilden.

4.2   Maßnahmen in der beruflichen Ausbildung

Die ersten groß angelegten bildungspolitischen Aktivitäten zur Veränderung des Berufswahlverhaltens setzten an der „Erschließung" von so genannten Männerberufen (Frauenanteil unter 20 Prozent)[82] in den industriellen Metall- und Elektroberufen, der Chemieindustrie und im Handwerk an. „In zahlreichen Modellversuchen und Forschungsprojekten zur Berufsorientierung an Schulen, zur Ausbildung in Betrieben und schließlich zum Übergang von der Ausbildung in den Beruf wurden Maßnahmen entwickelt und überprüft, durch die das allzu eng gefaßte Berufsspektrum von Frauen erweitert werden sollte" (Poppenhausen 1999: 217). Das Vorhaben, Frauen den Zugang zu diesen Berufen – in der großen Mehrheit technische Berufe – zu eröffnen, wurde mit großem öffentlichen Interesse verfolgt, ging es doch um den Kern männlicher Technikdominanz und die am besten bezahlten Facharbeiterberufe.

---

82 Dies waren 1977 186 von 430 anerkannten Ausbildungsberufen des dualen Berufsbildungssystems.

Im Verlauf des bundesweiten Modellprogramms „Erschließung gewerblich-technischer Ausbildungsberufe für Mädchen" (durchgeführt von 1978-1985), an dem mehr als 200 Betriebe der Metall- und Elektronikindustrie beteiligt waren und 1200 junge Frauen in so genannten Männerberufen ausgebildet wurden, zeigte sich, dass Frauen ebenso wie Männer für technikorientierte Berufe geeignet sind und zum Teil bessere Prüfungsergebnisse vorweisen konnten als die männlichen Prüflinge. Die Erfahrungen aus den Modellversuchen ergeben, dass junge Frauen in diesen Berufsfeldern jedoch ein überdurchschnittliches Durchsetzungsvermögen und Selbstbewusstsein benötigen, um sich in den Betrieben zu behaupten (Schiersmann 1995: 81). Die jungen Facharbeiterinnen waren vor allem dann mit ihrem Beruf zufrieden, wenn sie nach der Ausbildung qualifikationsgerecht eingestellt waren, was aber seltener der Fall war als bei den jungen Männern. Ein ausbildungsadäquater Berufsübergang erwies sich häufig als schwierig. Vor allem in Klein- und Mittelbetrieben war der Weg in einen qualifizierten Arbeitsplatz nach der Ausbildung in gewerblich-technischen Berufen für die jungen Facharbeiterinnen oft nicht möglich. Viele Betriebe schätzten zwar die Verbesserung des Betriebsklimas, zeigten jedoch ansonsten nur halbherziges Engagement, die jungen Frauen auf Dauer zu integrieren.

Von 1977 bis 1991 stieg der Frauenanteil an den männlich dominierten Berufen langsam an, von den ursprünglich 186 Ausbildungsberufen mit unter 20 Prozent Frauen erreichten bis 1991 54 Berufe einen Frauenanteil von mehr als 25 Prozent (a.a.O.: 220). Der Anstieg war je nach Ausbildungsberuf sehr unterschiedlich, am geringsten war er in den Metall- und Elektroberufen. Insgesamt öffneten sich vor allem diejenigen Berufe für junge Frauen, die hinsichtlich Arbeitsbedingungen, Entlohnung, Zukunfts- und Aufstiegschancen unattraktiv geworden waren und von jungen Männern seltener gewählt wurden. Der seit den 90er Jahren zu beobachtende leichte Rückgang ist nach Poppenhausen (1999) vor allem auf demographische Faktoren und den Strukturwandel am Arbeitsmarkt zurückzuführen, aber auch auf die Tatsache, dass die massive Werbung für „Männerberufe" eingestellt wurde. Die Bemühungen, junge Frauen verstärkt für diese Berufe zu interessieren, haben letztlich bis heute nicht zu einem nennenswerten Anstieg bei der Ausbildung und Beschäftigung von Frauen in gewerblich-technischen oder naturwissenschaftlichen Berufen geführt. Auf Bundesebene wurde die Erschließung von gewerblich-technischen Berufen zusätzlich durch die gleichzeitige Ausweitung des Angebots der Berufsfachschulen in typisch weiblichen Berufen auf Länderebene konterkariert. Mit der wirtschaftlichen Rezession Anfang der 90er Jahre liefen die von Bund und Ländern geförderten Programme aus und wurden kaum neu aufgelegt (Poppenhausen 1999: 219). Dennoch haben auch diese Programme – „fast unbemerkt von der feministischen Technikdebatte" (a.a.O.: 230) – jungen Frauen „hier und da (vor Ort) mehr Terrain auf technischen Berufsfeldern (eröffnet; Ergänzung der Autorinnen), als theoretische Analysen der Machtverhältnisse ihnen zuzubilligen bereit sind" (ebd.).

Neuere Modellangebote für Mädchen und junge Frauen in diesen Berufsfeldern gibt es kaum; so sei auf eine Praktikumsdatenbank für Schülerinnen
im Handwerk verwiesen[83] oder auf eine Schnupperlehre für Mädchen in
Hamburg[84], die von 1987-1990 erprobt und ab 1990 mit der Einrichtung einer
Kontaktstelle MUT (Mädchen und Technik) in die Regelförderung übernommen wurde. Hier hat sich die gezielte Zusammenarbeit von Betrieben, Schulen, außerschulischen Einrichtungen, der Handwerkskammer und anderen bewährt. Viele lokale Schulen haben die Schnupperlehre inzwischen in den Unterricht integriert. Vom Bundesministerium für Bildung und Forschung werden
weiterhin Modellvorhaben und Projekte gefördert, die u.a. auf eine veränderte
Berufswahlorientierung, einen stärkeren Zugang von jungen Frauen zu gewerblich-technischen Berufen und Handwerksberufen, Information über die neuen IT-
Berufe sowie die Teilnahme an Meisterkursen abzielen. Des Weiteren ist im
Rahmen der „Initiative Deutschland 21", einer branchenübergreifenden Unternehmensinitiative zur Förderung des Wandels vom Industrie- zum Informationszeitalter, ein übergreifendes Modellprogramm zur Steigerung von Ausbildungsplätzen für Frauen im IT-Bereich gestartet worden.

4.3   Maßnahmen im Bereich der Hochschulen

Angeregt durch Ergebnisse aus der Koedukationsforschung und die positiven
Erfahrungen aus den Women Colleges in den USA (Kahlert/Mischau 2000:
78ff.) wurden seit Ende der 80er Jahre vor allem an natur- und ingenieurwissenschaftlichen Fakultäten eine Reihe von Modellversuchen begonnen und
durchgeführt.[85] Die Reformbemühungen zielen auf die quantitative Erhöhung
des Frauenanteils, zunehmend jedoch auch auf die qualitative Entwicklung
und Ausgestaltung der Studiengänge sowie auf Veränderungen der strukturellen Bedingungen in den Fachhochschulen und Universitäten selbst (BLK 2000;
Kahlert/Mischau 2000). Im Blickpunkt stehen frauengerechte Studienreform-
projekte, Frauenstudiengänge, Sommeruniversitäten und Frauenuniversitäten.
Gender Mainstreaming gilt als Impuls und Motor für Studienreformen.
    An verschiedenen deutschen Fachhochschulen und Universitäten[86] wur-
den Modellversuche durchgeführt, „die die geschlechtsdifferenzierende Ver-

---

83   Gefördert vom Bundesministerium für Bildung und Forschung im Rahmen der Maß-
     nahmen zur Ausweitung des Berufsspektrums von Mädchen und Frauen.
84   Der Modellversuch „Schnupperlehre für Mädchen" wurde von 1987 bis 1990 im
     Rahmen der Projektreihe „Ausbildung und Karriere von Frauen in technikorientierten
     Berufen" vom Bundesministerium für Bildung und Wissenschaft und dem Senat der
     Stadt Hamburg finanziert.
85   Unterstützt und gefördert von den Wissenschaftsministerien.
86   Beispielsweise wurden in den 90er Jahren an der Universität-Gesamthochschule Pa-
     derborn, der Technischen Universität Hamburg-Harburg, der Fachhochschule Ham-

änderung der Ausbildung in den ingenieurwissenschaftlichen Fachrichtungen zum Ziel haben" (Kahlert/Mischau 2000: 121), Frauenförderung mit den aktuellen Studienreformbestrebungen verknüpfen und überwiegend an der Monoedukation als unverzichtbarem Bestandteil der Reform ansetzen. Diese Maßnahmen sind insgesamt empfehlenswert – so die positive Bilanz der wissenschaftlichen Begleitforschung –, um jungen Frauen verstärkt Zugangsmöglichkeiten in technische Studiengänge zu eröffnen.

Die Modellversuche „haben Impulse für die Studienreform des Ingenieurstudiums geliefert, die strukturellen Bedingungen für Frauenprojekte in technischen Studiengängen beschrieben und die Entwicklung von frauengerechten Studienelementen und von Frauenforschung in der Technik angeregt" (BLK 2000: 44). Für die Umsetzung der Ergebnisse schlägt die BLK auf der Basis von Empfehlungen des Wissenschaftsrats „Orientierungsangebote wie z.B. Frauen-Technik-Tage bzw. Sommerhochschulen" vor, „die in Zusammenarbeit von Schulen, Hochschulen, Berufsberatung und der Wirtschaft durchgeführt werden und jungen Frauen Einblick in ein breites Fächerspektrum und zukünftige berufliche Perspektiven vermitteln, so weit örtlich vorhanden, auch in Kooperation verschiedener Hochschularten" (a.a.O.: 45). Auch Tutorien zu Studienbeginn scheinen eine sinnvolle Maßnahme zur Orientierung in denjenigen Fächern zu sein, in denen weibliche Studierende sich in der Minderheit befinden. Denn im Hochschulbereich stehen für junge Frauen noch nicht genügend Informations- und Beratungsangebote sowie Ansprechpartnerinnen zur Verfügung.

Die Funktion von Vorbildern für die berufliche Orientierung an den Hochschulen hebt die BLK mit Bezug auf den Wissenschaftsrat besonders hervor: „Im Hinblick auf eine Änderung struktureller Rahmenbedingungen ... und der Schaffung eines ‚frauenfreundlichen' Klimas geht es darum, Frauen mehr Einfluss und Raum in der Hochschule zu verschaffen, d.h. sie mit ihren Leistungen sichtbar zu machen und ihnen adäquate Einflussmöglichkeiten auf Hochschulentscheidungen und damit die Gestaltung von Forschung und Lehre zu sichern. Insbesondere in Führungspositionen an Hochschulen fehlen Vorbilder und Strukturen, die junge Frauen zur Aufnahme eines Studiums in den wichtigen naturwissenschaftlich-technischen Bereichen bzw. für eine wissenschaftliche Karriere motivieren könnten. Durch die Bildung von Frauennetzwerken kann der Erfahrungs- und Informationsaustausch zwischen Studentinnen, Wissenschaftlerinnen und in der Wirtschaft tätigen Frauen verstärkt, die Präsenz weiblicher Vorbilder gewährleistet sowie der Aufbau von Mentoring-Konzepten erleichtert werden" (a.a.O.: 46). Derartige Mentoring-Projekte sollten verstärkt eingerichtet und von Bund und Ländern sowie der Wirtschaft unterstützt werden.

---

burg, der Fachhochschule Bielefeld und der Universität Ilmenau entsprechende Modellversuche durchgeführt (Kahlert/Mischau 2000: 121ff.).

In der wissenschaftlichen Begleitforschung von Modellprojekten wurden die positiven und negativen Seiten von Mono- und Koedukation herausgearbeitet und curriculare Veränderungen erprobt und evaluiert. Die Ergebnisse zeigen, dass Monoedukation überwiegend dann einen positiven Effekt hat, wenn sie freiwillig erfolgt und die geschlechtshomogenen Lernangebote die Stärken junger Frauen betonen; wird sie jedoch von den jungen Frauen als kompensatorisch und an ihren vermeintlichen Defiziten ansetzend interpretiert, wird sie kaum angenommen oder sogar abgelehnt (a.a.O.: 149). Deutlich wurde auch, dass diese Reformprojekte sich vor Ort ständig um Akzeptanz bei den Lehrenden und Studentinnen bemühen müssen, aber diese Akzeptanz durch Öffentlichkeitsarbeit und Vernetzung hergestellt werden kann. Darüber hinaus zeigte sich, dass viele Hochschullehrerinnen und habilitierte Informatikerinnen bereit sind, sich an solchen Projekten zu beteiligen. „Stigmatisierung qua Geschlecht muss also nicht zwangsläufig negativ sein, sondern kann auch eine Chance beinhalten. Offensichtlich kommt es auf den bewussten, reflektierten und offensiven Umgang mit diesem Stigma an" (a.a.O.: 151). Ansonsten wird Geschlecht durch die Minderheitensituation von Frauen in den Natur- und Technikwissenschaften sowohl unter mono- als auch koedukativen Lernbedingungen zum Stigma.

Es zeigte sich auch, dass Frauen sich leichter für eine Ingenieurwissenschaft entscheiden, wenn ihnen ein besonderer Studiengang angeboten wird. Unter dem Motto „Studentinnen fragen nicht doof, sondern anders" wurden an den Fachhochschulen in Bremen, Hannover, Kiel und Stralsund reine Frauenstudiengänge eingerichtet. Sie folgen damit Fachhochschulen wie Wilhelmshaven, Bielefeld und Aalen. In den neuen Frauenstudiengängen haben sich – so die erste Bilanz – weit mehr Frauen beworben als es Plätze gibt (http:// www.fr-aktuell.de/archiv/fr30/h120000809109.htm). Die Ergebnisse eines Bund-Länder-Projekts (1994 bis 1997) mit Studentinnen der Fachbereiche Elektrotechnik und Maschinenbau der nordrhein-westfälischen Fachhochschulen weisen darauf hin, dass es sowohl für Frauen als auch für Männer wichtig ist, möglichst früh motivierende Elemente in das Studium einzubeziehen (Schwarze 1999: 1045f.). Derzeit sind Studiengänge häufig nicht problemorientiert, sondern wissenschaftsorientiert. Der Fachbereich Elektrotechnik der Fachhochschule Bielefeld hat den Studiengang „Energieberatung und -marketing" für fünf Jahre nur für Studienbewerberinnen reserviert und bietet einen Wechsel aus koedukativem und monoedukativem Studium an. Die interdisziplinäre Ausrichtung scheint die Interessen von Frauen anzusprechen. Erstmals sind im Studienjahr 1998/99 in Bielefeld fast 25 Prozent der Studierenden des Fachs Elektrotechnik junge Frauen.

Hier wird der Unterschied zwischen Frauenstudiengängen und geplanten Frauenhochschulen deutlich: Letztere haben ein weitaus höheres Risiko, ihre Absolventinnen zu „entwerten", da sie nicht in das bestehende Lehrangebot der Hochschulen institutionalisiert sind. Kahlert/Mischau (2000) gehen davon aus, dass auch die geplanten Frauenhochschulen zur Verwirklichung von

Gleichheit in den Geschlechterverhältnissen beitragen werden. In Deutschland wurden bisher zahlreiche Sommeruniversitäten für Frauen durchgeführt. Im Rahmen der Expo 2000 wurde die Internationale Frauenuniversität „Technik und Kultur" (Neusel 2000)[87] entwickelt und realisiert, die unter anderem die Leistungen von Frauen für die Gestaltung der Informationsgesellschaft sichtbar machte. Sie wurde wissenschaftlich begleitet und evaluiert.

Einen anderen Aspekt wird die Bundesregierung durch das Leitprinzip der Chancengleichheit einbringen, das durchgängig in alle Maßnahmen und Programme in Wissenschaft und Forschung einzubeziehen ist. Die Umsetzung soll im Rahmen von Fortschrittsberichten transparent gemacht werden. Die Förderung der Chancengleichheit soll als Kriterium bei der Auftrags- und Finanzzuweisung im Hochschulbereich zügig umgesetzt werden. Durch das Programm „Anstoß zum Aufstieg" soll der Frauenanteil in wissenschaftlichen Führungspositionen erhöht werden, indem Wissenschaftlerinnen durch Weiterbildung, Coaching und Mentoring zielgerichtet in ihrer Karriere unterstützt werden.[88]

4.4 Informationskampagnen und Programme zur Vernetzung

In den letzten Jahren wurden verschiedene politische Maßnahmen und Aktionsprogramme gestartet, die sich nicht auf einzelne Bereiche beziehen, sondern auf ihre Vernetzung und Kooperation, und von denen mittelbar oder unmittelbar Auswirkungen auf die Ausweitung des Berufsspektrums für Mädchen und junge Frauen erwartet werden. Die Expertise „Frauen in Zukunftsberufen" der Sozialforschungsstelle Dortmund (www.sfs-dortmund.de) konnte herausarbeiten, dass Informationsmängel sowohl aufseiten der Unternehmen als auch aufseiten der Mädchen und jungen Frauen eine der Ursachen für den geringen Frauenanteil in IT-Berufen sind. Deshalb empfiehlt das Institut eine systematische Information für Betriebe, junge Frauen, Kammern und Arbeitsämter. Inzwischen gibt es auf vielen Ebenen, lokal, regional und bundesweit, zahlreiche Informationsveranstaltungen und Materialien sowie Initiativen.

Das Programm „Frau und Beruf" der Bundesregierung (verabschiedet 1999) folgt dem Grundsatz, Gleichstellungspolitik als Querschnittsaufgabe in

---

87 Gefördert vom Bundesministerium für Bildung und Forschung.

88 Außerdem werden 100 unbefristete Einstellungsmöglichkeiten in Forschungseinrichtungen überwiegend für Frauen bereitgestellt. Die Bundesregierung wird gemeinsam mit den Ländern die Förderung von Frauen in Lehre und Forschung mit speziellen Maßnahmen, z.B. mit dem Bund-Länder-Programm zur Durchsetzung der Chancengleichheit für Wissenschaftlerinnen fortsetzen. Ziel ist eine deutliche Erhöhung der Frauenanteile an den Professuren; angestrebt wird ein Anteil von 20 Prozent bis zum Jahr 2005.

allen Politikbereichen (gender-mainstreaming), wie sie auch im Amsterdamer Vertrag der Europäischen Union verankert ist, zu betreiben. Chancengleichheit ist dabei als übergreifendes Leitprinzip in alle Politikfelder, Programme und Maßnahmen zu integrieren. Das Programm setzt entsprechend an unterschiedlichen Punkten an und bündelt eine Vielzahl von Regelungen, Maßnahmen und Projekten; es will die Ausbildungschancen junger Frauen, gerade auch in den zukunftsorientierten Berufen der Informationsgesellschaft, verbessern, die Arbeitsplatzchancen und beruflichen Aufstiegsmöglichkeiten für Frauen erweitern, Benachteiligungen für Existenzgründerinnen abbauen, die Vereinbarkeit von Familien- und Erwerbsarbeit fördern, der Einkommens- und Lohndiskriminierung von Frauen entgegenwirken und den Anteil von Frauen in Forschung und Lehre erhöhen.

Ein Schwerpunkt des Programms ist die Förderung von Frauen in technischen Berufen, beispielsweise durch die Initiative „Frauen geben Technik neue Impulse" und die bundesweite Aktion „Frauen ans Netz". Die 1997 gestartete Gemeinschaftsinitiative des Bundesministeriums für Bildung, Wissenschaft, Forschung und Technologie, des Bundesministeriums für Familie, Senioren, Frauen und Jugend, der Bundesanstalt für Arbeit und der Deutschen Telekom AG „Frauen geben Technik neue Impulse" (vgl. Schwarze 1999) hat das Ziel, die Beteiligung von Frauen auf allen Ebenen der technischen Ausbildungen und Berufe zu stärken und setzt ebenfalls auf Vernetzung und Zusammenführung von Projekten aus Schule, Arbeitsverwaltung, Berufsbildung, Wirtschaft, Wissenschaft und Forschung. Die neue Koordinierungsstelle nutzt das in den Frauen-Technik-Netzwerken bundesweit erarbeitete Wissen, bündelt es und führt es für gezielte Aktionen und Veranstaltungen zusammen. Sie informiert über neue Ausbildungen (IT-Berufe) und Arbeitsformen (Telearbeit) und stellt Materialien über national und international beispielhafte Entwicklungen zusammen, z.B. Studienreformmaßnahmen, die auf eine stärkere Beteiligung von Frauen für ein Ingenieur- oder Informatikstudium gerichtet sind. Dadurch sollen Verbände, Hochschulen, Forschungseinrichtungen, Politik und Unternehmen informiert und motiviert werden, sich stärker für qualifizierte Frauen in der Technik einzusetzen.[89] Zudem versuchen Bundesregierung und Länder gemeinsam, durch gezielte Maßnahmen die Ausbildungs- und Berufschancen von Frauen zu verbessern. Dies wurde bereits mit dem Bericht „Verbesserung der Chancen von Frauen in der Ausbildung und im Beruf" der Bund-Länder-Kommission im Juni 1999 (BLK 2000) eingeleitet.

Auf eine umfangreichere Nutzung des Internet durch Frauen zielt die 1998 gestartete Aktion „Frauen ans Netz", die inzwischen auf 100 Städte ausgedehnt wurde und die neben gut ausgebildeten berufstätigen Frauen auch Frauen mit geringen Zugangsmöglichkeiten zu Technik, Frauen mit familiärer Verantwortung und Frauen mit geringen Arbeitsmarktchancen den Nutzen

---

89 http://www.iid.de/aktionen/aktionsprogramm/http//lovelace.fh-bielefeld.de

des Internet vermitteln möchte. Über ein zentrales Call-Center erfolgt die Anmeldung zu den kostenlosen, von Trainerinnen geleiteten Internet-Einstiegskursen. Mit der Broschüre „Weiter geht's im Cyberspace. Bundesweiter Überblick – Internetkurse für Frauen und Mädchen" soll das vorhandene Angebot an weiterführenden Kursen für unterschiedliche Zielgruppen transparent gemacht werden.

Seit Ende der 80er Jahre finden an vielen Hochschulen Mädchen- und Frauen-Technik-Tage und „Schnupper"-Veranstaltungen statt, um ihnen die Studienfachwahlentscheidung für eine naturwissenschaftlich-technische Disziplin ins Auge zu rücken. Aber auch die Arbeitsämter bieten in Kooperation mit Unternehmen Informationsveranstaltungen und Seminare an, überwiegend zum Thema Computer und Internet, die von Mädchen mit großem Interesse aufgegriffen werden. So startete beispielsweise 1989 eine bundesweite Informationskampagne der Arbeitsverwaltung (die dann auch auf die neuen Bundesländer ausgedehnt wurden) zur Erweiterung des Berufsspektrums von Mädchen mit vielfältiger Medien- und Öffentlichkeitsarbeit.[90] Zielgruppen waren Mädchen, Betriebe, Eltern, Lehrer, Freunde, Berufsberater und Ausbilder. Gleichzeitig wurden regionale Informations- und Beratungsstellen zum Thema Frauen und Technik erprobt. Im Rahmen der Maßnahmen zur Ausweitung des Berufsspektrums von Mädchen und Frauen werden derzeit vor allem Projekte zur Verbesserung der Information über neue IT-Berufe gefördert. Das Bundesministerium für Bildung und Forschung startete gemeinsam mit der Wirtschaft und Verbänden im Herbst 1999 eine übergreifende Informationskampagne, um die Beteiligung von Frauen an ingenieurwissenschaftlichen und Informatikstudiengängen zu erhöhen sowie Vorbilder und innovative Studiengänge bekannt zu machen. Informationsveranstaltungen und -kampagnen allein haben sich jedoch im Rückblick als unzureichend erwiesen (Bundesinstitut für Berufsbildung 1995).

Die Bundesregierung fördert gemeinsam mit der Initiative D 21[91] ein bundesweites Ausbildungsprojekt für Mädchen in den IT- und Medienberufen – kurz IDEE-IT. Begleitet wird das Projekt von einer bundesweiten Ambassador- und Öffentlichkeitskampagne (z.B. „Girls Day"[92]). Ziel der Kampagne ist es, Mädchen und junge Frauen über die neuen IT- und Medienberufe zu informieren und Unternehmen für die Bereitstellung entsprechender Ausbildungsplätze zu gewinnen. Erreicht werden soll damit auch eine Umsetzung der Ziele, die sich die Bundesregierung in ihrem Aktionsprogramm „Innovation und Arbeitsplätze in der Dienstleistungsgesellschaft des 21. Jahrhunderts", im „Bündnis für Arbeit" und im Programm „Frau und Beruf" gesetzt hat: Erhöhung des Frauenanteils in der IT-Ausbildung auf 40 Prozent

---

90   Gefördert vom BMBW.
91   Branchenübergreifende Unternehmensinitiative zur Förderung des Wandels vom Industrie- zum Informationszeitalter.
92   www.girlsday.de

im Jahr 2005. Dazu hat das Bundesbildungsministerium 2002 unter anderem auch ein „virtuelles Netzwerk für Ausbilderinnen in der Informationstechnologie" gestartet (www.it-ausbilderinnen.de).

Um beurteilen zu können, wie diese neuen Aktionsprogramme, die vor allem auf Information setzen, die Erweiterung des Berufsspektrums von Mädchen und jungen Frauen fördern können, wäre es wünschenswert, dass sie wissenschaftlich begleitet und evaluiert werden.

4.5 Die einseitige Struktur von Modellprojekten und Maßnahmen

Trotz der Breite und Vielzahl der Maßnahmen setzen Modellprojekte, Aktionen und Maßnahmen überwiegend bei Mädchen und Frauen an. Die Ergebnisse vorliegender Untersuchungen und Erklärungsansätze zeigen jedoch, dass die einseitige Vorstellung, dass Mädchen und junge Frauen die Chancen in frauenuntypischen Berufen nicht ausreichend wahrnehmen (beispielsweise BMBF 2000: 14), deshalb bei ihren „Defiziten" anzusetzen sei und sie nur in die „richtige"[93] Richtung gelenkt werden müssten, zu kurz greift. Tatsächlich sind die Berufswahlentscheidungen nicht den Mädchen und jungen Frauen allein anzulasten, sondern ebenso „der Struktur der Geschlechterordnung und einer historischen Ausbildungsprogrammatik" (Metz-Göckel 1990: 141). Letztlich sind also die Konzepte zu überdenken: Die ausschließlich an Mädchen und Frauen orientierten Maßnahmen sind einseitig, denn sie definieren diese weiterhin als Problemgruppe. Wie natur- und ingenieurwissenschaftliche Studentinnen es formuliert haben: „Wir wollen nicht gefördert werden, wir wollen nur nicht gehindert werden" (Küllchen 1997). Auch der Wissenschaftsrat warnt übrigens davor, „Frauen (...) auf spezielle Sonderprogramme ... abzuschieben: (dies berge die) Gefahr, bestehende Strukturen und Hemmnisse unverändert zu belassen und Frauen in zukunftslose Nischen und Sackgassen abzudrängen..." (zitiert nach ibv 22/2000: 2427).

4.6 Bündelung, Vernetzung, Evaluation und Umsetzung

Festzustellen ist, dass in zahlreichen Modellversuchen und Einzelinitiativen zur Thematik der Berufsfindungsprozesse bereits Maßnahmen – vor allem zur Erweiterung des Berufswahlspektrums – entwickelt und erprobt und Empfehlungen ausgesprochen wurden.[94] Eine von der BLK zusammenge-

---

93 Was die richtige Richtung ist, ist abhängig vom jeweiligen Standpunkt.
94 Zum Beispiel der Wissenschaftsrat: „Empfehlungen zur Förderung des Hochschullehrernachwuchses", Köln 1996; BLK-Bericht „Förderung von Frauen im Bereich der

stellte Übersicht über die Modellversuche im Bereich „Mädchen und Frauen im Bildungswesen" zeigt jedoch die Heterogenität und Lückenhaftigkeit der Projekte in den einzelnen Bundesländern. Eine Bündelung der regionalen und überregionalen Maßnahmen sowie der Erfahrungen aus einzelnen Pilotprojekten, Modellversuchen und Forschung steht noch aus (BLK 2000: 17). Außerdem fehlt offensichtlich die Vermittlung der Ergebnisse in die unterschiedlichen Ebenen hinein (betroffene Mädchen und ihre Eltern, Schule, berufsberatende Institutionen, duale und schulische Ausbildung, Hochschulen, allgemeine Öffentlichkeit). So ist zum Beispiel über die zahlreich entwickelten Materialien für die Aus- und Fortbildung der Lehrkräfte nicht bekannt, wo, in welchem Umfang und mit welchem Erfolg sie überhaupt eingesetzt werden. Alle Modellversuche und Pilotprojekte verfehlen jedoch letztlich ihr Ziel, wenn die aus ihnen entwickelten Empfehlungen nicht flächendeckend erprobt werden.

Zur Umsetzung von Maßnahmen bzw. zur Einrichtung von Angeboten bedarf es der Kooperation aller arbeitsmarktrelevanten Institutionen: Allgemein bildende und berufliche Schulen, Ausbildungsbetriebe, Kammern, Arbeitsverwaltung sowie einschlägige kommunale und Landesbehörden. Wichtig für derartige Kooperationsbeziehungen ist, „dass Kooperationsstrukturen geschaffen werden, die nicht nur durch die jeweils im Hintergrund stehenden Ressourcen vorstrukturiert und dominiert werden, sondern aus der gemeinsamen Verantwortung für das Gelingen von Übergangsprozessen Jugendlicher motiviert sind. Damit soll ... darauf hingewiesen werden, dass Kooperationen umso tragfähiger sind, je mehr sie eingebettet sind in verbindliche Strukturen wie regelmäßige ,runde Tische', regionale Arbeitskreise oder (Jugendhilfe)Planungsprozesse" (Stauber/Walther 1995: 191).[95]

In Berufsbildung, Studium, Forschung und Lehre sind verstärkt Methoden zur Qualitätsprüfung in Hinblick auf Chancengleichheit für Mädchen und Frauen – wie z.B. das Total E-Quality Prädikat – einzuführen: „Bund und Länder streben an, eine kontinuierliche Qualitätssicherung von Bildungsan-

---

Wissenschaft", Bonn 1996; BLK-Bericht „Verbesserung der Chancen von Frauen in Ausbildung und Beruf", Bonn 2000.

95 So ist vor allem eine stärkere Zusammenarbeit von Berufsberatung der Arbeitsverwaltung und Schule zur Reduktion von Defiziten bei der Berufswahlvorbereitung zu forcieren. Sie könnte durch folgende Maßnahmen erreicht werden, die allerdings noch mit geschlechterbezogenen Inhalten zu füllen wären:
Seminare von Lehrern und Berufsberatern, in denen sie gemeinsam langfristig die Durchführung der Berufsorientierung planen, die Lehrer hierauf auch inhaltlich vorbereitet werden und sie die Probleme und Arbeitsweisen der Berufsberatung kennenlernen (z.B. von der Berufsberatung erwartete Vorkenntnisse der Schüler, richtiges Verständnis und Arbeiten mit den Materialien zum Berufswahlunterricht), gemeinsame Durchführung von berufsorientierenden Unterrichtseinheiten, gemeinsame Durchführung von Elternabenden, Entwicklung von berufswahlvorbereitenden Unterrichtsmaterialien, Erstellung von Schriften zur Vorbereitung, Durchführung und Auswertung von Betriebspraktika (Kahsnitz 1996: 340).

geboten und Beratungsverfahren in Schulen und Hochschulen zur Berufsorientierung von Mädchen und Frauen im Sinne eines Wettbewerbs zu entwikkeln, zu erproben und einzuführen. Dazu sollten auch Anreizsysteme entwickelt werden... Bund und Länder werden in diesem Zusammenhang aktuelle Daten und Informationen bereitstellen" (BLK 2000: 17). In dieses Vorhaben sollten auch die Aktivitäten der Bundesanstalt für Arbeit einbezogen werden: Nicht nur Schulen und Hochschulen sollten durch eine regelmäßige Berichterstattung Transparenz über inhaltliche und strukturelle Maßnahmen herstellen, auch die Beratung sowie die Programme und Projekte der Arbeitsämter sollten einem Evaluierungsverfahren unterzogen werden.

Schließlich ist eine wissenschaftliche Begleitung der Modellprojekte unumgänglich. Erst Begleitforschung und Evaluation sowie vor allem auch Verbleibestudien können Ertrag und Potenzial, d.h. langfristigen Erfolg von Projekten und Maßnahmen erkennbar machen. Dabei muss allen Akteuren bewusst sein, dass keine schnellen Erfolge möglich sind.

Lemmermöhle (1999) weist auf einen anderen Aspekt hin, wenn sie feststellt, dass an Modellversuche häufig zu große Anforderungen gestellt werden; beispielsweise dass Modellversuche im Bildungsbereich die Probleme selbst durch bildungsimmanente Veränderungen lösen könnten. „Dies ist eine Illusion. ... Ausbildungs- und Arbeitsplätze sind eben keine Bildungsfrage, sondern liegen im Verantwortungsbereich von Politik und Ökonomie."

4.7 Sensibilisierung der Öffentlichkeit für genderrelevante Aspekte

Öffentlichkeitsarbeit von Bund, Ländern, Kommunen, Trägern der Jugendhilfe, Wirtschaftsverbänden und Einrichtungen der Berufsberatung kann zur Motivation von Mädchen beitragen, sich frühzeitig und auf der Basis umfassender Informationen mit Berufswahlentscheidungen und insbesondere mit neuen, z.B. technikorientierten Berufen zu befassen. Dabei ist nicht nur an Broschüren zu denken, sondern auch an Kampagnen, Veranstaltungen, Infomobile, Aktionswochen, Filme und Internet-Präsentationen, Infotheken usw.

Da Berufswahlentscheidungen auch in die Arbeitslosigkeit führen können, muss auch Frauenarbeitslosigkeit öffentlich thematisiert werden, so wie es in Hinblick auf das Thema Jugendarbeitslosigkeit mittlerweile selbstverständlich geworden ist. Mädchen und junge Frauen müssen nicht nur in der Schule und der Berufsberatung darauf hingewiesen werden, sie können auch über öffentliche Diskussionen darauf aufmerksam gemacht werden, dass die Wahl bestimmter Berufe in die Arbeitslosigkeit führen kann.

Neben der Information der Mädchen sollte Öffentlichkeitsarbeit auch versuchen, die einen starken Einfluss auf die Berufsfindung und Berufswahl ihrer Töchter ausübenden Eltern zu erreichen. Gemeinsam mit den Elternräten und den an den Berufsfindungsprozessen beteiligten Institutionen sind dafür entsprechende Konzepte und Materialien für die Elternarbeit zu entwikkeln.

Auch auf der Seite der Arbeitgeber muss eine verstärkte Sensibilisierung für Hintergründe und Motive der Berufswahlentscheidungen bei Mädchen erreicht werden. Arbeitgeber müssen verstärkt in Maßnahmen der Öffentlichkeitsarbeit und in Kooperationsvorhaben (z.B. zur Akquisition von Lehrstellen) eingebunden werden. Die zu schaffenden Anreize für die kontinuierliche Ausbildung von Mädchen vor allem in zukunftsorientierten Berufen sollten öffentlichkeitswirksam präsentiert werden.

5 Die Gatekeeper: Funktion und Einfluss von Eltern, Schule und Berufsberatung

Dass Eltern, Schule und Berufsberatung einen entscheidenden Einfluss auf die Berufsfindungsprozesse und Berufswahlentscheidungen von Mädchen und jungen Frauen haben, ist auf Anhieb einleuchtend: Eltern sind Vorbild, und die soziale Lage der Herkunftsfamilie steht trotz beobachtbarer Individualisierungs- und Pluralisierungstendenzen noch immer in Zusammenhang mit den Bildungschancen der Kinder;[96] Schule vermittelt Berufsorientierung nicht nur über die dafür vorgesehenen Fächer, sondern auch über die Darstellung von Geschlechter- und Berufsrollen im allgemeinen Unterricht und in den Unterrichtsmaterialien; für die Berufsberatung der Arbeitsverwaltung schließlich ist es die originäre Aufgabe, Jugendliche in ihren Berufswahlentscheidungen zu beraten und ihnen entsprechende Ausbildungsplätze zu vermitteln. Gemessen an der Bedeutung dieser Einflussfaktoren liegen jedoch kaum empirische Daten über diese Zusammenhänge vor.

Unter den mit Berufsfindungsprozessen und Berufswahlentscheidungen befassten Expertinnen und Experten aus Forschung und Praxis setzt sich immer stärker die Erkenntnis durch, dass Berufsfindung nicht das Ergebnis einer kurzfristigen, am Ende der Schullaufbahn getroffenen Entscheidung ist, sondern ein Prozess, der in der frühen Kindheit beginnt: Bereits Kinder entwickeln Identifikationsmuster, die sich an den immer noch geltenden Mustern von öffentlich = männlich und privat = weiblich orientieren; erste Berufsvorstellungen werden bereits im Kindergartenalter geäußert[97] und entwickeln sich weiter durch das Schulkind- und Teenage-Alter. „Die ersten geschlechtsspezifisch unterschiedlichen Versuche in der Kindheit, soziale Rollen zu kopieren, also soziales Verhalten für sich zu entdecken, münden dann analog in die Vorstellungen zum späteren Traumberuf" (Meixner 1996: 37).

---

96 Dies hat zuletzt eindringlich die PISA-Studie nachgewiesen (Baumert 2001).
97 Vor dem Hintergrund dieser Erkenntnis wurde an der Fachhochschule des Bundes für öffentliche Verwaltung, Fachbereich Arbeitsverwaltung (Mannheim) eine Diplomarbeit angefertigt, in der Kinder zu ihren Vorstellungen über Berufe befragt wurden; leider finden sich in dieser Arbeit keine Geschlechterdifferenzierungen (vgl. Grün 2001).

Geschlechtsspezifische Präferenzen zeigen sich bereits im Kindesalter

Meixner stellte in einer repräsentativen Untersuchung von 1995 mit 1000 Kindern fest, dass 84 Prozent der 6- bis 8-jährigen Kinder einen Traumberuf haben. Die Nennung von fast 200 Traumberufen zeigt, dass die Vorstellungen hinsichtlich des Traumberufs bereits sehr differenziert sind. Mit steigendem Alter und bei der konkreten Berufswahl passen sich die Traumberufe der Realität an: Aus dem Rennfahrer wird der Kfz-Mechaniker, aus dem Model die Textilverkäuferin.

Auch Brake stellte im Rahmen eines Kinder-Surveys mit 10- bis 15-jährigen Kindern fest: „Auch wenn für die Altersgruppe der von uns Befragten konkrete Überlegungen und Planungen bezüglich des eigenen beruflichen Weges zum größten Teil noch nicht anstehen, haben sie Vorstellungen von der Attraktivität verschiedener Berufsfelder" (Brake 1996: 86). Die in ihren Daten sichtbaren beruflichen Präferenzunterschiede entsprachen deutlich dem gängigen Stereotyp. Bei den Mädchen standen heilende soziale Berufe deutlich am höchsten in der Gunst. Die geschlechtsspezifischen Rangreihen unterschieden sich vor allem darin, dass bei Jungen nur Berufe, die mit hohem gesellschaftlichen Ansehen verbunden sind, auf den vorderen Plätzen vertreten waren. Die Rangfolge bei den Mädchen lautete: Ärztin, Arzthelferin, Tierforscherin, Krankenschwester, Polizistin; bei den Jungen nahmen Pilot, Soldat, Ingenieur und Sportler die ersten Plätze ein. Offensichtlich ist den Mädchen schon in dieser Altersphase bewusst, dass für sie auch untergeordnete Berufe in Frage kommen: Sie wollen Ärztin, aber auch Krankenschwester werden. Deutlich wurde in dieser Untersuchung aber auch, dass Berufstätigkeit bei Mädchen und auch das damit verbundene Heraustreten aus der familialen in die öffentliche Sphäre bereits in diesem Alter voll akzeptiert wird.

Berufswahl ist keine Ad-hoc-Entscheidung

Der Beginn der Beschäftigung mit Berufen, die man eventuell konkret ausüben könnte, liegt bei 13 Jahren. Die meisten SchülerInnen nehmen sich bis zu einem Jahr Zeit, um sich auf einen Beruf festzulegen, sieben von acht SchülerInnen treffen ihre Berufsentscheidung bereits vor dem letzten Schuljahr (Meixner 1996: 38). Die Gefühle, die bei Jugendlichen mit der Berufswahl verbunden sind, sind eher negativ als positiv. Dennoch ist die Einstellung zur Berufstätigkeit einhellig in allen Studien positiv.

Die Beschäftigung mit beruflichen Vorstellungen und Optionen beginnt also nicht erst dann, wenn konkrete Entscheidungen getroffen werden müssen und konkrete Berufsziele angesteuert werden. Dies zeigt sich auch in retrospektiven Untersuchungen wie z.B. der von Küllchen; in ihren Interviews mit Studentinnen der mathematisch-naturwissenschaftlichen Fächer verwiesen diese immer wieder auf Beschäftigungen und Verhaltensweisen in ihrer Kindheit (Küllchen 1997: 330). Für die Veränderung des Berufswahlverhaltens von Mädchen ist daher von entscheidender Bedeutung, bereits in der frühen Kindheit mit entsprechenden Informationen zu beginnen. Nicht nur den Eltern, sondern auch den Erzieherinnen in den Betreuungseinrichtungen sowie den Grundschullehrerinnen und Grundschullehrern muss bewusst sein, dass berufliche Orientierungen in dieser Altersphase entstehen.

Eltern, Schule und Berufsberatung sind zentrale Einflussfaktoren im Berufsfindungsprozess

Beim Übergang von der Schule in den Beruf sind „gatekeeper" gefragt, die die Mechanismen für den Transitionsprozess steuern: „Gatekeeper sind professionelle Experten oder einfach Experten der Praxis. Sie verfügen über Methodenkompetenz und Wissen, wie diese Übergangspersonen gemanagt werden können... Gatekeeper erfüllen eine Erwartungshaltung: Sie kanalisieren die Statuspassage – im Interesse der Passagiere oder auch gegen deren Willen. Sie sind legitimiert durch entsprechendes Expertenwissen oder durch ihre lebensweltliche Nähe zu den Passagieren" (Friebel u.a. 1996: 66f.). Die wichtigsten Gatekeeper im Berufsfindungsprozess und beim Übergang Schule-Ausbildung sind Eltern, Schule und die Berufsberatungen der Arbeitsämter.[98]

5.1 Rolle und Einfluss der Eltern

Im Gegensatz zu der großen Bedeutung, die dem Einfluss der Eltern auf die Sozialisationsprozesse ihrer Kinder in Wissenschaft, Politik und Öffentlichkeit zugewiesen wird, liegen zur Rolle der Eltern im Berufsfindungsprozess nur relativ wenig Untersuchungen vor. Im Kontext der hier behandelten Thematik sind vor allem zwei Studien anzuführen: Die Untersuchung „Sicher sind wir wichtig – irgendwie!? Der Einfluss von Eltern auf das Berufswahlverhalten von Mädchen" von Hoose/Vorholt (1996, 1997), eine Befragung von Eltern und Mädchen an Haupt-, Real- und Gesamtschulen, sowie die qualitative Studie „Zwischen Bildungserfolg und Karriereskepsis" von Küllchen (1997), die die Berufsfindungsprozesse von Abiturientinnen mit mathematisch-naturwissenschaftlichen Interessen nachzeichnet.[99]

---

98 Als einen im Lebenszusammenhang von jungen Frauen bedeutsamen Gatecloser bezeichnen Friebel u.a. die Mutterschaft: Familienereignisse wie Geburt und Einschulung eines Kindes erweisen sich als Strukturgeber für Erwerbskarrieren (Friebel u.a. 1996: 70).

99 Es liegen weitere Untersuchungen zum Einfluss der Eltern vor, die jedoch nicht oder nur bezüglich einzelner Fragestellungen geschlechtsspezifisch differenziert aufbereitet sind. Einen hohen Zusammenhang zwischen den Bildungs- und Berufsorientierungen

Eltern haben eine erhebliche Bedeutung für Berufsfindung und Berufswahl

Der von Jugendlichen eingeschlagene Bildungsweg, der eine maßgebliche Weichenstellung für die spätere Berufswahl darstellt, wird in hohem Maß vom Bildungsgrad und der beruflichen Qualifikation der Eltern beeinflusst (Höckner 1996: 51). Dabei ist der Einfluss der sozialen Herkunft bei Schülerinnen gewichtiger als bei Schülern (Rodax 1995: 19). Auch Kleffner u.a. stellen fest, dass „es vor allem die Eltern (sind), von denen die Jugendlichen Anregungen zur Berufswahl erhalten. Dabei kommt ihnen in der Regel eine doppelte Funktion zu: Zum einen nehmen sie durch ihre Erwartungshaltungen oder durch konkrete Ratschläge direkten Einfluss auf die Berufsfindung. Zum anderen wirken sie indirekt durch ihre eigene Berufstätigkeit als positives oder negatives Vorbild auf den Berufswahlprozess ein" (Kleffner u.a. 1996: 14). Aber auch wenn die von den Eltern mitgegebenen Bildungs- und Berufsorientierungen erhebliche Bedeutung für die beruflichen Zukunftsperspektiven ihrer Kinder haben, heißt dies nicht, dass nicht neben den Auswirkungen von Strukturen sozialer Ungleichheit auch individuelle Handlungsspielräume existieren. Analysen über den Zusammenhang objektiver Bedingungen und subjektiver Entscheidungsprozesse fehlen allerdings generell und nicht nur bezüglich der Bedeutung der Herkunftsfamilie.

Eltern und Töchter haben ein verkürztes Verständnis von Berufsfindung und Berufswahl

In der Studie von Hoose/Vorholt gingen jeweils rund 89 Prozent der Mütter und Väter davon aus, dass sie im Berufswahlprozess der Töchter wichtig bzw. sehr wichtig sind. Die Mädchen selbst finden zu 75 Prozent ihre Mütter wichtig bzw. sehr wichtig, 57 Prozent finden dies in Bezug auf ihre Väter. Allerdings lässt sich die deutlich erkannte Bedeutung der Eltern nicht mit Inhalten füllen, d.h. Mädchen wie Eltern wussten nicht zu sagen, wofür genau die Eltern bei der Berufswahl wichtig sind. Hoose/Vorholt führen dies vor allem auf das verkürzte Verständnis beider Seiten vom Berufswahlprozess zurück: „Zum einen erkennen sie weder den Zusammenhang zwischen der Berufs- und Lebensplanung, zum anderen glauben sie, dass die Berufswahl erst kurz vor der endgültigen Entscheidung für einen bestimmten Beruf beginnt. Beide Seiten... begreifen den Berufswahlprozess als einen rationalen Vorgang, der erst unmittelbar vor der eigentlichen Entscheidung beginnt und in dessen Verlauf es vor allem darauf ankommt, möglichst genaue berufskundliche Kenntnisse zu erlangen und berufsrelevante Fähigkeiten und Interessen zu ermitteln. Der Beruf soll in erster Linie Spaß machen, aber er soll auch krisensicher sein, Aufstiegschancen bieten, ein ausreichendes Auskom-

---

der Eltern und denen der Kinder zeigen beispielsweise auch die Ergebnisse der Leipziger Längsschnittstudie (vgl. Höckner 1996).

men garantieren, und die Tochter muss für diesen Beruf geeignet sein. Die Entscheidung der Eltern und Mädchen am Ende des Berufswahlprozesses folgt aber keineswegs diesen rationalen Kriterien" (Hoose/Vorholt 1997: 35f.).

Eltern nehmen Fähigkeiten ihrer Töchter nur selektiv wahr

„Eltern nehmen an ihren Töchtern vor allem soziale und kommunikative Fähigkeiten wahr, und diese Eigenschaften halten sie auch in besonderem Maße für beruflich verwertbar. Sachbezogene Kompetenzen wie Fremdsprachenkenntnisse und handwerkliches Geschick werden sehr viel seltener gesehen und technisch-naturwissenschaftliche-mathematische Fähigkeiten kaum noch zuerkannt. Und selbst wenn sie solche Fähigkeiten an ihren Töchtern wahrnehmen, halten sie sie nur in sehr geringem Umfang für beruflich verwertbar" (a.a.O.: 36). Eltern setzen somit eine Eignung ihrer Töchter für „frauentypische" Berufe als selbstverständlich voraus und bestärken sie bei der Wahl eines solchen Berufs.

Für das Urteil der Eltern darüber, für welche Berufe sich ihre Töchter eignen, sind vor allem die schulischen Noten und die Hobbys ihrer Töchter wichtig. Allerdings gibt es nur bedingt einen positiven Zusammenhang zwischen den Schulnoten und den Kompetenzzuschreibungen: Während selbst bei schlechten Deutschnoten die Eltern ihre Töchter für Berufe geeignet halten, in denen gute Deutschkenntnisse verlangt werden, ist dies in Hinblick auf Mathematik deutlich weniger und bei den Fächern Werken und Technik bzw. Arbeitslehre/Technik noch weniger der Fall. Dies belegt den hohen Zusammenhang mit den gesellschaftlich vorherrschenden Stereotypen: „Je weniger eine Kompetenz dem Geschlechterrollenstereotyp entspricht, desto mehr gute Leistungen sind erforderlich, damit einem Mädchen diese Kompetenz auch zugestanden wird" (a.a.O.: 37). Zwischen der Einschätzung der Eltern und der Selbsteinschätzung der Mädchen besteht dabei ein hoher Zusammenhang. „Für den Berufswahlprozess der Mädchen bedeutet das, dass sie sich mit großer Wahrscheinlichkeit in Übereinstimmung mit ihren Eltern befinden werden, wenn sie sich die Eignung für einen Beruf zuerkennen, der geschlechtstypische Fähigkeiten wie z.B. Hilfsbereitschaft verlangt. Umgekehrt werden sie sehr viel seltener Zustimmung bei ihren Eltern finden, wenn sie davon ausgehen, für einen Beruf geeignet zu sein, der technisches Verständnis voraussetzt" (ebd.).

Widersprüchliche Berufswahlkriterien der Eltern

Die Rangfolge der wichtigsten Kriterien der Eltern für die Berufswahl ihrer Töchter lautet: sichere Beschäftigung, finanzielle Unabhängigkeit, Selbstverwirklichung, hohes Einkommen, nette Kolleginnen und Möglichkeit zum Wiedereinstieg. Die von den Eltern genannten Wunschberufe für die Töchter, von denen 72 Prozent in den Bereich weiblich dominierter bzw. überwiegend besetzter Berufe fallen, genügen jedoch häufig den genannten Kriterien nicht. Hoose/Vorholt resümieren: „Eltern und Mädchen gehen davon aus, dass für eine geglückte Berufswahlentscheidung die Berücksichtigung der Fähigkeiten und Neigungen und die Beachtung der Chancenstruktur von Berufen notwendig ist. Tatsächlich aber werden weder festgestellte Fähigkeiten noch andere Berufswahlkriterien bei der Auswahl eines Berufs in nennenswertem Umfang entscheidungsrelevant" (ebd.). Nicht rationale Kriterien wie Eignung oder Chancenstrukturen, sondern gesellschaftlich vermittelte Geschlechtsrollenstereotype bestimmen den Einfluss der Eltern auf das Berufswahlverhalten ihrer Töchter. Obwohl Eltern wie Töchter übereinstimmend äußern, dass Berufsausbildung und Erwerbstätigkeit für Frauen genauso wichtig sind wie für Männer, sind sie genauso übereinstimmend der Meinung, die Frau sei stärker für die Kindererziehung zuständig als der Mann.

Das im Elternhaus praktizierte Arbeitsteilungsmodell als Vorbild für die Berufs- und Lebensplanung

Hoose/Vorholt fanden heraus, dass auch die tatsächliche Arbeitsteilung im Haushalt und das mütterliche Vorbild bei der Vereinbarkeit von Familie und Beruf für die Berufsorientierung entscheidend sind, wobei sich Eltern dieses Einflusses offensichtlich nicht bewusst sind. „Da Mädchen beides wollen, Beruf und Familie, und gleichzeitig in ihrem Alltag erleben, wie schwierig die Vereinbarung dieser beiden Lebensbereiche ist, ist aus ihrer Sicht der Kompromiss, den die Mutter gefunden hat, zwar vielleicht nicht die beste, aber eine erkennbare Lösung des Problems" (a.a.O.: 40). Dementsprechend distanzieren sie sich auch kaum vom Vorbild der Eltern und fühlen sich zukünftig als diejenigen, die für die Kinder zuständig sind.

Trotz der hohen Bedeutung der Frage nach der Vereinbarung von Beruf und Familie ist dies in den Familien kein Thema. „Dass Eltern Fragen der Lebensplanung überwiegend nicht für bedenkenswert halten, ist dabei nicht darauf zurückzuführen, dass sie nicht wollen, dass ihre Töchter in Antizipation ihrer späteren Mutterrolle Abstriche von der Berufsplanung machen. Vielmehr ist es eher so, dass... ein Großteil der Eltern (und Mädchen) selbstverständlich davon ausgeht, dass die Tochter die eigene Erwerbstätigkeit irgendwann für die Erziehung und Betreuung der Kinder zurückstellen wird. Und diese scheinbare Selbstverständlichkeit ist es wohl auch, die Fragen von der Vereinbarung von Familie und Beruf bei der Planung der beruflichen Karriere nicht diskussionswürdig erscheinen lassen" (a.a.O.: 41). Dass die in der Familie erlebten Widersprüche zwischen progressiven Einstellungen der Mädchen und gelebter Realität geschlechtsspezifischer Arbeitsteilung nicht thematisiert werden, erschwert für die Mädchen die Entwicklung anderer Lösungsmodelle.

Eltern behindern die Wahl frauenuntypischer Berufe

Starken Einfluss haben die Einstellungen der Eltern in Hinblick auf das mögliche Ergreifen frauenuntypischer Berufe.[100] Diesbezügliche Überlegungen bei den Mädchen werden von den Eltern größtenteils ignoriert oder nicht ernst genommen. Wichtig ist dabei, ob die Eltern selbst Frauen in untypischen Berufen kennen oder nicht. Die Mädchen sind davon überzeugt, dass ihre Geschlechtsgenossinnen, die einen Männerberuf wählen, ganz besonders viel Durchsetzungsvermögen, Selbstvertrauen und Mut benötigen. Sowohl die Mädchen wie ihre Eltern befürchten bei dem Ergreifen eines technischen Berufs aufgrund der Minderheitensituation der Mädchen mehrheitlich geschlechtsbezogene Diskriminierungen und Mobbing. Diese Antizipationen sind unabhängig von den grundsätzlichen Einstellungen zu den Geschlechterrollen und/oder zur Beschäftigung von Mädchen und sind „ein ernst zu nehmendes Hindernis für die Bereitschaft, untypische Berufswahlen in Betracht zu ziehen" (a.a.O.: 42).

Ungenügende Unterstützung durch die Eltern

Die mangelnde elterliche Unterstützung für Mädchen mit Hauptschul- oder mittlerem Bildungsabschluss, die Ausbildungswünsche jenseits geschlechtsspezifischer „Normalität" hatten, fanden auch Stauber/Walther (1995), wobei hier die Frage regionaler Mobilität eine zusätzliche Rolle spielte: „Mädchen werden, wenn sie auswärts eine Ausbildung machen wollen, häufig noch von den Eltern zurückgehalten. Auch die Frage, ob mit der Ausbildung der Tochter eine berufliche Perspektive in der Region verbunden ist, scheint für die Eltern und das soziale Umfeld immer noch von untergeordneter Bedeutung zu sein. Während die dem Sohn zugesprochene Rolle des künftigen Familienernährers eine solche längerfristig tragende berufliche Perspektive geradezu erfordert, wird die Berufsfindung der Töchter immer noch als eine Angelegenheit von nur vorübergehender Bedeutung behandelt... Für Mädchen werden also nach wie vor und unabhängig von ihrem Selbstbild traditionelle Rollenmuster parat gehalten... Mädchen machen die Erfahrung..., dass ihnen die Solidarität der Eltern erst dann wieder zuteil wird, wenn sie sich zum Rückzug von ihren Zielen angeschickt haben" (Stauber/Walther 1995: 97), wenn sie also wieder auf dem Boden der geschlechtsspezifischen und auch ländlichen Realität landen.

Zu einem nicht ganz so negativen Resümee kommt Küllchen in ihrer qualitativen Untersuchung mit ehemaligen Abiturientinnen: „Eltern verhalten sich unterstützend und verhindernd zugleich im Berufsfindungsprozess ihrer Töchter. Dabei lassen sich nur in wenigen Beispielen... negativ erlebte Verhinderungen bzw. Bedrängnisse der Eltern eindeutig belegen. Es fällt auf, dass in diesen und vergleichbaren Erwähnungen auch das bloße Abraten der

---

100 Für diese Einstellung finden sich in der qualitativ-quantitativ angelegten Längsschnittstudie von Friebel u.a. (1996) ebenfalls Indizien.

Eltern von einer selbst entworfenen Berufsperspektive bereits als massiver Einspruch oder gar als extreme Manipulation empfunden werden kann. Außerdem ist davon auszugehen, dass auch andere, nicht verbale oder zunächst nicht benennbare Verhaltensweisen und Einstellungen der Eltern als Ablehnung und Verhinderung der einmal entworfenen Berufswünsche und -perspektiven erlebt wurden, auch wenn diese selbst eine solche Reaktion gar nicht beabsichtigt hatten" (Küllchen 1997: 129f.).

Die in der Untersuchung von Küllchen nach Aussagen der Töchter von den Eltern formulierten Ansprüche – die Töchter sollten etwas „Hervorragendes" oder „Besonderes" werden – bedeuten nicht nur Unterstützung und Förderung, sondern produzieren auch Stress. In dem Aushandlungsprozess zwischen Eltern und Töchtern spielen sowohl das Motiv „das Kind soll es einmal besser haben" als auch Neid („ich hatte nie die Gelegenheit zum Studium") als auch Abhängigkeit (die Erlaubnis zum Abitur und zum Beginn eines Studiums einholen oder erstreiten müssen) eine Rolle. Küllchen vermutet, dass bei Studentinnen aus dem Arbeitermilieu in Einzelfällen die Missgunst der Eltern auf die vermehrten Bildungs- und Berufsmöglichkeiten ihrer Töchter dazu führen kann, unbewusst Verhinderungsstrategien zu entwickeln, damit die Töchter nicht viel weiter in der beruflichen Hierarchie kommen als sie; umgekehrt können hohe Erwartungen in Akademiker-Familien Widerstands- und Verweigerungsstrategien produzieren, die dazu führen, dass die Töchter „nur" betriebliche Ausbildungen absolvieren und nicht studieren wollen (Küllchen 1997: 133).

Passives Verhalten und mangelndes Wissen der Eltern

Hoose/Vorholt konnten feststellen, dass Mädchen die Unterstützung ihrer Eltern bei der Berufswahl durchaus wünschen, die Eltern sich jedoch in dem Bemühen, ihre Töchter nicht zu beeinflussen und deren Entscheidungsautonomie zu bewahren, eher passiv verhalten. Die Autorinnen ziehen daraus ein Resümee, das von großer Bedeutung für die Konzeption von Maßnahmen vor allem im Schulbereich und für Institutionen der Berufsberatung ist: „Einerseits nutzen Eltern also ihre Einflussmöglichkeiten im positiven Sinne nicht, andererseits ist ihnen nicht bewusst, dass und wie sie Einfluss nehmen. Die Ursache dafür ist fehlendes Wissen: Es mangelt ihnen an Wissen über die Prozesshaftigkeit und Komplexität der Berufswahl, und sie sind sich auch nicht darüber klar, welche Orientierungen ihre Töchter in erster Linie von ihnen erwarten und faktisch auch mitnehmen. Sie wissen auch nicht, dass ihre Botschaften widersprüchlich sind und wie stark ihre Wahrnehmung von der Kategorie „Geschlecht" beeinflusst wird. Sollten Mädchen bessere Chancen auf eine von traditionellen Vorgaben losgelöste Berufs- und Lebensplanung eröffnet werden, ist es dringend notwendig, Eltern über den Berufswahlprozess, die darin zum Tragen kommenden Einflussfaktoren und ihre Rolle in diesem Prozess in Kenntnis zu setzen" (Hoose/Vorholt 1997: 42f.).

Offensichtlich nur sehr wenige Eltern in der Untersuchung von Hoose/Vorholt hatten in Hinblick auf Fragen der Berufswahl Kontakt mit Schulen oder Einrichtungen der institutionalisierten Beratung (a.a.O.: 43f.). Die von ihnen dabei gemachten Erfahrungen schilderten sie als nur teils zufrieden stellend oder unbefriedigend. Ihre Kritik richtete sich nicht so sehr auf die Informationen selbst als vielmehr auf die Art ihrer Darbietung. Die Mehrheit der befragten Eltern wünschte sich einen stärkeren Einbezug in den Berufswahlprozess ihrer Töchter durch die beteiligten Institutionen, dabei die Berufsberatung an der Spitze, gefolgt von der Schule und Betrieben. Gewünscht wurden Elternabende, öffentliche Informationsveranstaltungen, Einzelgespräche und Hausbesuche. Eltern würden, da sie nur wenig Wissen über Berufe haben, auch an Betriebserkundungen teilnehmen, um sich ein Bild von anderen Berufen zu machen, selbst die Teilnahme an Projektwochenenden oder an einem Bildungsurlaub zum Thema Berufswahl würden sie in Erwägung ziehen.

Das von den Elten in dieser Untersuchung geäußerte Interesse ist allerdings einseitig: Sie wünschen sich mehr Informationen über Berufe, aber an ihrer eigenen Rolle im Berufsfindungsprozess sind sie kaum interessiert, und auch die Thematik Berufs- und Lebensplanung war noch nicht einmal der Hälfte der Befragten wichtig.

5.2 Berufsfindungsprozesse in der Schule

Die Recherche nach neueren Publikationen zu diesem thematischen Zusammenhang hat ein erstaunliches Ergebnis erbracht: Es liegen zwar zahlreiche Veröffentlichungen vor, darunter befinden sich jedoch nur wenige auf breiter Basis durchgeführte empirische Untersuchungen. Die vorliegenden Arbeiten stellen überwiegend auf Thesen beruhende allgemeine Einschätzungen und didaktische Überlegungen dar oder/und beziehen sich auf Erfahrungen in Modellmaßnahmen[101]; lediglich in einigen wenigen qualitativen Studien über junge Frauen in der Ausbildung bzw. im Studium finden sich retrospektive Aussagen über die Rolle der Schule im Berufsfindungsprozess von Mädchen (so z.B. bei Küllchen 1997, Lemmermöhle 1997, Rettke 1987). Eine der wenigen Ausnahmen stellt die 1992 in Schleswig-Holstein von Schimmel und Glumpler an Grundschulkindern durchgeführte Berufsorientierungsstudie dar (Schimmel/Glumpler 1992). Die Studie belegt die frühen geschlechtsspezifi-

---

101 Da es bislang keine über die Modellversuche hinausgehende Evaluation gibt, ist auch nicht bekannt, inwieweit die Ergebnisse der Modellversuche für andere Schulen repräsentativ sind bzw. inwieweit sie Eingang in die schulische Praxis gefunden haben (Lemmermöhle 2001).

schen Ausprägungen kindlicher Berufswahrnehmung und -orientierung und hatte zum Ziel, aus diesen Ergebnissen „Hinweise für die Reflexion von Grundschulpraxis im Sinne einer bewussten Erziehung zur Gleichberechtigung abzuleiten" (a.a.O.: 284).

Empirisches Wissen darüber, welche Themen in den Schulen überhaupt behandelt und wie diese Themen bei den Mädchen verarbeitet werden, fehlt somit weitgehend. Statistische Erhebungen können Auskunft geben über Schul- und Studienfächerwahl, über Schulabschlüsse usw., sie erklären diese Wahl und die Frage der damit verbundenen Berufs- und Lebensperspektiven jedoch nicht.

Diese Forschungslage ist in Anbetracht der berufsorientierenden Funktion von Schule und in Anbetracht dessen, dass neben den Eltern, d.h. vor allem den Müttern, für Mädchen die Schulnoten und sonstige Rückmeldungen der Schule eine große Rolle bei ihren Berufsfindungsprozessen spielen (Hoose/Vorholt 1997: 36), äußerst unbefriedigend.

Schulabschlüsse sind kein Garant mehr für einen Ausbildungs- und Arbeitsplatz

Schulabschlüsse, aber auch außerschulische Bildungstitel, haben in den modernen Gesellschaften in der Vergangenheit eine immer stärkere Bedeutung für den Einstieg in das Erwerbsleben gewonnen. Gleichzeitig aber bieten angesichts der Krise des Ausbildungssystems und des Arbeitsmarkts gute Noten und die Ansammlung kulturellen Kapitals in Form von Zertifikaten noch lange keine Garantie für einen Ausbildungs- und Arbeitsplatz. Dies gilt insbesondere für Mädchen, die gegenüber Jungen nicht nur die höheren und besseren Schulabschlüsse aufweisen können, sondern tendenziell auch mehr außerschulische „Titel" erwerben (Nissen 1998: 205). Daraus folgt, dass „das Bildungssystem längst nicht mehr halten (kann), was es aufgrund der ihm von der Gesellschaft zugeschriebenen Funktionen versprechen muss. Die Jugendlichen sind vielmehr gezwungen, die durch die Entkoppelung von Bildungs- und Beschäftigungssystem entstehenden Lücken durch ihr Handeln selbst zu füllen, ohne sich noch an verlässlichen gesellschaftlichen Ressourcen orientieren zu können" (Lemmermöhle 1998a: 64).

Trotzdem hat die Schule für die Berufs- und Lebensplanung immer noch eine zentrale Bedeutung. Sie muss allerdings über die kognitive Vermittlung curricularer Inhalte hinaus die Schülerinnen und Schüler auf die widersprüchlichen Anforderungen, Chancen und Risiken von Ausbildungsmarkt und Arbeitswelt vorbereiten, ihnen Hilfe zur Entwicklung auch neuer biographischer Entwürfe anbieten und gesellschaftliche Verhältnisse als historisch gewordene und damit auch veränderbare aufzeigen. Schule befindet sich in einer widersprüchlichen Situation: „Sie muss die SchülerInnen von der Notwendigkeit schulischer Leistungen und der Wichtigkeit einer Berufsausbildung überzeugen und sie zugleich auf die Brüchigkeit einer auf den Beruf ausgerichteten Lebensplanung hinweisen" (a.a.O.: 68). Die schwierige Aufgabe von Schule besteht folglich darin, gleichzeitig einerseits die Bedeutung von Erwerbsarbeit zur materiellen Existenzsicherung und zur Entwicklung sozialer Identität vermitteln zu müssen und andererseits auf die Unsicherheiten und Bedrohungen sowie unter Umständen vergeblichen Bemühungen um eine befriedigende Arbeit vorzubereiten.

Schulische berufsorientierende Bildung findet – je nach Bundesland unterschiedlich – vor allem in den Haupt-, Real- und Gesamtschulen als Teil der Arbeitslehre bzw. des Lernbereichs Arbeit, Wirtschaft, Technik oder der sozialwissenschaftlichen Fächer statt; in den Gymnasien spielt sie eher eine untergeordnete Rolle. Ein bundesweit etabliertes Unterrichtsfach „Arbeitslehre" gibt es bis heute nicht.[102]

Berufsorientierung als Teil der Arbeitslehre soll dazu befähigen, unter der Perspektive einer längerfristigen, individuellen Berufswegplanung und unter Berücksichtigung der Arbeitsmarktentwicklung eine erste Berufs- und Ausbildungsentscheidung zu treffen, dementsprechend gehören in diesen Bereich auch die Durchführung von Betriebspraktika und Betriebserkundungen in Zusammenarbeit mit den Betrieben sowie den Berufsberatungsstellen der Arbeitsverwaltung oder der Hochschulen.

Konkret sieht die Zusammenarbeit zwischen Schule und den Beratungsstellen der Arbeitsverwaltung so aus, dass die Beratungsfachkräfte der Arbeitsämter – üblicherweise in der vorletzten Schulklasse – Informationsveranstaltungen vor Schulklassen abhalten, in denen sie breit angelegte Informationen über Berufsbereiche und Berufsgruppen, deren Besonderheiten, Voraussetzungen, Anforderungen sowie deren erkennbare Entwicklungen vermitteln, und die Berufsinformationszentren (BIZ) der Arbeitsämter zur vertiefenden Eigeninformation schriftliche, audiovisuelle Materialien sowie Internet-Angebote über nahezu alle beruflichen Tätigkeiten in der Arbeitswelt bereithalten. Im Anschluss an die berufsorientierenden Unterrichtseinheiten seitens der Schule sowie seitens der Berufsberatung finden die Praktika bzw. die Betriebserkundungen in örtlichen Betrieben statt. „Als Ergebnis des Orientierungsprozesses sollen die jungen Menschen ein Berufsfeld ausfindig gemacht haben, das ihren Eignungen und Neigungen entspricht und in dem sie Berufe finden, die sie mit ihren persönlichen Voraussetzungen erreichen können. Der konkrete Ausbildungsberuf beziehungsweise das Studienfach soll dann in vertiefender Einzelberatung durch Fachkräfte der Berufsberatung herausgefiltert werden" (Jäger 1995: 35f.).

Im Vordergrund einer so verstandenen Berufsorientierung steht daher weniger eine persönlichkeitsorientierte und problembezogene Vorbereitung auf die Berufs- und Arbeitswelt, sondern, so Lemmermöhle im Anschluss an Ziehfuss, „die kurzsichtige Vorbereitung auf die Berufswahl, auch wenn die-

---

102 Zur historischen Entwicklung des Lernfelds „Arbeitslehre" und der Diskussion um seine inhaltliche Ausgestaltung vgl. Lemmermöhle 2001.

se längst keine Wahl mehr ist, sowie die Suche nach einem Ausbildungsplatz" (Lemmermöhle 1999a: 43).

Berufsorientierender Unterricht, Betriebserkundungen und Betriebspraktika auf der Sekundarstufe I gelten inhaltlich gleichermaßen für Mädchen und Jungen. In der Arbeitslehre, in Modellmaßnahmen sowie seitens der Berufsberatung wird dabei versucht, Mädchen verstärkt für solche Berufe zu gewinnen, in denen sie bislang unterrepräsentiert sind oder die bessere Zukunftsaussichten versprechen. Dass diese Versuche bislang so wenig erfolgreich waren, mag an der in Hinsicht auf die Berücksichtigung geschlechtsspezifischer Themen sehr einseitigen Ausrichtung der Arbeitslehre liegen: Sie versucht zum einen, Mädchen zum Ergreifen gewerblich-technischer Berufe zu motivieren, und thematisiert zum anderen die Doppelbelastung von Frauen durch Erwerbs- und Hausarbeit (Faulstich-Wieland 1996: 154). Theoretische Ansätze und Überlegungen aus der Frauen- und Geschlechterforschung, die den Blick auf Lebensentwürfe von Mädchen und jungen Frauen erweitern und Erklärungen für geschlechtsspezifisches Berufsorientierungs- und Berufswahlverhalten bieten könnten, haben bislang kaum Eingang in fachdidaktische Diskussionen und Konzepte gefunden. Für Lemmermöhle findet damit in der Arbeitslehre wie in anderen Fächern auch eine Reduktion des Geschlechterthemas auf das ‚Sonderthema Frau' statt. Das asymmetrische Geschlechterverhältnis, die geschlechtliche Arbeitsteilung und die damit verbundenen sozialen Ungleichheiten als grundlegende Ordnungsschemata in zweigeschlechtlich strukturierten Gesellschaften werden für sie damit eher verstellt denn aufgeklärt (Lemmermöhle 2001).

Vonseiten der Frauen- und Geschlechterforschung wird vor allem der auf Erwerbsarbeit reduzierte Arbeitsbegriff kritisiert, der der Arbeitslehre und der berufsorientierenden Bildung zugrunde liegt und der den zentralen Zusammenhang von generativer Versorgung, Erwerbsarbeit und sozialstaatlichen Regelungen ausblendet. Wenn Arbeitslehre den Anspruch hat, an den Erfahrungen der Lernenden anzusetzen, dann sollte sie berücksichtigen, „dass sich die subjektiven Sichtweisen und Ambivalenzen in der Lebensgestaltung junger Frauen mit einem allein auf Erwerbsarbeit ausgerichteten Arbeitsbegriff nicht erfassen lassen" (Lemmermöhle 1999a: 47). Erst durch die Frauen- und Geschlechterforschung ist die Geschlechterbezogenheit der Berufe und des Berufsbildungssystems herausgearbeitet worden, ein Tatbestand, ohne den sich die gegenwärtigen Berufsfindungs- und -einmündungsprozesse junger Frauen nicht erklären lassen und den die berufsorientierende Bildung zur Kenntnis nehmen muss (Lemmermöhle 2001). Ob und wieweit diese Kenntnisnahme außerhalb vereinzelter Modellversuche erfolgt ist, lässt sich wie gesagt nicht überprüfen. Wenn seitens der Berufsberatung festgestellt wird, dass die häufige Thematisierung der Arbeitswelt während der Schulzeit die Jugendlichen mangels Beurteilungskriterien in dem Glauben lasse, gut informiert zu sein, dass dies aber nicht der Fall sei (Kahsnitz 1996: 325), dann sind mangelnde Kenntnisse der Mädchen und jungen Frauen über sich verändernde Berufsbilder und Berufschancen nicht ihnen anzulasten – zumal sie durchaus mehr Orientierungshilfe wünschen (u.a. Glumpler 1992), sondern gehen offensichtlich auch auf die ungenügende Behandlung dieser Themen in der schulischen Berufsbildung zurück. Auf diese Weise beeinflusst Schule jenseits der ohnehin ablaufenden Selektionsprozesse die beruflichen Optionen und die berufliche Zukunft von Mädchen und jungen Frauen und beteiligt sich im Verbund mit Familie und anderen formellen und informellen Instanzen, die am Berufsfindungsprozess beteiligt sind, daran, das herrschende hierarchische Geschlechterverhältnis zu reproduzieren (Haubrich/Preiß 1996: 92).

Berufsfindungprozesse finden nicht nur in den dafür vorgesehenen Unterrichtseinheiten statt

Berufsfindungsprozesse in der Schule finden nicht nur im Rahmen der berufsorientierenden Bildung statt, sondern auch im allgemeinen Unterricht. Sowohl die Gestaltung des Unterrichts als auch das Interaktions- und Kommunikationsverhalten der Lehrkräfte wie auch die Fächer- und Leistungskurswahl seitens der Mädchen beeinflussen diese Prozesse.

Der Zusammenhang zwischen Fächerwahl und Berufsorientierung zeigt sich insbesondere bezüglich der mathematisch-naturwissenschaftlichen Fächer: „Während der 7.-9. Jahrgangsstufe, dem Mittelstufenunterricht, schälen sich zu den adoleszenzbedingten Autonomieentwicklungen erste schulische Interessenschwerpunkte heraus, die längerfristig in berufsbiographische Orientierungen einmünden können. Ungünstig für die Schülerinnen ist dabei, dass gerade die naturwissenschaftlichen Fächer erst in dieser Schulstufe einsetzen – zu einem Zeitpunkt also, an dem entwicklungspsychologische Untersuchungen die Herausbildung geschlechtsbezogener Interessen- und Verhaltensentwicklungen bereits als abgeschlossen betrachten" (Küllchen 1997: 337).

Da sich berufliche Vorstellungen bereits in der Kindheit zu entwickeln beginnen, erreicht schulische Berufsorientierung und -bildung Mädchen unter Umständen erst zu einem Zeitpunkt, an dem viele Mädchen schon die Vorstellung entwickelt haben, „dass sie als Mädchen nicht für Technisches, Mathematisches und Naturwissenschaftliches geeignet sind, dass für sie eher Schreibtischberufe mit kaufmännischen Inhalten, helfende, heilende, lehrende, pflegende und soziale Berufe infrage kommen. Berufsorientierende Maßnahmen erreichen Mädchen daher nur noch selektiv, nämlich in den Bereichen, in denen sie sich für geeignet halten" (Jäger 1995: 36).

Hinzu kommt, dass Mädchen ihre schulischen Leistungen trotz eigener hoher Leistungsanforderung – im Unterschied zur Selbsteinschätzung der Jungen – gering einschätzen und sich ihre Leistungserfolge nicht in verstärktes Selbstvertrauen umsetzen. Dieser Selbstvertrauens-Abstand vergrößert sich noch mit wachsendem Alter (Brake 1996, Horstkemper 1991).

Schule muss das Selbstbewusstsein und die Handlungskompetenzen der
Mädchen stärken

Angesichts des geschlechtersegregierten Ausbildungssystems, traditioneller
normativer Bilder über die Geschlechtsrollen und die so genannte „weibliche
Normalbiographie" sowie unsicherer Zukunftsperspektiven brauchen Mädchen mehr noch als Jungen Unterstützung ihres Selbstbewusstseins, ihrer
Handlungskompetenzen und ihrer Möglichkeiten, ihre eigenen Bedürfnisse
und Interessen in ihre Berufs- und Lebensplanung einzubringen.

Einer der jüngsten und umfangreichreichsten Modellversuche zur Förderung von Selbstfindungsprozessen und Berufsfindungsprozessen in der
Schule (Nyssen 1996) hat gezeigt, dass und auf welche Weise Schule zur
Stärkung des Selbstbewusstseins von Mädchen beitragen kann. Er hat auch
belegt, dass Schule im Hinblick auf Technikdistanz, „wenn sie bewusst und
gezielt in Wahlprozesse eingreift, in der Lage (ist), bisher geschlechtsabhängige Wahlen zu durchbrechen und das Wahlverhalten zu verändern" (a.a.O.:
231). Dennoch als ambivalent werden die Ergebnisse bezüglich der schulischen Berufsorientierung eingeschätzt: Das Berufswahlspektrum konnte zwar
für Schülerinnen der gymnasialen Oberstufe der beteiligten Gesamtschulen
erweitert werden, nicht aber für Mädchen, die die Schule nach der 10. Klasse
verließen. Erstere jedoch hatten gelernt, ihre Berufswahl argumentativ zu begründen und selbstbewusst zu vertreten (a.a.O.: 232). Insofern zeigten sich
zwar einerseits die Grenzen der schulischen Berufsorientierung und das Ein-
gebundensein von Schule in gesamtgesellschaftliche Zusammenhänge wie
die geschlechtsabhängige Arbeitsteilung und das kulturelle System der Zweigeschlechtlichkeit; andererseits aber wird das eigentliche Ziel des Modellversuchs, die Mädchen in ihrem Selbstfindungsprozess zu unterstützen, als erreicht angesehen. Der Modellversuch habe gezeigt, so das Resümee von Nyssen, „dass Schule viel mehr erreichen kann, als oftmals von denen gesagt
wird, die schulemechanistisch auf ihre gesellschaftlichen Funktionen der
Qualifizierung, der Selektion und der Integration reduzieren und ihr jegliche
Autonomie und gesellschaftsverändernde Wirkung absprechen" (ebd.).

Es gibt genügend Handlungsanleitungen und Empfehlungen an die Schule,
sie müssten nur umgesetzt werden

In Anbetracht der Bedeutung von Bildungsprozessen für weibliche Emanzi-
pationsbewegungen hat sich die Frauen- und Geschlechterforschung bereits
seit Beginn der 80er Jahre mit Fragen geschlechtsspezifischer Bildungsprozesse, der schulischen Berufsorientierung und -bildung von Mädchen sowie
der Verschränkung von Berufs- und Lebensplanung befasst. In den Arbeiten
von Faulstich-Wieland, Horstkemper, Lemmermöhle, Metz-Göckel, Nyssen
und Rabe-Kleberg (die hier nur stellvertretend für zahlreiche andere Autorinnen genannt sein sollen) finden sich umfangreiche Handlungsanregungen und

Empfehlungen an die Schule. Dass sich diese Anregungen im Laufe der letzten zwei Jahrzehnte in den vielen Büchern und Aufsätzen zu diesem Themenbereich immer wieder finden, ist nicht der Einfallslosigkeit der Autorinnen anzulasten, sondern der Tatsache, dass von diesen Anregungen bislang offensichtlich kaum etwas umgesetzt wurde. Die erneut angelaufenen Modellversuche im Schul- und Hochschulbereich scheinen dies zu belegen. Sie sollten wissenschaftlich begleitet und in ihrer Wirkung überprüft werden. Unabhängig davon sollten Berufsfindungsprozesse in Regelschulen unter geschlechterbezogener Perspektive erforscht werden.

5.3 Berufsberatung

Ziel der Berufsberatung ist, Jugendliche zu einer rationalen und selbst verantworteten Berufswahlentscheidung zu befähigen und sie in die Lage zu versetzen, ihr grundgesetzlich verankertes Recht auf freie Wahl des Berufs und des Arbeitsplatzes wahrzunehmen.

Die Angebote des Arbeitsamtes als wichtigster berufsberatender Institution angesichts sich verändernder, komplexer und unübersichtlicher werdender Berufsbilder bestehen aus Einzel- und Gruppenberatungen, Gruppeninformationsveranstaltungen und Gruppenberatungen in den Schulen, psychologischen Begabungs- und Eignungstests, Seminaren zur Berufsorientierung und -findung, schriftlichem und audiovisuellem Informationsmaterial (u.a. Blätter zur Berufskunde, Bücher und Magazine zur Berufswahl, Internet-Angebote), Vermittlung von Betriebspraktika und Besuchen in Universitäten. Diese Angebote stellen bezüglich der Information über Inhalte, fachliche Anforderungen sowie strukturelle und regionale Rahmenbedingungen ein unverzichtbares Element im Übergang Schule-Beruf dar. Vor allem die Informationsmaterialien und der Besuch der Berufsinformationszentren (BIZ) werden als informativer Einstieg in den Berufsfindungsprozess betrachtet: „Nicht nur das Kennenlernen der unterschiedlichen Berufsfelder steht dabei im Mittelpunkt, sondern erste Informationen über Ausbildungsmodalitäten sowie die Entwicklung von Fragen nach Aufstiegs-, Verdienst- und Einstellungschancen werden hierüber in Gang gebracht. Neben der Vermittlung von Adressen zur Ausbildungsplatzbewerbung schließen sich dabei nicht selten auch erste einzelne Beratungsgespräche unmittelbar an" (Küllchen 1997: 198).

Nach Einschätzung der Jugendlichen selbst rangiert die Berufsberatung als Ratgeber an dritter Stelle hinter den Eltern und dem Betriebspraktikum. Von den oben aufgeführten Angeboten betrachten die SchülerInnen die Klassenveranstaltungen der Berufsberatung als am wenigsten hilfreich. Für Mädchen sind die offenbar besonders effektiven Berufsmagazine vor allem dann wichtig, wenn einzelne Frauen in der jeweiligen Berufstätigkeit vorgestellt werden.

Weibliche Ratsuchende sind überrepräsentiert

Der erste Kontakt mit Berufsberatung als Institution findet meistens im Alter zwischen 14 und 16 Jahren statt. Obwohl die Berufsberatung in erster Linie den Kernbereich des beruflichen Bildungswesens, die betriebliche Ausbildung im Rahmen des dualen Systems, im Blick hat und Frauen hier weniger als Männer vertreten sind, sind die weiblichen Ratsuchenden überrepräsentiert. „Unterstellt man weiter..., dass für einige typische weibliche Berufsbilder, für die vollzeitschulisch ausgebildet wird, die Berufsberatung des Arbeitsamtes eher seltener in Anspruch genommen wird, so kann man den hohen Frauenanteil unter den Ratsuchenden nur dadurch erklären, dass sie die ihnen gebotenen Beratungsangebote besser nutzen" (Lappe u.a. 1997: 104). Weibliche Ratsuchende gehören am häufigsten der Altersgruppe der 17- bis 19-jährigen an und gehen häufiger noch zur Schule als die männlichen. Die größte Gruppe unter den weiblichen Jugendlichen stellen die Gymnasiastinnen, die auch im Vergleich zu Gymnasiasten stärker vertreten sind und auch häufiger die Abiturientenberatung aufsuchen.

Mädchen nutzen die Beratung anders als Jungen

Deutliche Unterschiede in der Nutzung der Beratungsangebote zeigen sich nicht nur hinsichtlich Status, Bildung und Alter, sondern auch im praktischen Umgang mit den Angeboten: „Weibliche Ratsuchende sind häufiger bereits Mehrfachnutzer, insbesondere waren sie vor dem Beratungsgespräch schon häufiger Besucherinnen des Berufsinformationszentrums. Sie haben sich nach ihren eigenen Angaben, und auch im Urteil der Berater bestätigt, besser auf das Beratungsgespräch vorbereitet. Wenn sie sich zu dem Gespräch angemeldet haben, drängten sie auch häufiger auf einen schnellen Termin. Sie kamen etwas öfter in Begleitung, aber meist mit Freunden und seltener als die männlichen Ratsuchenden mit den Eltern. Und sie sagen häufiger, dass jetzt eine Entscheidung konkret ansteht und seltener, dass sie sich nur allgemein informieren lassen wollten. Obwohl sie häufiger nur ungefähre Berufswünsche angaben, wird ihnen öfter als den männlichen Ratsuchenden von dem Berater bescheinigt, dass sie mit einem konkreten Anliegen in die Beratung kamen" (a.a.O.: 105).

Aus der Sicht des Beratungspersonals gehen Mädchen also generell verantwortungsbewusster mit der Berufswahl um als Jungen; sie haben bereits gezieltere Vorstellungen und entwickeln eine stärkere Eigeninitiative. Ihren gegenüber männlichen Jugendlichen höheren Informations- und Beratungsbedarf erklären Kleffner u.a. (1996) zum einen mit den objektiv besseren Ausbildungschancen der männlichen Jugendlichen, zum anderen mit dem unterschiedlichen Kommunikations- und Informationsverhalten der Geschlechter.

Beratung ist Entscheidungshilfe, aber auch desillusionierend

90 Prozent der weiblichen Ratsuchenden (gegenüber 85 Prozent der männlichen) gaben in der o. g. Befragung an, nach der Beratung zu wissen, welche Ausbildung sie machen wollen, erwartungsgemäß handelte es sich dabei häufiger um eine vollzeitschulische Ausbildung (ebd.). Für viele Jugendliche bedeutet der Gang zum Arbeitsamt aber „auch die bittere Erfahrung der Konfrontation mit ihren eigenen Defiziten und die Erkenntnis, dass ihre persönlichen Erwartungen hinsichtlich der Realisierungsmöglichkeiten bestimmter Berufsvorstellungen kaum erfüllbar erscheinen" (Lappe 1996: 322). Letzteres könnte in Anbetracht der geschlechtsspezifischen Strukturen des Ausbildungs- und Arbeitsmarkts in Zusammenhang mit dem empirischen Befund Klevenows gebracht werden, dass die von Mädchen geäußerten Berufswünsche und die vorgeschlagenen Berufe nur in 20 Prozent übereinstimmten, bei Jungen dagegen waren es knapp 40 Prozent (Klevenow 1996: 105).

Vereinbarkeit von Familie und Beruf ist kein Thema der Beratung

Erstaunlich ist, dass unter den Themenschwerpunkten in den Beratungsgesprächen auch bei jungen Frauen das Thema „Vereinbarkeit von Beruf/Familie" kaum von Bedeutung ist (Kleffner/Schober 1998: 16). In Anbetracht des Stellenwerts, den diese Frage für den Berufsfindungsprozess eines Teils der Mädchen hat, wäre zu untersuchen, ob dieses Thema vonseiten der Beratung überhaupt angesprochen wird, d.h. Lebensplanung jenseits konkreter Berufstätigkeit für die Arbeitsämter überhaupt ein Thema ist, ob die Mädchen dieses Thema für zu persönlich halten oder ob dieses Problem für sie als selbstverständlich zu lösendes und nicht beratungswürdiges erscheint. In diesem Kontext ist auch erwähnenswert, dass die BerufsberaterInnen nur in 10 Prozent der Beratungsfälle auf ungünstige Zukunftsaussichten hingewiesen haben und „Problemlagen von besonderen Personengruppen (geringe Chancen für Ausländer oder Frauen) ...in den Gesprächen fast keine Rolle spielten" (a.a.O.: 17). Aus der schlussfolgernden Aussage „Die Probleme des Ausbildungsmarkts treffen mit Ausnahme der Abiturienten für alle Befragten gleichermaßen zu" (ebd.) geht nicht hervor, ob es sich dabei um die Meinung der Autorinnen oder die der befragten BeraterInnen handelt; sie zeigt auf alle Fälle die Notwendigkeit einer durchgängig geschlechterbewussten Aufbereitung von Forschungsergebnissen auch aufseiten der Arbeitsverwaltung.

6 Theoretische Ansätze zur Erklärung geschlechtsspezifischer Berufsfindungsprozesse

Um Veränderungsprozesse in Gang zu setzen, sind gesicherte Erkenntnisse über soziale Wirklichkeit notwendig; anderenfalls besteht die Gefahr, dass Programme und Maßnahmen ins Leere laufen bzw. ineffektiv bleiben, weil sie die Interessenlagen und Bedürfnisse der betroffenen Menschen verfehlen.

Zur Beschreibung der Situation von Mädchen und jungen Frauen in Ausbildung und Erwerbstätigkeit liegen relativ viele, zur Situation von Mädchen und jungen Frauen im Berufsfindungsprozess, also vor der Berufswahlentscheidung, liegen nur sehr wenige empirische Daten vor. Diese Daten erklären auch nicht die Beharrungstendenzen in der geschlechtsspezifischen Berufswahl. Um diese erklären zu können, ist Forschung auf der Basis theoriegeleiteter Hypothesen notwendig. Im Folgenden werden theoretische Ansätze vorgestellt, die zur Erklärung geschlechtsspezifischer Berufsfindungsprozesse und geschlechtsspezifischen Berufswahlverhaltens herangezogen werden.

Berufswahl als Entwicklungsaufgabe in der Adoleszenz

Berufs- und damit biographierelevante Entscheidungen müssen in einer Lebensphase getroffen werden, in der die Jugendlichen zahlreiche physische, psychische und soziale Entwicklungsaufgaben – u.a. Entwicklung eines Selbst-konzepts und einer Geschlechtsidentität, Entwicklung eigener sozialer Beziehungen/Partnerschaft, Ausbildung von Weltanschauungen, Entwurf eigener Lebensformen – zu bewältigen haben, unter denen die „Wahl" eines Berufes – wenngleich ein zentraler und Weichen der Lebensplanung stellender Aspekt – nur eine von vielen ist.[103]

Vor allem die an strukturellen Bedingungen des Arbeitsmarkts ansetzenden Erklärungen für geschlechtsspezifische Berufsfindungsprozesse lassen

---

103 Die Diskussion, inwieweit das Erwerbssystem noch immer als Fundament für gesellschaftliche Teilhabe, materiellen Wohlstand, die Verwirklichung privater Lebenspläne und Interessen sowie für eine sinnstiftende Lebensperspektive und soziale Anerkennung gesehen werden kann (vgl. Preiß 1996: 12), kann an dieser Stelle nicht geführt werden. Vgl. dazu z.B. Lemmermöhle 1999.

die Tatsache unberücksichtigt, dass diese Prozesse in der Adoleszenzphase ablaufen, d.h. in einer biographischen Phase, in der die Auseinandersetzung mit der Geschlechtsrollenidentität sowohl eine zentrale Entwicklungsaufgabe als auch eine tägliche Anforderung darstellt. Im Anschluss an Flaake/King stellen Kühnlein/Paul-Kohlhoff fest: „Es ist daher davon auszugehen, dass sich die jungen Mädchen in dieser Phase der Konfrontation mit den gesellschaftlichen Stereotypen von Geschlechterrollen und der geschlechtsspezifischen Arbeitsteilung nicht entziehen können. Besonders schwierig wird diese Auseinandersetzung noch insofern, weil zeitgleich von ihnen gefordert wird, eine eigene Geschlechtsidentität zu entwickeln, und dieses Selbstkonzept mit der Lebensplanung, zu der eben auch die berufliche Orientierung gehört, in Übereinstimmung zu bringen" (Kühnlein/Paul-Kohlhoff 1996: 119).

Bei der Entscheidung für einen Beruf oder eine fachliche Ausrichtung sind die eigenen Interessen, Fähigkeiten und Chancen herauszufinden und einzuschätzen und diese Einschätzungen mit den Anforderungen und Bedingungen des Ausbildungs- und Arbeitsmarkts in Übereinstimmung zu bringen. Der eigentlichen Berufswahl gehen somit lange Prozesse der Berufsorientierung und -findung voraus, in denen viele Faktoren zusammenwirken: Soziale, kulturelle, ökonomische oder politische Strukturen (wie z.B. das gesetzlich verankerte Recht auf eine freie Berufswahl), soziale Organisationen und Institutionen (z.B. Schulen, Betriebe, Arbeitsämter, aber auch die Zentrale Vergabestelle für Studienplätze ZVS), soziale Netzwerke (z.B. Eltern, Freundeskreis) und schließlich subjektive Handlungsfähigkeit und individuelle Handlungsgründe.

Zur Erklärung der noch immer geschlechtsspezifisch ablaufenden Berufsfindungsprozesse liegen unterschiedliche theoretische Ansätze vor. Sie lassen sich zunächst dadurch unterscheiden, ob sie die gesellschaftsstrukturellen Bedingungen wie die Strukturen des Ausbildungs- und Arbeitsmarkts in den Vordergrund stellen oder die subjektiven Potenziale, Verhaltensweisen und Handlungsgründe. Während Erstere überwiegend industriesoziologischer Herkunft sind, werden Letztere meist zu den so genannten sozialisationsorientierten Ansätzen gezählt (so z.B. Küllchen 1997).

Diese Unterscheidung ist, wie noch gezeigt wird, terminologisch nicht unproblematisch, da neuere Ansätze der (geschlechtsspezifischen) Sozialisationsforschung Sozialisation immer schon als Wechselwirkungsprozess zwischen Individuum und Umwelt, d.h. als Zusammenwirken von Prozessen biographischer Entwicklung und Prozessen gesellschaftlichen Strukturwandels begreifen (Nissen 1998).

„Geschlecht" als soziale Konstruktion und Platzanweiser

In neueren theoretischen Ansätzen der Frauen- und Geschlechterforschung wird davon ausgegangen, dass „Geschlecht" eine soziale Konstruktion ist, d.h. etwas, was in dem zumindest in allen westlichen Gesellschaften vorherrschenden kulturellen System der Zweigeschlechtlichkeit in jeweils spezifischen, historisch konkreten Situationen und Kontexten erst hergestellt werden muss und nicht etwas, was man im Sinne einer Eigenschaft einfach „hat" oder was einem zugewiesen wird. Gleichzeitig stellt „Geschlecht" eine Kategorie sozialer Strukturierung im Sinne sozialer Ungleichheit dar: Mit der Kategorie „Geschlecht" ist immer eine gesellschaftliche Ordnungs- bzw. Hierarchisierungsfunktion, konkret: die Zuweisung jeweils unterschiedlicher Arbeitsbereiche, Lebensentwürfe und gesellschaftlicher Position an Frauen und Männer angesprochen. Dieser Zuweisungsprozess hatte die Herausbildung einer geschlechtshierarchischen Arbeitsteilung zwischen Erwerbs- und Familienarbeit zum Ergebnis, wobei die damit verbundene gesellschaftliche Höherbewertung der Erwerbsarbeit insbesondere aus der Perspektive von Frauen zu einem Problem geworden ist" (Küllchen 1997: 51).

Um eine Zuordnung zu erleichtern, soll in der Darstellung die Trennung zwischen struktur- und subjektorientierten Ansätzen beibehalten werden, wenngleich wir den Zusammenhang von subjektiven Wegen und strukturellen Bedingungen im Hinblick auf die Situation junger Frauen auf dem Arbeitsmarkt und ihrer Berufswahl betonen möchten.

6.1 Strukturorientierte Ansätze

Strukturorientierte Ansätze, die die geschlechtsspezifische Berufswahl erklären sollen, fokussieren vor allem auf die Bedingungen des Arbeitsmarkts, der lenkend auf die Entscheidungen der jungen Frauen und Männer einwirkt oder knüpfen an funktionale Erklärungen gesellschaftlicher Arbeitsteilung oder Machtdifferenzen an, die sich aus dieser Arbeitsteilung ergeben. Die Perspektive, junge Frauen und Männer als Akteurinnen bzw. Akteure im Prozess der Einmündung in das Berufsleben zu sehen, die Erfahrungen mit dem Ausbildungs- und Arbeitsmarkt machen und sich mit den Anforderungen der Ausbildung auseinander setzen, bleibt dabei unberücksichtigt.

Diese theoretischen Modelle beziehen sich nicht nur auf die Erklärungen vertikaler Unterschiede[104], sie stellen auch den Versuch dar, die dauerhaften horizontalen Differenzierungen des (Ausbildungs- und) Arbeitsmarktes zu erklären. Aus ihrer Sicht ist die geschlechtsspezifische Segregation auf dem Arbeitsmarkt nicht Ausdruck einer außerberuflich motivierten individuellen Wahl, sondern Folge von Zwängen und Widerständen, denen sich Frauen stellen müssen. Dahinter steht die Annahme, dass Probleme, mit denen Frauen und Männer in gegengeschlechtlichen Berufen konfrontiert sind, nicht nur die relativ hohe Ausstiegsrate miterklären,[105] sondern auch einen Hinweis

---

104 Wie Stellung im Beruf, Prestige, Einkommen.
105 Es lassen sich zwei Dimensionen geschlechtsspezifischer Segregation unterscheiden: Die horizontale Segregation beschreibt die Unterscheidung in Männer- und Frauenbe-

darauf geben, weshalb gegengeschlechtliche Berufe so selten gewählt werden (Heintz u.a. 1997).[106]

Die Zugänge ins gegengeschlechtliche Beschäftigungssystem weisen bisweilen auf massive Abschottungsmechanismen und Schließungsprozesse seitens des Arbeitsmarkts hin.[107] Für Frauen ist es weitaus schwerer, so Tischer/Doering (1998), in „Männerberufen" ausgebildet und beschäftigt zu werden als umgekehrt für Männer in „Frauenberufen". Dies liegt nicht zuletzt daran, dass männliche Bewerber in „Männerberufen" von den Betrieben deutlich häufiger bevorzugt werden – insbesondere wenn die Ausbildungssituation eine Wahl der Betriebe zulässt.[108] So formuliert auch Chaberny (1992), dass „die Einmündung in eine betriebliche Ausbildung immer das Ergebnis von Angebot und Nachfrage ist" (1992: 107). Folglich heißt das nichts anderes, als dass die Chancen von jungen Frauen noch stärkeren konjunkturellen Schwankungen unterliegen als die der jungen Männer. Doch unabhängig davon, wie die unterschiedlichen Berufsentscheidungen von Mädchen und Jungen und die daraus folgende horizontale Segregation erklärt werden –, indem die berufliche Segregation die Differenz zwischen Männern und Frauen, „Männerberufen" und „Frauenberufen" offensichtlich macht, trägt sie zu ihrer Reproduktion bei. Frauen wählen nicht Frauenberufe, weil sie ihnen besser entsprechen. Frauenberufe werden zu Frauenberufen, weil Frauen sie einnehmen. Segregation bringt Differenz erst hervor, sie dient damit der Legitimation bestehender Ungleichheit.

Statistische Diskriminierung als Vorzeichen der Berufswahl

Offe und Hinrichs (1984) formulieren die Abhängigkeit zwischen dem Erfolg auf dem Arbeitsmarkt und askriptiven (zugeschriebenen) Merkmalen wie Geschlecht. Durch institutionell verankerte Mechanismen verschlechtert sich die Chance für die Betroffenen, ihr gleichwertiges Angebot zu vermarkten; konkret: trotz gleicher oder besserer schulischer Leistungen stellt sich die Situa-

---

rufe bzw. Männer- und Frauentätigkeiten, mit vertikaler Segregation wird die unterschiedliche hierarchische Positionierung von Männern und Frauen bezeichnet. Die analytische Trennung beider Dimensionen weist auf ein zentrales Problem hin: Horizontale Segregation und vertikale Segregation gehen Hand in Hand: Mit der Unterscheidung von männer- und frauentypischen Berufen und Tätigkeiten zeigt sich eine Hierarchisierung dieser Berufsbereiche.

106 Nach wie vor ist der Frauenanteil an den Auszubildenden in „Männerberufen" gering.

107 Schließungsprozesse finden sich auch innerhalb der Berufe selbst (z.B. Böge 1995; Cyba 1995; Deters 1995; Wetterer 1992, 1995).

108 Rauch/Schober (1996) zeigen anhand einer Expertenbefragung des Instituts für Arbeitsmarkt- und Berufsforschung (IAB) 1993, dass rund die Hälfte der befragten betrieblichen ExpertInnen keine geschlechtsspezifische Präferenz bei der Einstellung haben. Allerdings lässt sich diese Einschätzung (die nach Rauch/Schober auch Ausdruck sozialer Erwünschtheit sein kann) spezifizieren: In „Männerberufen" würden mehr als 2/3 männliche Bewerber bevorzugt (1996: 26f.).

tion für Mädchen, eine Ausbildungsstelle zu erhalten, schlechter dar als für Jungen dar.[109] Statistische Diskriminierung (vgl. Baron/Bielby 1986) heißt, dass die einzelne Person nicht aufgrund ihrer individuellen Merkmale und Fähigkeiten beurteilt wird, sondern aufgrund eines (vermuteten) Gruppenverhaltens. Frauen werden als Gruppe von den Arbeitgebern diskriminiert; ihnen wird unterstellt, dass sie potenzielle Mütter sind, als solche weniger leistungsbereit und leistungsfähig, nicht dauerhaft einsetzbar, höhere Ausfallzeiten und geringere Produktivität aufweisend. Eine Differenzierung zwischen den Frauen wird nicht vorgenommen, allein die Zugehörigkeit zur Genusgruppe Frau[110] gilt als Grundlage der Beurteilung. Die Vorstellungen über eine Person, die mit ihrer Gruppenzugehörigkeit einhergehen, werden grundsätzlich wirksam, unabhängig von ihren individuellen Lebensentwürfen.[111]

Übertragen lässt sich der Ansatz der Statistischen Diskriminierung bereits auf die Optionen der Mädchen in der Berufswahl. Durch die bloße Tatsache, Mädchen zu sein, werden ihnen – genauso wie den Jungen – bestimmte Eigenschaften zugeschrieben und andere negiert; unabhängig von individuellen Fähigkeiten. Junge Frauen werden damit qua Zugehörigkeit zur Geschlechtsgruppe „Frau" auf bestimmte geeignete Berufe und Tätigkeitsbereiche[112] verwiesen, andere bleiben ihnen verschlossen, weil sie als Frauen physisch unterlegen sind, weil sie als Frauen nicht dauerhaft im Berufsleben verbleiben und die Ausbildungsinvestitionen so verloren sind usw. Die statistische Diskriminierung setzt sich auch nach dem Berufszugang fort. Durch die grundsätzliche Zuschreibung der Mutterrolle erhalten Frauen auch innerhalb des Betriebs andere, in der Regel weniger anspruchsvolle Aufgaben als die jungen Männer, von denen angenommen wird, dauerhaft im Betrieb zu verbleiben.[113]

---

109 Natürlich ist hinsichtlich dieser Aussage zu differenzieren. Betrachtet man jedoch empirische Ergebnisse wie beispielsweise die Untersuchungen von Rauch/Schober (1996), zeigt sich, dass die Betriebe durchaus geschlechtsspezifische Präferenzen an die BewerberInnen für Ausbildungsberufe und Fachkräfte haben (siehe vorhergehende Fußnote).

110 Dies kann z.B. auch die ethnische Zugehörigkeit, das Alter oder die Konfession sein.

111 Osterloh/Oberholzer (1994) unterscheiden in ihrer Darstellung zwei Folgen statistischer Diskriminierung: Im Fall der Lohndiskriminierung erhalten Frauen für gleich produktive Arbeit einen geringeren Lohn als Männer, im Fall der Beschäftigungsdiskriminierung werden Frauen für bestimmte Berufe überhaupt nicht eingestellt.

112 Berufe also, die weniger körperliche Fähigkeiten benötigen, scheinbar geringere technische oder mathematische Kompetenzen erfordern usw.

113 Heintz u.a. (1997) beschreibt anschaulich am Beispiel des scheinbar neutralen Tätigkeitsbereichs „Sachbearbeitung", dass Männer nach der Ausbildung qualifizierte Sachbearbeitertätigkeiten erhalten, Frauen dagegen eher im Sekretariat eingesetzt werden, das keine Aufstiegswege eröffnet.

Vielfach diskutiert und kritisiert wurde der Ansatz des „weiblichen Arbeitsvermögens", der inzwischen als überholt gelten kann.[114] Nachdem jedoch immer noch auf diesen Ansatz zurückgegegriffen wird, um die geschlechtsspezifische Berufswahl zu erklären, soll dieser Ansatz hier kurz dargestellt werden.

Das weibliche Arbeitsvermögen entsteht in dieser Perspektive im Zusammenhang mit der geschlechterbezogenen Arbeitsteilung der Gesellschaft und wird über die Sozialisation vermittelt. Es beinhaltet eine Anzahl spezialisierter Fähigkeiten, die für die Reproduktionsarbeit nötig sind: Empathie, Geduld, Erfahrungswissen, Ausdauer und divergentes Denken (Ostner 1978: 148). Das weibliche Arbeitsvermögen ist stark kontextgebunden, d.h. es setzt persönliches Engagement und Interesse am konkreten Arbeitsgegenstand voraus und steht in Differenz zum männlichen Arbeitsvermögen. Mädchen und jungen Frauen wird ein anderer Zugang zur Berufsarbeit unterstellt. Je größer die Nähe des gewählten Berufes zu typischen Situationen privater Alltagsarbeit ist, desto besser scheinen Frauen diese Tätigkeiten bewältigen zu können.

Nach diesem Ansatz ergreifen Mädchen Frauenberufe, weil diese „am ehesten ihren subjektiven Dispositionen, ihren – allerdings nicht angeborenen, sondern durch Sozialisation vermittelten – weiblichen Orientierungen und Interessen entsprechen" (Beck-Gernsheim 1976: 77f.). Die Einmündung in Frauenberufe wird als Ergebnis subjektiver Wünsche der Mädchen und jungen Frauen gedeutet, Mädchen und junge „Frauen wählen Berufe, die im Arbeitsgegenstand – allerdings meist nur oberflächlich dem Namen nach – und in den vermuteten Qualifikationen an Hausarbeit erinnern" (Ostner 1978: 200). Ein weiterer Aspekt ist, dass die Wahl eines Frauenberufs den Mädchen und jungen Frauen helfen kann, Rollenkonflikte zu vermeiden. Die Teilhabe am öffentlichen Leben wird vermittelt durch den Beruf, die Identifikation als Frau durch die Nähe dieser Berufsarbeit zur Haus- und Familienarbeit (a.a.O.: 211).

Berufswahl im geschlechtsspezifisch segmentierten Ausbildungs- und Arbeitsmarkt

Seit den 70er Jahren werden die Ungleichheiten auf dem Arbeitsmarkt mit dem Begriff der Segmentation erfasst (Sengenberger 1978). Dahinter steht die zentrale Annahme, dass sich der Arbeitsmarkt in Teilarbeitsmärkte bzw. einzelne, voneinander getrennte Segmente gliedern lässt, die sich gegenein-

---

114 Das Konzept des weiblichen Arbeitsvermögens wurde maßgeblich von Beck-Gernsheim und Ostner entwickelt und zunehmend kritisch betrachtet (z.B. Knapp 1988). Innerhalb der neueren Forschung ist das Konzept des weibliche Arbeitsvermögens nicht mehr von Relevanz.

ander abschotten. Zugangsbeschränkungen führen zu einem primären und sekundären Arbeitsmarkt. Diese Segmente bilden sich entlang des Geschlechts[115] und folgen ihren eigenen Logiken. Sie haben spezifische Strukturen, die einen Austausch von Arbeitskräften nicht oder nur sehr bedingt möglich machen.[116]

Der Ansatz der „geschlechtsspezifischen Arbeitsmarktsegmentation" (Lappe 1981) geht davon aus, dass die Konzentration von Frauen auf ein ganz geringes Spektrum von Berufen durch die historisch gewachsene Zuordnung der Frauenerwerbstätigkeit zum sekundären Segment der „unspezifischen Arbeitsmärkte" zu erklären sei. Dieses Segment zeichnet sich durch sogenannte „Jedermanns"- oder „Allerweltstätigkeiten" aus, die nur geringe Qualifikationsanforderungen stellen. Daraus lässt sich ableiten, wie strukturelle Ausschließungsmechanismen für die Erweiterung der Arbeitsmarktsegmente für Frauen entstanden sind (Kühnlein/Paul-Kohlhoff 1996: 116; Krüger 1991, 1992).[117] Grund für die Spaltung des Arbeitsmarkts und seine hierarchische Differenzierung ist nach Willms-Herget (1985), die die Segmentationstheorie um die These der „Doppelorientierung" von Frauen erweitert, dass weibliche Erwerbstätigkeit nur stereotyp wahrgenommen wird: Frauen werden grundsätzlich als potenzielle Mütter und Ehefrauen betrachtet, die im Gegensatz zu potenziellen Vätern und Ehemännern nur einige Zeit ihren Beruf ausüben, die Berufswelt dann aber wieder verlassen. „Frauenarbeitsplätze" werden damit so konzipiert, dass eine Austauschbarkeit der Personen problemlos möglich ist. Diese Austauschbarkeit ist in der Regel nur möglich, wenn die Investitionen gering sind, d.h. keine intensiven Einarbeitungsprozesse nötig sind. In der Konsequenz heißt dies, „Frauen werden unproduktivere, mit geringen Ausbildungsmöglichkeiten versehene Arbeitsplätze zugewiesen, da bei ansonsten gleichen Merkmalen erwartete Berufsunterbrechungen von Frauen die geringere Verwertung der am Arbeitsmarkt angeeigneten Fähigkeiten erwarten lassen" (Köppl/Martin 1987, zitiert nach Schmidbauer 1994: 71).

Kreckel (1983) erweitert das Modell der Segmentation des Arbeitsmarktes um den Aspekt der sozialen Ungleichheit. Ungleichheit als Folge der Segmentierung ist für ihn Ausdruck von Machtverhältnissen, die sich immer im Arbeitsmarkt widerspiegeln und in der Schließung von Arbeitsmarktbereichen für bestimmte Personengruppen begründet sind. Da in den unter-

---

115 Oder auch nach ethnischer oder Religionszugehörigkeit usw.

116 Ein offener Arbeitsmarkt, in dem jeder gegen jeden (oder jede gegen jede) konkurriert, ist nach Kreckel (1983) eine Fiktion. Der primäre Arbeitsmarkt ist in eine Vielzahl gegeneinander abgegrenzter und abgeschlossener berufsfachlicher Teilarbeitsmärkte zergliedert, deren Zugang genau über inhaltlich festgelegte Qualifikationsvoraussetzungen möglich ist.

117 Kritisch kommentieren die Autorinnen, dass dieser theoretische Ansatz die Veränderungen, die sich im Rahmen der Entwicklung der Dienstleistungsarbeit ergeben haben, nur unzureichend aufgreift (Kühnlein/Paul-Kohlhoff 1996: 116).

schiedlichen Arbeitsmarktsegmenten unterschiedliche Berufe vertreten sind, erfolgt der Zutritt zu den einzelnen Segmenten nicht voraussetzungslos, sondern eröffnet jungen Männern und jungen Frauen unterschiedliche Optionen schon in der Berufswahl. Daraus ergeben sich zwei Problemlagen: Mädchen und junge Frauen werden auf bestimmte Berufe verwiesen, der Zugang zu anderen Bereichen bleibt ihnen (mehr oder weniger) verwehrt.[118]

In der Folge zeigt sich nicht nur die Abgrenzung der Teilarbeitsmärkte als Problem, sondern auch deren unterschiedliche Bewertung: „Nicht die Tatsache der Konzentration auf wenige Berufe allein bedingt die strukturelle Benachteiligung von Frauen auf dem Ausbildungs- und Arbeitsmarkt, sondern die Zuweisung (Allokationsregelung) zu einem bestimmten Arbeitsmarktsegment" (vgl. Metz-Göckel/Nyssen 1990: 136).

Kritik am Segmentationsansatz übt auch Pfau-Effinger (1990). Sie betont, folgt man Kühnlein/Paul-Kohlhoff (1996), dass sich die Frauenerwerbstätigkeit nicht auf das Segment der „Jedermanns"-Tätigkeiten beschränkt. Frauen lassen sich inzwischen in betriebsinternen, berufsfachlichen wie unspezifischen Arbeitsmärkten finden. Doch obwohl die Beteiligung von Frauen insbesondere im Bereich qualifizierter Angestelltenarbeit in den letzten Jahren deutlich zugenommen hat, bleibt die geschlechtsspezifische Segmentation relativ starr. Sie setzt sich trotz des erhöhten Qualifikationsniveaus fort und macht sich vor allem in einer vertikalen Segregierung fest. Köppl/ Martin (1987, zitiert nach Schmidbauer 1994) sehen den größten Teil einer geschlechtsspezifischen Diskriminierung in der Benachteiligung innerhalb der Segmente, während die geschlechtsspezifischen unterschiedlichen Zugangschancen nur einen kleinen Teil der Benachteiligung von Frauen auf dem Arbeitsmarkt erklären.

Geschlecht als Statuszuweisung im Berufsbildungssystem

Mit der Betonung der „geschlechtsspezifischen Struktur des Berufsbildungssystems" geht Krüger (1991) über Erklärungen, die allein an segmentierten Arbeitsmärkten ansetzen, hinaus. Krüger geht davon aus, dass der Verteilung von männlichen und weiblichen Jugendlichen zusätzlich zur Arbeitsmarktsegmentation zwischen den Geschlechtern eine Struktur zugrunde liegt, die Mädchen und Jungen mit geschlechtstypischen Übergangswegen versieht (vgl. 1991: 142) und stellt fest, dass die Muster geschlechtsspezifischer Berufseinmündung weniger Folge einer geschlechtsspezifischen Sozialisation (und eines geschlechtsspezifischen Arbeitsvermögens) oder subjektiver Orientierungen als vielmehr Ausdruck der Selektion durch das Berufsbildungssystem selbst sind. Grund dafür ist, dass das Berufsbildungssystem ge-

---

118 Dieser Aspekt hat natürlich keine formale Bewandtnis, das Grundgesetz Art. 16 sieht die freie Berufswahl vor. Die Ausbildungsberufe sind Männern wie Frauen zugänglich.

schlechtsspezifische Traditionen beinhaltet, „die ihrerseits Handlungsrahmungen, Begrenzungen für Alternativentwürfe und Entscheidungschancen/zwänge vorgeben" (Krüger 1995: 196f.).

Für Krüger ist die dreiteilige Struktur des Berufsbildungssystems (duale Ausbildung, berufs(-vorbereitende) Qualifizierung ohne Abschluss und schulische Berufsausbildung) verantwortlich für die getrennten Wege von jungen Männern und jungen Frauen ins Berufsleben: Während im ersten Segment, dem dualen System, mehrheitlich männliche Jugendliche ausgebildet werden, finden sich im dritten Segment, den berufsbildenden (Berufs-)Fachschulen, vorwiegend junge Frauen, um dort die typischen „Frauenberufe" zu erlernen. Das zweite Segment, das „qualifizierende Moratorium" ohne Berufsabschluss, ist geschlechtsspezifisch in sich gespalten und vermittelt unterschiedliche Wege der Berufsvorbereitung. Formal stehen sowohl die dualen Ausbildungsberufe als auch die Schulberufsbildung beiden Geschlechtern offen, sie erhalten jedoch geschlechtstypisierend einen „männlichen" und einen „weiblichen" Zuschnitt in der Übergangsstruktur in das Berufssystem (1991: 147): Um einen gleichwertigen „Marktwert" zu erzielen, müssen Mädchen und junge Frauen länger im Ausbildungssystem verbleiben, höhere Investitionen tätigen und können ihren Marktwert damit nicht erhöhen. In der Folge führen die parallel existierenden Übergangssysteme in das Erwerbssystem zu einer „... strukturellen Weichenstellung für die Herausbildung eines geschlechtsspezifischen Berufs- und Lebensweges" (Krüger 1991: 153).

6.2 Subjektorientierte Ansätze

Weder die Segmentationstheorie noch die Aufdeckung geschlechtsspezifischer Strukturen des Berufsbildungssystems können erklären, warum die Mädchen und jungen Frauen selbst noch immer überwiegend „weibliche" Berufsfelder und Ausbildungsgänge wählen „und warum sich Frauen trotz der deutlich gestiegenen qualifikatorischen Voraussetzungen von sich aus nicht viel stärker um andere Ausbildungsberufe bewerben" (Kühnlein/Paul-Kohlhoff 1996: 117). Die Nachfolgeeffekte der Modellversuche „Frauen in Männerberufe" sind eher gering gewesen, und zwar nicht nur vonseiten der Betriebe, sondern auch vonseiten der Mädchen und jungen Frauen selbst, und sogar bei einem entsprechenden Ausbildungsplatzangebot steigen die Zahlen der Mädchen und jungen Frauen in technischen Ausbildungsberufen derzeit nur langsam. Zur Fundierung von Programmen und Maßnahmen, die auf der Seite der sich im Berufsfindungsprozess befindlichen Mädchen ansetzen wollen, sind also Ansätze notwendig, die nicht nur danach fragen, wie Mädchen sich entscheiden, sondern die auch erklären, warum zum Beispiel im frühen Jugendalter geäußerte Berufswünsche auch dann nicht realisiert werden, wenn entsprechende Ausbildungsplätze zur Verfügung stehen, oder warum erwerbs- und familienorientierte Mädchen und Frauen „typische" Frauenberufe wählen, obwohl diese meistens nicht dazu geeignet sind, die beiden Bereiche gut miteinander vereinbaren zu können (a.a.O.: 120).[119]

Berufsfindung und Berufswahl sind Prozesse in der Wechselwirkung von subjektiven Handlungen und gesellschaftsstrukturellen Bedingungen

Im Unterschied zu den vorangehend dargestellten strukturellen Ansätzen gehen die subjektorientierten Ansätze aus der Sozialisations- und Geschlechterforschung, aber auch der Berufswahlforschung (Wahler/Witzel 1996: 20f.) von einem Wechselwirkungsprozess zwischen subjektiver Handlungsfähigkeit und gesellschaftsstrukturellen Bedingungen aus und sehen Berufswahl als einen Vermittlungsprozess zwischen Biographie und Chancenstruktur. Gesellschaftliche Strukturbedingungen wie Bildungssystem und Arbeitsmarkt, berufliche Hierarchie und soziale Organisation des Betriebs/der Schule sind Bedingungen für subjektive Handlungen und Entscheidungen oder, wie Lemmermöhle es im Anschluss an Giddens formuliert: „Damit ...diese Strukturen wirksam und durch das Handeln der Individuen reproduziert oder auch verändert werden, ‚müssen sie durch das Nadelöhr des Bewusstseins oder der Wahrnehmung der handelnden Individuen hindurch' " (Lemmermöhle 1997: 25). Geschlechtsspezifische Berufswahlentscheidungen am Ende des Berufsfindungsprozesses sind in dieser Perspektive weder allein dem Ausbildungs- und Arbeitsmarkt geschuldet noch eine alleinige Leistung des Subjekts, d.h. des Mädchens oder der jungen Frau, „sie sind vielmehr in einem komplexen Zusammenhang von gesellschaftlichen Strukturen und Zuweisungsprozessen sowie subjektiven Konstruktionen an das soziale Geschlecht gebunden" (a.a.O.: 34). Das Zusammenwirken objektiver Rahmenbedingungen und subjektiver Verarbeitung bei der Berufsfindung geschieht dabei nicht in einem einmaligen Akt der Wahl, sondern stellt einen Prozess in der alltäglichen Lebensführung und der biographischen Entwicklung der Mädchen und jungen Frauen dar.

---

119 Ein entwicklungspsychologisches Konzept hat Gottfredson (1981, zitiert nach Holling u.a. 2000) entwickelt: „Gottfredson... stellt dem Begriff Selbstkonzept das Berufskonzept gegenüber und formuliert die These, dass die Berufswahl nach dem Prinzip maximaler Übereinstimmung von Berufs- und Selbstkonzept erfolgt. Ihrer Ansicht nach bilden sich im Rahmen der fortschreitenden Entwicklung zunächst eine Geschlechtstypisierung, dann eine Beurteilung der Berufe nach Prestige und später nach eigenen Fähigkeiten und Interessen heraus. Demnach führen Geschlecht und soziale Statusaspekte schon relativ frühzeitig zu einem Ausschluss zahlreicher Berufe für die spätere Berufswahl. Erst zu einem späteren Zeitpunkt finden Fähigkeiten und Interessen bei der Festlegung auf Berufe Berücksichtigung" (Holling u.a. 2000: 7). Dieser Ansatz hat jedoch offensichtlich keinen Eingang in die bundesrepublikanische Forschung gefunden.

Abbildung 22: Berufsfindung – Zusammenwirken von Biographie und
gesellschaftlichem Wandel

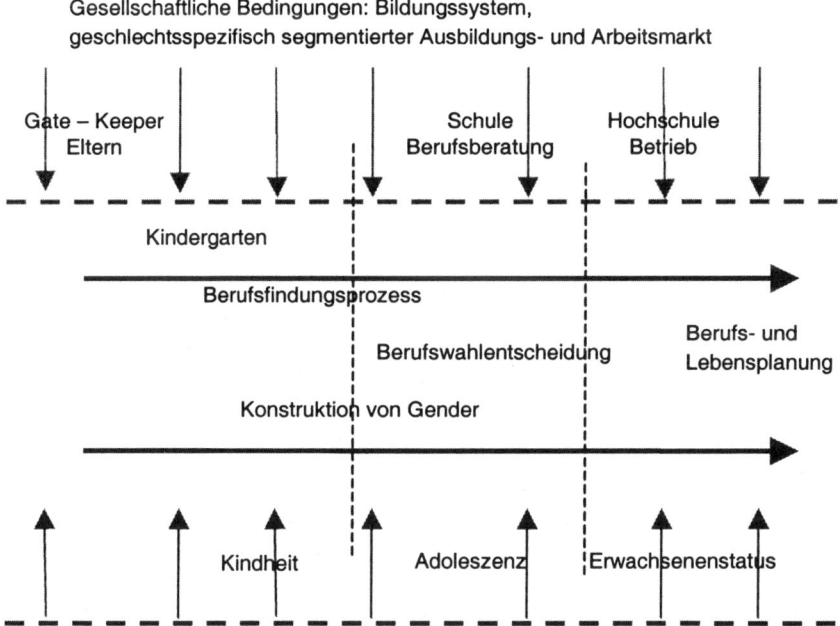

Berufswahl in der biographischen Konstruktion

Mädchen und junge Frauen sind selbsttätig Handelnde im Berufsfindungsprozess. In der Berufswahlforschung wird eine derartige Position vor allem
im Ansatz der biographischen Konstruktion vertreten. Darunter wird die
„nachträgliche individuelle, das heißt vom erreichten Stand der Berufsentscheidung ausgehende Interpretation (verstanden), die zu einer subjektiven
Glättung der eigenen Berufsfindungsbiographie führt" (Kühnlein/Paul-Kohl-
hoff 1996: 118 mit Bezug auf Heinz u.a. 1985). Insbesondere für Mädchen
lässt sich damit erklären, wie es ihnen möglich wird, „durch Realitätsanpas-
sungen ihre subjektiven Handlungspotenziale aufrechtzuerhalten, indem sie
an der Freiheit ihrer Berufswahlentscheidungen festhalten können... Nach
den in dieser Studie entwickelten theoretischen Erklärungen erscheint als geschlechtsspezifisches Berufswahlverhalten der jungen Frauen, was tatsäch-

lich die Folge von restriktiven Ausbildungs- und Arbeitsmarktbedingungen ist. Damit wird die Aufmerksamkeit zugleich auf strukturelle Barrieren des Berufsbildungssystems und des Ausbildungsstellenmarkts gelenkt und die subjektiven Bewältigungsstrategien der handelnden Akteur/innen dargestellt" (ebd.). In dieser Perspektive ist der Berufswunsch nicht die Formulierung eines Wunschberufs, „sondern ein Kompromiss, ein Konstrukt, mit dem das Ergebnis gesellschaftlicher Zwänge als subjektives gewolltes Produkt verarbeitet wird" (Heinz u.a. 1985: 133f.).

Im Berufsfindungsprozess sind die Mädchen nicht nur Objekte struktureller Bedingungen und gesellschaftlicher Zuweisungen, sondern auch selbsttätig Handelnde

Die sich immer wieder reproduzierenden hierarchischen Geschlechterverhältnisse auf dem Ausbildungs- und Arbeitsmarkt sind folglich keine von den Subjekten unabhängige Strukturen, sondern Ergebnis von Konstruktionsprozessen in der biographischen Entwicklung der Subjekte: „Produktions- und Geschlechterverhältnisse begrenzen zwar die in ihnen handelnden Individuen, sind aber nicht Ergebnis gleichsam natürlicher Entwicklungen oder neutraler Sachzwänge, sondern historisch geworden sowie interessengebunden und deshalb veränderbar und gestaltbar. Im Berufsfindungsprozess sind die Mädchen nicht nur Objekte struktureller Bedingungen und gesellschaftlicher Zuweisungen, sondern auch selbsttätig Handelnde. Es bedarf immer auch ihrer Zustimmung, wenn einengende und benachteiligende Bedingungen stabilisiert und reproduziert werden, sowie ihres Widerstandes, wenn sie verändert werden sollen" (Lemmermöhle-Thüsing 1990: 168).

Unter der Prämisse, dass auch Mädchen und junge Frauen autonom handelnde Menschen sind, lebt die geschlechtsspezifische Arbeitsteilung zwischen Produktion und Reproduktion, zwischen Öffentlichkeit und Privatheit, aber auch innerhalb des Arbeitsmarkts also auch von der Bereitschaft der Mädchen und Frauen, dieses für sich anzunehmen. Zu der Tatsache, dass die gesellschaftsstrukturellen Bedingungen es ihnen nicht leicht machen, alternative Lebensformen zu entwickeln, kommt hinzu, dass viele von ihnen noch immer in vorauseilendem Gehorsam gegenüber den gesellschaftlichen Erwartungen ihre durchaus vorhandenen subjektiven Lebensansprüche reduzieren.

Widersprüche und Ambivalenzen im weiblichen Lebensentwurf

Zwar gehören Selbstverwirklichung und ökonomische Unabhängigkeit in Zusammenhang mit einer qualifizierten Berufsausbildung zu den Zukunftsvorstellungen von Mädchen. Wenn es allerdings um die konkrete Vereinbarkeit geht, „ist es für die überwiegende Mehrzahl der jungen Frauen selbstverständlich, dass sie es sind, die nach der Geburt eines Kindes berufsbezogene Interessen zurückstellen, eine ökonomische Abhängigkeit vom Partner in Kauf nehmen und nicht nur die Betreuung und Versorgung des Kindes, sondern auch die des Ehemannes zu übernehmen" (Flaake 1998: 45).[120] Das Selbstbewusstsein dieser Mädchen und jungen Frauen in Hinblick auf eine selbstverständliche Berufstätigkeit ist also äußerst fragil und wird durch eine Tendenz zur Selbstzurücknahme und Selbstbeschränkung gleich wieder gefährdet.

Berufsfindung in der Adoleszenz

Zur Erklärung dieses Verhaltens müssen zusätzlich zu den subjektorientierten sozialwissenschaftlichen auch psychologische Ansätze herangezogen werden. Als fruchtbar haben sich hier vor allem Auseinandersetzungen mit Erkenntnissen der Psychoanalyse über Pubertät und Adoleszenz erwiesen: „Die Einbeziehung psychoanalytischer Sichtweisen kann einen neuen Blick auf Formen der Lebensgestaltung von Mädchen eröffnen: Durch sie erschließt sich die Konflikthaftigkeit weiblicher Lebensentwürfe auf eine Weise, die scheinbar ‚irrationale' Bindungen an tradierte Muster ebenso verstehbar werden lässt, wie sie innere Voraussetzungen für Veränderungen bezeichnet" (Flaake/King 1992: 18).

Die Bedeutung der in der Adoleszenz ablaufenden psychischen und sexuellen Entwicklung für die Berufsfindung hat vor allem Hagemann-White herausgearbeitet (Hagemann-White 1992, 1988). Sie weist darauf hin, dass das Mädchen in dieser Entwicklungsphase beginnend mit der Pubertät eine von seinem Selbstbild unabhängige Sexualisierung seines Körpers erfährt. Es wird dazu gedrängt, darauf zu achten, was andere von ihm halten, und entwickelt daher sozialkommunikative Fähigkeiten, mit deren Hilfe es glaubt, den sozialen Erwartungen an seine „weibliche" Entwicklung zu entsprechen: „Das selbstbewusste, eigene Kompetenzen erlebende Mädchen verliert mit dem Beginn der Adoleszenz ihr Selbst und verbringt die Jugendphase damit, dem Wunschbild ihres sozialen Umfeldes entsprechen zu wollen. Eine verunsicherte, überkritische Beziehung zum eigenen Körper verstärkt die Bereitschaft, sich der Außenbewertung zu unterwerfen ..... Frauentypische Berufe werden gewählt,... weil Mädchen die spätere Vereinbarkeit mit Familie für zwingend halten, weil sie übermäßig von Bewertung und Bestätigung durch das soziale Umfeld abhängig sind, weil ihre starke Beschäftigung mit Sexualität alles Interesse von Schule und Beruf abzieht, weil die Sexualität in einem männlich dominierten Beruf ihnen bedrohlich und unerwünscht erscheint, weil sie im Beruf ein ausreichend weitgestecktes Identifikationsangebot mit Arbeit suchen, weil sie im Kampf um die Anerkennung der Mutter unmittelbar überzeugt sind, später Zeit und Energie für mütterliche Zuwendung zu benötigen" (Hagemann-White 1992: 71 und 80).

---

120 Hier ist allerdings auf die eingangs dargestellten Differenzierungen in den Lebensplänen und Lebensthemen von Mädchen und jungen Frauen zu verweisen. Empirisch ist nicht belegt, wieviele Mädchen und junge Frauen tatsächlich die Vereinbarkeit von Familie und Beruf anstreben und dieses bereits im Jugendalter antizipieren.

Die Berufswahl als symbolische Handlung

In diesem Ansatz finden sich somit Erklärungen, warum Mädchen sich noch immer überwiegend für „frauentypische" und gegen Berufe im gewerblich-technischen Bereich entscheiden. Plausibel erscheint die Hypothese von Hagemann-White, „...dass Frauenberufe Mädchen deshalb anziehen, weil sie Frauenberufe sind, und zwar unabhängig davon, ob sie hausarbeitsnah, sozialkommunikativ oder lukrativ sind. Grundlage einer solchen Einschätzung ist, dass die Wahrnehmung eines Berufs als Frauenberuf ihm eine geradezu unwiderstehliche Plausibilität der Annahme (verleiht), dass die Vereinbarkeitsleistung (...) in diesem Beruf gelingt" (Hagemann-White 1992: 72f.). Dies würde bedeuten, dass die Wahl eines „weiblichen" Berufs vor allem ein symbolischer Akt ist, der die Berufsorientierung in Relation zur Partnerschafts- und Familienorientierung absichert. „Die Wahl eines Frauenberufs wäre zudem eine Konstruktion zur gelungenen Entwicklung einer weiblichen Identität. Anders als bei der Wahl eines Männerberufs brauchen die Frauen daher bei dieser Entscheidung keinen gesonderten Nachweis ihrer ‚Weiblichkeit' zu erbringen" (Kühnlein/Paul-Kohlkopf 1996: 122). In männlich dominierten Berufen dagegen müssen Mädchen und junge Frauen „die Leistung der geschlechtlichen Identifizierbarkeit, die in frauendominierten Berufen auch über die angebliche Geschlechtstypik des Berufs verläuft, selbst erbringen" (Lemmermöhle 1997: 34). Da „in zweigeschlechtlich strukturierten Gesellschaften jedermann und jedefrau, und zwar zu jeder Zeit und möglichst unmissverständlich, geschlechtlich richtig identifizierbar sein muss, will er/sie nicht als kompetente InteraktionsteilnehmerIn mehr oder weniger gravierende Sanktionen heraufbeschwören" (Wetterer 1995: 237), ist diese Leistung in nicht „frauentypischen" Berufen schwerer zu erbringen als in „frauentypischen".

Psychologische Erklärungsansätze für die scheinbare Widersprüchlichkeit

Die hier vorgestellten Ansätze bieten Erklärungen für die Geschlechtsspezifik von Berufsfindungsprozessen, die aufgrund ihrer sozialkonstruktivistischen Perspektive im Unterschied zu deterministischen und allein mit strukturellen Bedingungen argumentierenden Konzepten auch ein von den Betroffenen ausgehendes politisches Veränderungspotenzial enthalten. Um Schuldzuweisungen zu verhindern, die Mädchen und jungen Frauen seien selbst verantwortlich für ihre Situation, soll hervorgehoben werden, dass die theoretische Annahme eines eigenaktiven autonomen Subjekts im Berufsfindungsprozess nicht unterstellt, dass der Erwerb von Handlungskompetenz ausreicht, um die gesellschaftliche Umwelt und die hierarchischen Geschlechterverhältnisse zu verändern (vgl. zu diesen und den folgenden Überlegungen Nissen 1998, 2000). Die Möglichkeit der Mädchen und jungen Frauen, sich mit gesellschaftlichen Verhältnissen auseinander zu setzen, ist selbst Ergebnis von Sozialisationsprozessen und kann daher auch behindert werden bzw. statt Emanzipation Leiden und Resignation bedeuten. Außerdem muss berücksichtigt werden, dass es einen Unterschied zwischen der prinzipiellen Handlungsmöglichkeit und der personalen Handlungsfähigkeit eines Mädchens gibt. Auch wenn es einem Mädchen grundsätzlich frei steht, Bildungsabschlüsse zu erwerben und damit eine einflussreiche Position in der Gesellschaft zu erreichen, kann dieses Ziel aufgrund mangelnder persönlicher Ressourcen, vergeblicher Konkurrenz um eine Ausbildungsstelle oder einen Studienplatz, nicht zugänglichem Wissen usw. dennoch nicht erreicht werden. Umgekehrt kann es subjektiv durchaus funktional sein und die personalen Handlungsspielräume und Einflussmöglichkeiten – z.B. in Hinblick auf die antizipierte Vereinbarkeitsproblematik – zunächst durchaus erweitern, sich an vorgegebene Verhältnisse anzupassen; in gesamtgesellschaftlicher Hinsicht aber können sich dadurch gesellschaftliche Verhältnisse – wie die hierarchischen Geschlechterverhältnisse – verfestigen bzw. die Einflussmöglichkeiten eingeschränkt werden.

Schneewind hat diesen Sachverhalt an einem Beispiel erläutert, das sich auf Erwerbstätigkeit bezieht und sich auch auf Geschlechterverhältnisse übertragen lässt: „Wenn z.B. eine Person sich aus Opportunität den Anordnungen eines despotischen Chefs fügt, mag dies zwar zu Vergünstigungen und damit zur Erweiterung der personalen Handlungsmöglichkeiten (z.B. beruflicher Aufstieg, mehr Möglichkeiten zur Machtausübung gegenüber Untergebenen, größeres Einkommen etc.) führen, de facto werden aber dadurch in einer erweiterten ‚gesellschaftlichen‘ Perspektive die zu restriktiver Handlungsfähigkeit beitragenden Lebensumstände verfestigt" (Schneewind 1992: 301).

Die Bedingungen, die zu derartigem herrschaftskonformem Handeln führen, werden – wie Hagemann-White es auch für das kulturelle System der Zweigeschlechtlichkeit unterstellt (Hagemann-White 1988) – als naturhaft gegeben oder unveränderbar akzeptiert oder sogar als Herrschaftsideologie verinnerlicht. Holzkamp hat dafür den Begriff der „Selbstfeindschaft" entwickelt und dies am Beispiel des in einem Glas gefangenen Fisches erläutert, der dadurch, dass er gelernt hat, nicht an die Glaswände zu stoßen, der Überzeugung sein kann, er schwimme in der grenzenlosen Freiheit des Ozeans (Holzkamp 1983: 378).

Das Heranziehen dieser psychologischen Erklärungsansätze ermöglicht es, Berufsfindungsprozesse und Berufswahlentscheidungen weder einseitig als subjektive Handlungen noch als ausschließlich ausbildungs- und arbeitsmarktgesteuert, sondern als Zusammenwirken sowohl subjektiver als auch gesellschaftlicher Prozesse und Strukturen zu sehen.

Prozesse der Individualisierung bieten die Chance für erweiterte Handlungsalternativen und Optionen zur tradierten Normalbiographie, fordern damit aber auch stärkere Selbstsozialisation. Und „noch immer gibt es Gruppen von Jugendlichen, für die die Tendenz zur Individualisierung als Folge eines umfassenden gesellschaftlichen Modernisierungsprozesses nicht als Handlungschance, sondern nur als sozialer Zwang spürbar wird, dem sie sich eigenverantwortlich unterwerfen müssen. Aufgrund vielfach fehlender individuell oder auch gesellschaftlich verfügbarer Ressourcen wird das Bemühen um die berufliche und gesellschaftliche Integration für viele Jugendliche zu einer existenziellen Gratwanderung" (Preiß 1996: 16). Diese Aussage trifft mit Sicherheit eher auf Mädchen und Frauen denn auf Jungen und Männer zu. Dennoch sind sie weder defizitär noch Opfer im Berufsfindungsprozess.

Politische Programme und Maßnahmen zur Verbesserung der Situation von Mädchen und Frauen im Ausbildungs- und Erwerbssystem sollten nicht nur die strukturellen Bedingungen verbessern, sondern auch die aufseiten der Mädchen vorhandenen subjektiven Interessen und Handlungsvoraussetzungen berücksichtigen. Dazu müssen sie die auf den vorgestellten theoretischen Ansätzen basierenden Erklärungen für die geschlechtsspezifischen Berufsfindungsprozesse und Berufswahlentscheidungen zur Kenntnis nehmen, d.h. sie müssen in einer umfassenden Perspektive Mädchen und junge Frauen als aktiv Handelnde und nicht als Objekte pädagogischer Interventionen und Maßnahmen sehen; die spezifischen psychischen und sozialen Bedingungen und Entwicklungsaufgaben in der Adoleszenz berücksichtigen; die restriktiven gesellschaftlichen Rahmenbedingungen, d.h. die diskriminierenden geschlechter-präferierenden Ausbildungs- und Arbeitmarktstrukturen, aber auch die gesellschaftlichen Geschlechterrollenstereotypen verändern.

Forschungsbedarf

Ihre neuen biografischen Orientierungen, ihre zunehmende Ablehnung traditioneller Weiblichkeitsleitbilder und ihre steigende Erwerbsbeteiligung machen Mädchen und junge Frauen zu einer Antriebskraft der gesellschaftlichen Entwicklung. Ergebnisse der Kindheitsforschung deuten darauf hin, dass vor allem Mädchen die in modernen Gesellschaften geforderten Fähigkeiten zur Planung, Koordination, Zeitstrukturierung und Kommunikation sowie soziale Kompetenz erwerben und damit in Hinblick auf Handlungs- und Denkstrukturen sowie Gestaltungspotenziale auf die Anforderungen der modernen Gesellschaft besser vorbereitet sind als Jungen (Nissen 1998, 2000).

–   Mädchenforschung und Forschung über geschlechtsspezifische Prozesse im Kindes- und frühen Jugendalter sind ein noch immer weitgehend „unbeackertes" wissenschaftliches Feld.

Bislang haben weder die Kindheits- und Jugend- noch die Frauen- und Geschlechterforschung die Lebenssituation von Mädchen und weiblichen Jugendlichen in ausreichendem Umfang zum Gegenstand empirischer Projekte gemacht, und erst recht nicht in der Perspektive handelnder Subjekte. Daher liegen bisher auch keine empirischen Forschungsarbeiten vor, die die genannten Thesen stützen und zukünftigen Mädchengenerationen die Umsetzung ihrer Fähigkeiten und Durchsetzung ihrer Interessen auf dem Ausbildungs- und Arbeitsmarkt erleichtern. Dasselbe gilt für die Berufswahlforschung. Die meisten der vorliegenden Veröffentlichungen zu dieser Thematik, gleich aus welcher Forschungsdisziplin, beruhen auf Überlegungen und Hypothesen, die wenigsten sind mit empirischen – vor allem aktuellen – Daten aus sozialwissenschaftlichen Untersuchungen untermauert. Amtsstatistische Erhebungen geschlechtsbezogener Daten über die Wahl von Schulfächern oder die Besetzung von Ausbildungs- und Studienplätzen sind eine wichtige Grundlage, zur Erhellung und Erklärung der im Berufsfindungsprozess wirkenden Faktoren und Mechanismen tragen sie jedoch wenig bei.

– Es müssen nicht nur die strukturellen, sondern auch die subjektiven Ursachen für die Geschlechtsspezifik der Berufsfindungsprozesse beleuchtet werden.

Forschungsergebnisse über die subjektiven Handlungsmotive und -potenziale von Mädchen in dem Alter, in dem wesentliche Weichen für die Berufswahl gestellt werden, sowie über geschlechtsspezifisch strukturierende Faktoren in den Prozessen von Berufsorientierung und -findung und ihre Verarbeitung im Kindes- und Jugendalter liegen jedoch bis auf vereinzelte, überwiegend aus den 80er Jahren stammende Hinweise nicht vor. Notwendig sind vor allem Kenntnisse über die geschlechtsspezifischen Sozialisationsprozesse in der Phase der Adoleszenz, d.h. dem biographischen Abschnitt, in dem Jugendliche tief greifende Entwicklungsaufgaben bewältigen müssen und in dem sie gleichzeitig weichenstellende Entscheidungen über ihr zukünftiges Leben zu treffen haben.[121] Um Berufsfindungsprozesse im Rahmen der biographischen Entwicklung und im Kontext gesellschaftlicher Veränderungen nachzeichnen zu können, sind qualitative Längsschnittuntersuchungen und Panelerhebungen notwendig. Auch die Ergebnisse der 1983 erschienenen Querschnittstudie „Mädchen '82" (Seidenspinner/Burger 1982), die erstmals auf die Doppelorientierung der Mädchen auf Familie und Beruf hinwies, sollten angesichts deutlich veränderter Lebenslagen, Lebensstile und Lebensläufe erneut überprüft werden.

Vor allem in Anbetracht der Bemühungen, Mädchen für das Ergreifen gewerblich-technischer Berufe zu motivieren, sind Verbleibestudien zu initiieren, die unter anderem den Fragen nachgehen, welche Mädchen aus welchen Gründen Ausbildungen in diesen Berufen machen, ob und warum sie die Ausbildungen abbrechen, ob sie einen Arbeitsplatz erhalten, wie lange sie in diesen Berufen verbleiben usw.

---

121 Wenn etwa die BLK feststellt, dass bereits im Elementarbereich Weichen für das spätere Ausbildungs- und Berufswahlverhalten gestellt werden, dieser Bereich jedoch nicht in die Empfehlungen aufgenommen worden sei (BLK 2000: 18), dann liegt in dieser Forschungslage vermutlich einer der Gründe.

7 Wege in den Beruf für Mädchen und junge Frauen

Die prognostizierten Entwicklungen auf dem Arbeitsmarkt (vgl. „Exkurs: Perspektiven der Frauenerwerbstätigkeit") zeigen, dass Qualifikation immer stärker zum Kriterium für Erwerbsmöglichkeiten und damit auch für Lebensplanung wird. Damit wird sich das Gewicht des Berufsfindungsprozesses und der Berufswahlentscheidung noch verstärken.

Zur Unterstützung der Berufsfindungsprozesse von Mädchen und jungen Frauen müssen Eltern, allgemein bildende Schulen, Hochschulen, Schulen der Berufsausbildung, Betriebe, Kammern/Wirtschaftsverbände, Einrichtungen der Berufs- und Studienberatung sowie Einrichtungen der Jugendhilfe zusammenarbeiten. Dabei sind nicht nur die veränderten Ausbildungs- und Arbeitsmarktsituationen zu berücksichtigen, sondern auch die veränderten subjektiven Befindlichkeiten wie z.B. die allgemeine Zukunftsunsicherheit der Jugendlichen, aber auch die veränderten Geschlechtsrollenbilder und Lebensentwürfe von Mädchen. Veränderungen können nur durch das Zusammenspiel individueller Motivationen, veränderter Curricula in den Betreuungs- und Bildungseinrichtungen sowie struktureller Veränderungen des Ausbildungs- und Arbeitsmarkts erreicht werden. Damit strukturelle Maßnahmen und pädagogische Angebote nicht ins Leere laufen, sei noch einmal betont, dass Mädchen und Frauen keine defizitären Wesen, sondern aktiv handelnde und entscheidende Subjekte sind, die zur Erreichung von Chancengleichheit jedoch auch die entsprechenden gesellschaftlichen Rahmenbedingungen vorfinden müssen. Gleichstellungspolitik und Förderprogramme sind folglich noch nicht überflüssig.

Vor diesem Hintergrund sollen abschließend Anregungen zur Unterstützung der Berufsfindungs- und Berufsorientierungsprozesse von Mädchen und jungen Frauen gegeben werden, die sich auf die Unterstützung von Berufsfindungsprozessen in Kindheit und früher Jugend sowie auf die Veränderung struktureller Bedingungen beziehen.

7.1 Maßnahmen zur Unterstützung von Berufsfindungsprozessen in Kindheit und früher Jugend

Bei den zu entwickelnden und/oder umzusetzenden Maßnahmen sollte der Akzent zukünftig wesentlich stärker darauf gesetzt werden, dass Berufsfindungsprozesse bereits in Kindheit und früher Jugend beginnen. Natürlich können Maßnahmen im Erwachsenenalter Berufswahlentscheidungen korrigieren und beispielsweise die Vereinbarkeit von Beruf und Familie durch die Verbesserung struktureller Rahmenbedingungen erleichtern. Eine bewusste Förderung und Steuerung von Berufsfindungsprozessen und Berufswahlentscheidungen im Sinne autonomer Entscheidungen auf der Basis umfassenden Wissens muss jedoch bereits in der Kindheit beginnen und einen Schwerpunkt auf die Phase der Adoleszenz setzen. In dieser Hinsicht bedürfen auch die aktuell geplanten und grundsätzlich begrüßenswerten Maßnahmen im Kontext des Berufsbildungsberichts 2000 des Bundesministeriums für Bildung und Forschung (BMBF) noch eines weiteren Ausbaus (BMBF 2000: 176-179).

7.1.1 Vorschulische Betreuungseinrichtungen

Die Themen „geschlechterbewusste Sozialisation/geschlechtsspezifische Sozialisationsprozesse" und „Chancengleichheit" müssen wesentlich stärker als dies bislang erfolgt ist, in die Aus-, Fort- und Weiterbildung von Erzieherinnen und Erziehern aufgenommen werden und sowohl auf der Ebene der Kinder wie auf derjenigen der ErzieherInnen selbst abgehandelt werden. Die Rahmenrichtlinien der Länder zur Ausbildung der ErzieherInnen sollten daraufhin überprüft und entsprechende Ausbildungsinhalte aufgenommen werden. Den ErzieherInnen muss deutlich gemacht werden, dass Lebensplanungsprozesse mit der geschlechtsspezifischen Sozialisation im Kindergarten (und natürlich auch im Elternhaus) beginnen und bereits in diesem Alter Vorstellungen über Geschlechtsrollen und Berufe entwickelt werden. Dabei ist auch an die Entwicklung von Materialien (Broschüren für die ErzieherInnen, Filme und Bilderbücher für die Kinder) für den Einsatz im Kindergarten zu denken, wobei die berufsberatenden Fachkräfte aus der Arbeitsverwaltung an der Erstellung dieser Materialien mitwirken sollten.

7.1.2 Schule

Eine besondere Rolle in den Berufsfindungsprozessen kommt der Schule zu.[122] Berufsorientierung und Biographieplanung müssen als zusammenhän-

---

122 Für den Schulbereich wurden so viele Anregungen entwickelt und Empfehlungen ausgesprochen, dass sie hier nicht alle wiedergegeben werden können. Zu den allge-

gende Prozesse gesehen werden, mit entsprechenden Konsequenzen für die Arbeitslehre und die berufsorientierende Bildung: „Wenn Schule die Jugendlichen bei der Biografieplanung und -gestaltung unterstützen und sie auf die zentralen Aufgaben der Jugendphase – Erwerb von Bildungsressourcen und Arbeitsvermögen und Identitätsentwicklung – vorbereiten soll, dann müssen sowohl auf der Ebene der Theoriebildung als auch in den didaktischen und curricularen Überlegungen die Kategorien Geschlecht und Geschlechterverhältnisse in ihrer historischen Gewordenheit und sozialen Konstruiertheit systematisch und nicht nur als ergänzendes, geschlechtsspezifisches Thema Berücksichtigung finden" (Lemmermöhle 2001). Dazu gehört, dass schulischer Unterricht von einem erweiterten Arbeitsbegriff ausgeht, der neben der Erwerbstätigkeit auch Arbeit für die Familie oder die Gesellschaft als produktiv anerkennt und den komplexen historisch gewordenen und veränderbaren Zusammenhang von Erwerbsarbeit und unbezahlter, aber gesellschaftlich notwendiger Arbeit aufzeigt.[123]

Die Schule muss ihre Möglichkeiten, fächerübergreifende Orientierungen für den Berufsfindungsprozess auf der Ebene von sachlichen Informationen anzubieten, noch wesentlich verstärken. Dass Mädchen und junge Frauen sich zwar – anknüpfend an ihre schulischen Interessen – mit zukünftigen weiteren Ausbildungen und Studien befassen, nicht aber mit konkreten Berufstätigkeiten, ist offensichtlich nicht nur auf mangelnde Informationen über und Einblicke in die Arbeitswelt zurückzuführen, sondern hängt auch mit emotional-affektiven Voraussetzungen zusammen (Küllchen 1997: 347). Schulische Berufsorientierung muss daher über die kognitive Ebene hinausgehen und auf der affektiv-emotionalen Ebene auf die Wünsche und persönlichen Lebensziele im Zusammenhang mit der biographischen Entwicklung der Mädchen eingehen. Dieser Prozess der Klärung individueller Berufs- und Lebensziele könnte auf einer kreativ-spielerischen Ebene z.B. im Rahmen des Heimat- und Sachkundeunterrichts bereits in der Grundschule beginnen, begleitet von einem kritischen Umgang mit den häufig noch immer Geschlechterstereotype enthaltenden Unterrichtsmitteln.

Die Vermittlung allgemeiner Informationen über Berufsalternativen und -realitäten im Unterricht muss geschlechterrelevante Themen wie „geschlechtsspezifische Sozialisation", die geschlechtshierarchische Teilung des Arbeitsmarkts, „Frauen- und Männerberufe" und die Vereinbarkeit von Familie und Beruf (für beide Geschlechter) systematisch berücksichtigen; in diesem Zusammenhang muss wie beschrieben ein erweiterter Arbeitsbegriff eingeführt werden. Dazu müssen diese Themen und Aspekte in der Lehrkräfteaus-, fort- und weiterbildung als Unterrichtsaufgabe definiert werden

---

meinen Zielen einer arbeitsbewussten und geschlechterorientierten Bildung sowie zu detaillierten Vorschlägen zu ihrer Umsetzung vgl. z.B. Lemmermöhle 1997.

123 Diese Forderung wurde bereits vor zehn Jahren u.a. im Rahmen des Modellversuchs „Mädchen und Berufsfindung" in Nordrhein-Westfalen erhoben.

und es müssen entsprechende Unterrichtsmaterialien und didaktische Konzeptionen bereitgestellt werden (BLK 2000: 13f.).[124] Insbesondere innovative Berufe ohne verfestigte Traditionen bieten Ansatzpunkte für eine gezielte Erweiterung des Berufswahlspektrums, da diese Terrains auch von Männern noch nicht oder erst zum Teil besetzt sind. Ihre Darstellung in schulischen (aber auch vorschulischen) Materialien ist daher besonders wichtig.

Durch Anerkennung und Bestätigung ermöglichen Lehrerinnen und Lehrer stabile Interessenentwicklungen und geben damit Impulse für die Sozialisation in eine bestimmte Fachkultur, die zu einer entsprechenden berufsbiographischen Orientierung führen kann (Küllchen 1997: 352). Diese Leitbildfunktion in Hinblick auf Bildungswegentscheidungen und Berufswahl muss den Lehrkräften bewusst gemacht werden. Darüber hinaus könnten Lehrkräfte die Aufgabe übernehmen, berufsorientierende Angebote und Hilfestellungen des Arbeitsamts illusionsloser darzustellen, denn „eine notwendige persönliche Auseinandersetzung der jungen Frauen mit möglichen, auch geschlechtsuntypischen Berufsprofilen kann nicht allein über die Bereitstellung von Hochglanzbroschüren über ‚Frauen in technischen Berufen' geleistet werden. Damit Alternativen ernsthaft in Erwägung gezogen werden, sind Dialoge und eine unterstützende Kommunikation notwendig..." (a.a.O.: 353).

Schule muss bei der Gestaltung des Unterrichts die unterschiedlichen Zugangsweisen und Interessen der Geschlechter zu den einzelnen Fächern berücksichtigen; allerdings sollten dabei nicht nur die besonderen Zugangsweisen der Mädchen zu IuK-Techniken beachtet werden, wie immer wieder vorgeschlagen wird, sondern es sollte auch die spezifische Fächerwahl der Jungen in den Blick kommen. Da Berufsfindungsprozesse bereits in der Kindheit begin-

---

124 Die Integration der Thematik „Lebenswegplanung – Berufswegplanung" in den Schulbereich soll im Bundesland Sachsen-Anhalt durch ein umfassendes Handlungskonzept mit folgenden Einzelmaßnahmen erfolgen, das auch für andere Bundesländer beispielgebend sein kann (Ministerium für Arbeit, Gesundheit und Soziales des Landes Sachsen-Anhalt 2000):
Prüfung der Rahmenrichtlinien aller Schulformen unter dem Aspekt der genannten Thematik, Entwicklung von Lehrkonzepten, die Mädchen für den Umgang mit Technik und den Erwerb technischer Qualifikationen motivieren;
Verankerung geschlechterbewusster Sozialisation als explizites Ausbildungsthema in der Lehramtsausbildung, zusätzlich zu „Chancengleichheit" und „Gleichstellung", verstärkte Sensibilisierung der Lehrkräfte als auch der Schulleitungen innerhalb schulfachlicher Weiterbildung;
Erstellung einer Broschüre mit didaktisch-methodisch aufbereiteten Unterrichtsbeispielen für die einzelnen Fächer der Grundschulen, Sekundarschulen, Gymnasien und Sonderschulen zum Thema (u.a. Planung von möglichen Unterrichtseinheiten, Arbeitsblätter, Folien);
Erreichung reflexiver Koedukation durch die o. g. Maßnahmen, aber auch durch kritische Betrachtung des bisher Erbrachten unter dem Blickwinkel der Wirksamkeit (Evaluation) und durch Einführung geschlechtsdifferenter monoedukativer Angebote im Bereich des Förderunterrichts, der Arbeitsgemeinschaften und der Wahlfächer.

nen, muss das Interesse von Mädchen für mathematisch-naturwissen-schaftliche Fächer früh gefördert werden. Es sollte überlegt werden, bereits in der 5./6. Jahrgangsstufe einen übergreifenden naturwissenschaftlichen Unterricht für Mädchen anzubieten, der auch praktische Erfahrungen mit technischen und experimentellen Arbeiten ermöglicht (a.a.O.: 351). Da auch die koedukative Schule die traditionellen Geschlechtsrollenbilder noch nicht in ausreichendem Maß verändert hat, erscheint zur besseren Förderung von Mädchen die zeitweise Aufhebung des koedukativen Unterrichts vor allem im naturwissenschaftlich-technischen Bereich sinnvoll zu sein, wie BLK-Modellversuche gezeigt haben.

Eine wichtige Unterstützungsfunktion haben Schulbücher und Curricula. Es sind zwar Veränderungen festzustellen, jedoch kann insbesondere die Darstellung der Geschlechter in den Schulbüchern noch wesentlich verbessert werden. Auch Schulbücher und andere Unterrichtsmedien müssen Mädchen und Frauen als aktiv Handelnde in einem breiten Spektrum von Berufen und Positionen zeigen. Damit auch für Jungen neue Lebensentwürfe selbstverständlich werden, sind auch für sie einschränkende Rollendarstellungen zu vermeiden.

7.1.3 Eltern

Rollenvorstellungen von Eltern und ihre Kompetenzzuschreibungen an ihre Töchter haben einen erheblichen Einfluss auf die Lebensplanung und Berufsfindungsprozesse der Mädchen. Noch immer wird angenommen, dass viele Mädchen, die ihre Mütter als Hauptverantwortliche für Haushalt und Kindererziehung erleben, ihre eigene Berufstätigkeit, auch wenn sie von der Bedeutung eigener Erwerbstätigkeit und finanzieller Unabhängigkeit überzeugt sind, wenig distanziert vom Vorbild der Herkunftsfamilie planen (BLK 2000: 23). Obwohl Kinderbetreuungseinrichtungen und Schulen über das mangelnde Interesse von Eltern an ihrer Arbeit klagen, sollten die Bemühungen, sie in die Programme und Projekte vor allem der allgemein bildenden Schulen sowie der berufsberatenden Institutionen einzubeziehen, nicht nachlassen.[125]

Förderpläne und Maßnahmen, die auf eine Erweiterung des Berufswahlspektrums von Mädchen und hier insbesondere auf technische Berufe zielen, müssen Forschungsergebnisse wie die von Hoose/Vorholt (1996, 1997) unbedingt zur Kenntnis nehmen und Elternarbeit in ihre Konzeptionen mit einbeziehen. Die Information der Mädchen über die Chancen in technischen Berufen schlägt unter Umständen fehl, wenn sie zu Hause auf Skepsis stoßen und die Eltern die Wahrnehmung und Rückmeldung der Fähigkeiten und Kompetenzen der Töchter mehr an gesellschaftlich vorherrschenden Ge-

---

125 Wie die Untersuchung von Hoose/Vorholt (1997) gezeigt hat, gibt es durchaus Eltern, die eine stärkere Einbeziehung in den Berufswahlprozess ihrer Töchter wünschen.

schlechterstereotypen orientieren anstatt an deren tatsächlichen Neigungen und Eignungen.

Darüber hinaus sollten Eltern aber auch in die berufsorientierende Arbeit der Betreuungseinrichtungen und Schulen sowie in die Beratungstätigkeit der Arbeitsämter einbezogen werden. Ihnen sollte verdeutlicht werden, dass sie einen weitreichenden Einfluss auf die Berufswahl und damit – und das ist ihnen offensichtlich kaum bewusst – auf die Lebensplanung ihrer Töchter haben: „Würden Eltern mehr über den Zusammenhang von Berufswahl und Lebensplanung wissen, könnten sie durch Thematisierung und Diskussion der vorhandenen Widersprüche einen wichtigen Beitrag dazu leisten, dass ihre Töchter ein erweitertes Verständnis von den Berufs- und Lebensplanungsmöglichkeiten für Frauen *und* Männer nicht nur entwickeln, sondern auch in die Realität umsetzen" (Hoose/Vorholt 1997: 43).

7.2 Veränderung struktureller Bedingungen in Ausbildungsprozessen

7.2.1 Verbesserung der Chancen im mathematisch-naturwissenschaftlichen und informationstechnischen Bereich

Im Mittelpunkt der mittlerweile zahlreichen Aktivitäten und Modellvorhaben zur Erweiterung des Berufsspektrums von Mädchen und jungen Frauen stehen der mathematisch-naturwissenschaftliche und der informationstechnische Bereich. Die Förderung von mathematisch-naturwissenschaftlichen Interessen und der Technikkompetenz von Mädchen in der Schule macht jedoch nur Sinn, wenn anschließend entsprechende Ausbildungsplätze zur Verfügung stehen bzw. Maßnahmen zur Verbesserung der Beteiligung von jungen Frauen an naturwissenschaftlich-technischen Studiengängen ergriffen werden und die Arbeitgeber bereit sind bzw. verpflichtet werden, Frauen in entsprechenden Berufsfeldern einzusetzen.

Die Interessen von Mädchen und jungen Frauen auf technikorientierte Berufe zu lenken, ist nur dann sinnvoll, wenn Berufschancen eröffnet werden und gut ausgebildete Frauen nicht aufgrund geschlechtsgebundener Präferenzen der Betriebe in der Konkurrenz um Führungspositionen den Männern unterliegen bzw. keine Entwicklungsmöglichkeiten haben. Wenn beispielsweise die BLK davon spricht, dass nach dem Bedarf des Arbeitsmarkts neue duale Berufsbilder entwickelt werden sollten, „die eine Verbindung von technischer und Dienstleistungskompetenz enthalten und damit junge Frauen stärker als bisher für technisch ausgerichtete Berufe ansprechen", und dass die Aus- und Weiterbildung von Frauen im Handwerk zu verbessern seien (BLK 2000: 16), dann reicht dies allein nicht aus. Betriebe und Kammern müssen beispielsweise mit Maßnahmen wie Meisterbafög und Begabtenförderung noch stärker als bisher dafür sorgen, dass den Mädchen vor allem im technischen Bereich Ausbilderinnen und Meisterinnen als Vorbilder zur Verfügung stehen.

7.2.2 Angleichung von dualer und schulischer Ausbildung

Die Förderung der beruflichen Erstausbildung von Mädchen muss stärker unter dem Aspekt zukunftsorientierter Berufe erfolgen. Das bedeutet beispielsweise, dass die im Bündnis für Arbeit, Ausbildung und Wettbewerbsfähigkeit vorhandenen Fördermittel stärker auf strategische Fördertatbestände wie Erstausbildung, Ausbildung in hoher Qualität in zukunftsträchtigen Berufen sowie auf Verbundausbildungen konzentriert und Einstellungen von Mädchen durch höhere Fördersätze begünstigt werden sollten (Ministerium für Arbeit, Gesundheit und Soziales des Landes Sachsen-Anhalt 2000). In diesen Kontext gehört auch die Forderung, besondere Anreize für die Verbundausbildung in den neuen Berufen zu prüfen, um auf diese Weise eine Steigerung des Ausbildungsplatzangebots zu erreichen.

Mehr Mädchen und junge Frauen als Jungen und junge Männer entscheiden sich für Berufe, die nicht im dualen System, sondern an Berufsfach- und Fachschulen erlernt werden können. Für viele dieser Berufe gibt es keine einheitliche Ausbildungsstruktur in den Ländern. Hier ist an zwei immer wieder gestellte Forderungen anzuknüpfen: die bundeseinheitliche Regelung und Anerkennung der Berufsfachabschlüsse und die Überführung dieser Ausbildungen ins duale System. So ist die Entwicklung von nach Bundesrecht geordneten dualen Ausbildungsberufen in den Bereichen der überwiegend von Frauen wahrgenommenen sozialen Dienste immer noch nicht durchgängig gelungen und muss verstärkt vorangetrieben werden (BLK 2000: 15).

Zahlreiche Berufe, für die nach landesrechtlichen Bestimmungen an Berufsfachschulen ausgebildet wird – z.B. die kaufmännische Assistenz, aber auch Teilbereiche der sozialen Dienstleistungen –, weisen Abschlüsse nach, die häufig nicht ohne anschließende Weiterbildung auf dem Arbeitsmarkt verwertbar sind. Mit Recht fordert daher die BLK, dass verstärkt darauf zu achten sei, dass Berufsbildungsangebote zu „marktfähigen" Abschlüssen führen müssen. Ein Schritt dahin ist, die für die Ausbildung in verschiedenen Sozial- und Gesundheitsberufen, aber nicht in der dualen Ausbildung und in der Ausbildung an Berufsfachschulen existierenden Mindestaltersregelungen, die zu Verlängerungen in der Berufsausbildung sowie zum Ausweichen in zum Teil nicht anrechenbare Ausbildungen oder Praktika führen, aufzuheben.

7.2.3 Förderung an den Hochschulen

Angesichts der hohen Qualifikationsanforderungen, aber auch vor dem Hintergrund der Chancengleichheit ist im Anschluss an die BLK eine Aufwertung der sog. „frauentypischen" akademischen Berufe im Sozial- und Gesundheitswesen, wie sie Anfang der 70er Jahre für die Ingenieurberufe erfolgt ist, zu fordern: „Dies kann ein Beitrag sein, die Professionalisierung dieser Berufsfelder entsprechend ihrer gesellschaftlichen Bedeutung voranzubringen und den Anschluss an internationale Qualifikationsstandards herzustellen" (BLK 2000: 44).[126]

Zur Erhöhung des Frauenanteils in naturwissenschaftlichen Studiengängen, Ingenieurwissenschaften und Informatik schlägt die BLK die Öffnung dieser Fächer gegenüber internationalen und interdisziplinären Themenstellungen und die Herstellung eindeutiger Bezüge zu sozialen Themen, zu Umweltfragen bzw. zu konkreten Anwendungen in Bezug auf Menschen oder zu relevanten Lebenszusammenhängen von Frauen vor (ebd.). Dieser Vorschlag setzt richtig an empirischen Forschungsergebnissen bezüglich der Interessen von Mädchen und jungen Frauen an; dennoch ist darauf hinzuweisen, dass auch in diesen Berufsfeldern ein Upgrading und damit ein Abbau geschlechtsspezifischer horizontaler Segregation erforderlich ist, da die von Frauen eingenommenen sozial- und anwendungsorientierten Arbeitsplätze in diesen Bereichen geringere Aufstiegschancen und Dotierungen aufweisen als beispielsweise die von Männern besetzten grundlagen- und entwicklungsorientierten (vgl. Kapitel 3.2).

Modellversuche von Bund und Ländern haben wie in der Schule so auch im Hochschulbereich neue koedukative, aber auch monoedukative Lehr- und Lernformen entwickelt und erprobt, die die Studienmotivation von jungen Frauen in technischen Studiengängen erhöhen können. Für die Umsetzung der Ergebnisse dieser Modellversuche schlägt die BLK auf der Basis von Empfehlungen des Wissenschaftsrats weitere „Orientierungsangebote wie z.B. Frauen-Technik-Tage bzw. Sommerhochschulen" vor, „die in Zusammenarbeit von Schulen, Hochschulen, Berufsberatung und der Wirtschaft durchgeführt werden und jungen Frauen Einblick in ein breites Fächerspektrum und zukünftige berufliche Perspektiven vermitteln, so weit örtlich vorhanden, auch in Kooperation verschiedener Hochschularten" (a.a.O.: 45).

Zu fordern sind weitere Informations- und Beratungsangebote sowie Ansprechpartnerinnen. Auch der Wissenschaftsrat hebt die Funktion von Vorbildern für die berufliche Orientierung an den Hochschulen hervor: „Im Hinblick auf eine Änderung struktureller Rahmenbedingungen... und der Schaffung eines ‚frauenfreundlichen' Klimas geht es darum, Frauen mehr Einfluss und Raum in der Hochschule zu verschaffen, d.h. sie mit ihren Leistungen

---

126 Hier wäre anzumerken, dass mit einer generellen Aufwertung der Berufe im Sozial- und Gesundheitswesen vermutlich auch mehr Jungen solche Berufe ergreifen würden.

sichtbar zu machen und ihnen adäquate Einflussmöglichkeiten auf Hochschulentscheidungen und damit die Gestaltung von Forschung und Lehre zu sichern. Insbesondere in Führungspositionen an Hochschulen fehlen Vorbilder und Strukturen, die junge Frauen zur Aufnahme eines Studiums in den wichtigen naturwissenschaftlich-technischen Bereichen bzw. für eine wissenschaftliche Karriere motivieren könnten. Durch die Bildung von Frauennetzwerken kann der Erfahrungs- und Informationsaustausch zwischen Studentinnen, Wissenschaftlerinnen und in der Wirtschaft tätigen Frauen verstärkt, die Präsenz weiblicher Vorbilder gewährleistet sowie der Aufbau von Mentoring-Konzepten erleichtert werden" (a.a.O.: 46). Derartige Mentoring-Projekte, wie sie bereits von der Bundesregierung gefördert werden, sollten verstärkt eingerichtet und von Bund und Ländern sowie der Wirtschaft noch stärker unterstützt werden.

7.2.4 Weiterentwicklung der Einrichtungen der Berufsberatung

Sowohl die Berufsberatung der Arbeitsverwaltung als auch die Studienberatung an den Hochschulen müssen unter geschlechtsspezifischer Perspektive inhaltlich und methodisch weiterentwickelt werden (BLK 2000: 13). Die Berufsberatungsstellen der Arbeitsämter müssen über die Bestellung von „Beauftragten für Frauenbelange" hinaus ihr Beratungspersonal daraufhin schulen, dass es geschlechtsbezogene Fragen erkennen und bearbeiten kann. Die BeraterInnen sollten sich nicht nur auf die konkreten Fragen der Berufswahl und die Vermittlung von Informationen über Ausbildungsplätze konzentrieren, sondern auch Kenntnisse über die vor der Beratung liegenden Berufsfindungsprozesse und ihre kontextuellen Bedingungen besitzen. Ein derartiges Beratungsverständnis setzt voraus, dass das Thema der geschlechtsspezifischen Berufsfindungsprozesse bereits in der Ausbildung der BeraterInnen fest verankert und in Fort- und Weiterbildung ständig aktualisiert werden muss.

Wichtig für die Berufsberatung von Mädchen und jungen Frauen sind vor allem Einzelberatungsgespräche und Seminare. In einer Untersuchung von Küllchen zur Berufsfindung junger Frauen mit mathematisch-naturwissenschaftlichen Interessen zeigte sich, dass die Einzelberatungsgespräche nicht immer erfolgreich oder effektiv verlaufen waren. Die intensivsten unter den vom Arbeitsamt initiierten und von den Abiturientinnen in Anspruch genommenen Angeboten waren die Gruppenveranstaltungen bzw. zweitägigen Seminare zur Berufsorientierung: „Gerade für diejenigen Schülerinnen, die im Laufe der Oberstufe nur geringe berufliche Vorstellungen entwickelt haben, ist eine solche Veranstaltung offenbar sehr lohnend. Das Ziel dabei kann u.a. zunächst darin liegen, die Palette bisher ungedachter Alternativen zur eigenen Berufs- bzw. Studienwahl deutlich werden zu lassen; ein anderes kann darin bestehen, sich der eigenen Orientierungslosigkeit bewusst zu werden..." (Küllchen 1997: 96). Derartige Gruppenveranstaltungen können zu Einzelberatungsgesprächen motivieren, die für manche Schülerin offensichtlich zunächst eine Hürde darstellen. Wichtig war offensichtlich auch, dass im Rahmen der Berufsorientierungsseminare pädagogisch-didaktische Methoden eingesetzt wurden, die nicht nur die kognitive, sondern auch die emotionale Ebene einbezogen (a.a.O.: 197). Hier zeigt sich die Notwendigkeit, dass die BeraterInnen über Kompetenz und Engagement hinaus in der Lage sein sollten, Zugänge zu den Lebenswelten Jugendlicher zu finden, was in Anbetracht der strukturellen Grenzen einer Institution nicht ganz einfach erscheint (Stauber/Walther 1995: 190). Auf der einen Seite stehen zum Zeitpunkt der Berufswahlentscheidung bei den Jugendlichen gegenwarts- und interessenbezogene Motive im Vordergrund, auf der anderen Seite soll Beratung aber den Blick perspektivisch auf die Bedingungen künftiger Berufstätigkeit lenken (Kleffner u.a. 1996: 7).

Auch die Informationsangebote der BfA müssen aufgrund von Erfahrungen aus Modellversuchen sowie ggf. aufgrund von Forschungsergebnissen ständig neu überarbeitet werden. Generell stehen noch immer zu wenig Beratungsmaterialien zur Verfügung, die sich an Mädchen und nicht an junge Frauen richten. Die bereits von einzelnen Arbeitsämtern wieder angebotenen speziellen Kurse zur Berufsorientierung (einschließlich von Informationsmedien) nur für Mädchen, die auch Freiräume für die Bearbeitung persönlicher Problemstellungen eröffnen, sollten flächendeckend angeboten werden. Ebenso wie koedukative Angebote müssen diese Angebote wissenschaftlich begleitet und evaluiert werden. Notwendig im Bereich der Berufsberatung sind sowohl Forschung als auch Evaluation und Vernetzung. Insgesamt bleibt festzuhalten, dass nur sehr wenig empirisches Material über die Rolle der Berufsberatung im Berufsfindungsprozess von Mädchen vorliegt. Dies gilt insbesondere in Hinblick auf das Zusammenspiel von individuellen Interessen und Motiven mit struktuellen Bedingungen des Ausbildungs- und Arbeitsmarkts, zwischen denen die Beratung in der für Mädchen sehr bedeutsamen biographischen Phase der Adoleszenz vermitteln soll.[127] Weiterhin notwendig wären Evaluationsstudien, die Auskunft geben können über die Wirksamkeit der seitens der Arbeitsverwaltung durchgeführten Beratungen, Maßnahmen und Programme. Nicht nur theoretische Grundlagen und empirische Ergebnisse der Arbeitsmarkt- und Berufswahlforschung, sondern auch Erklärungsansätze und Forschungsergebnisse der Frauen- und Geschlechterforschung müssen in der Aus-, Fort- und Weiterbildung der BerufsberaterInnen eine Rolle spielen.

Insgesamt haben die Aktivitäten der Berufsberatung zur Vernetzung mit anderen Einrichtungen (z.B. Schule, Jugendhilfe, Projekte, Betriebe) stark zugenommen. Die Zusammenarbeit mit der Schule könnte aber noch weiter intensiviert werden. Notwendig wäre auch die Ausdehnung des Fachwissens

---

127 Zur Konzeption einer identitäts-, aber nicht geschlechterorientierten Berufswahlforschung vgl. Kahsnitz 1996.

der BeraterInnen auf den Kindergartenbereich sowie die Zusammenarbeit mit den Eltern.[128]

7.3 Entscheidungskompetenz von Mädchen und jungen Frauen stärken

Programme und Maßnahmen zur Verbesserung der Chancen von Mädchen und Frauen in Ausbildung und Beruf müssen als Selbstverständlichkeit und nicht, wie häufig, als Sonderprogramm zum Defizitausgleich angesehen werden.

Gefördert werden müssen Autonomie und Selbstständigkeit von Mädchen sowie die Fähigkeit zu einer eigenständigen unabhängigen Berufs- und Lebensplanung, die sie nicht in das „Korsett" von gesellschaftlich vorgegebenen Lebensentwürfen presst (vgl. Kapitel 2.1). Berufsfindungsprozesse basieren nicht nur auf rationalen Entscheidungen, daher muss zusätzlich zu einer noch breiteren Wissensvermittlung über das Berufswahlspektrum und die Konsequenzen einer Berufswahl für die Lebensplanung auch die Interessenentwicklung der Mädchen beachtet werden. Berücksichtigt werden muss außerdem, dass insbesondere in der Phase der Adoleszenz für Mädchen trotz der Bedeutung der Berufswahl andere Themen im Vordergrund stehen.

Einer Stärkung bedarf das Selbstbewusstsein der Mädchen in Hinblick auf ihre eigene Leistungsfähigkeit, damit sie – trotz besserer Schulabschlüsse – insbesondere ihre mathematisch-naturwissenschaftlichen Fähigkeiten nicht unterschätzen. Sie sollen dahin kommen, sich prinzipiell zunächst jeden Beruf zuzutrauen. Dies ist vor allem eine Aufgabe von Schule und Berufsberatung, wobei die Eltern möglichst einbezogen werden sollten. Zu überlegen ist, ob es nicht ähnlich wie hinsichtlich des monoedukativen Unterrichts für bestimmte Themenfelder auch spezielle Wettbewerbe nur für Mädchen geben sollte.

Eine besondere Rolle – insbesondere zur Stärkung der Motivation, Berufe in frauenuntypischen Berufsfeldern und neuen Berufsfeldern zu ergreifen – spielen Angebote zum Kennenlernen der beruflichen Praxis wie z.B. Betriebspraktika sowie Betriebsbesichtigungen, Probierwerkstätten und „Schnupperkurse". Solche Veranstaltungen sollten keine einmaligen Ereignisse sein, sondern mehrfach angeboten werden. Weitere Maßnahmen in diesem Zusammenhang sind

---

128 Dazu ein Beispiel aus der Praxis: Auch in der hinsichtlich Vernetzung sehr fortschrittlichen Maßnahme des Arbeitsamts München „BBE-Lehrgang zur Verbesserung beruflicher Bildungs- und Eingliederungschancen für sozial benachteiligte Mädchen und junge Frauen", in dem Berufsberatung, Berufsschule, Hauptschule und soziale und therapeutische Dienste miteinander kooperieren, fehlen die Eltern.

- Angebote für spezielle Zielgruppen (z.B. ausländische Mädchen, junge Mütter),
- offene berufsfeldübergreifende Treffs für junge Frauen in der Ausbildung als Anlaufstelle zum Erfahrungsaustausch und zur begleitenden Unterstützung,
- sozialpädagogische Einzelbetreuung und Leistungsstützung für sozial benachteiligte Mädchen und junge Frauen,
- Seminare zur Auseinandersetzung mit Berufs- und Lebensplanung,
- Mentoring-Programme.

Eine sinnvolle Hilfe zur subjektiven Einschätzung der objektiven Informationen sowohl in Hinblick auf technische Berufe wie aber auch in Hinblick auf die oft ungenügenden Kenntnisse über die Arbeitsbedingungen im pflegerischen Bereich könnten Angebote wie „Mädchen beraten Mädchen" als Ergänzung der Informationsarbeit der Arbeitsämter sein (Stauber/Walther 1995: 190), wie sie sich im Hochschulbereich bereits bewährt haben. Die Beraterin/der Berater sollte sich dabei darüber im Klaren sein, dass in dieser biographischen Phase häufig persönliche, nicht berufsbezogene Probleme im Vordergrund stehen, auch wenn sie oder er diese nicht bearbeiten kann (Küllchen 1997: 194; Kleffner u.a. 1996: 3). Das bedeutet, dass Berufsberatung identitätsorientiert sein und ihre Tätigkeit hinsichtlich der Berufsfindung vor allem vor dem Hintergrund der von den Mädchen in der Adoleszenz zu bewältigenden Entwicklungsaufgaben sehen muss.[129]

Auch die Aufklärung über die unterschiedlichen Finanzierungs- und Fördermöglichkeiten in der Berufsvorbereitung und Berufsausbildung sowie beim Zugang zum Arbeitsmarkt muss zum Beratungsprozess dazugehören (Flitner u.a. 1998: 67). Vor der Entscheidung für eine bestimmte Berufsausbildung sollten Mädchen darüber informiert werden, welche Aufstiegsmöglichkeiten ihnen der gewählte Beruf bietet bzw. ob er sie in Sackgassen führt, damit sie später nicht erfahren müssen, dass sie Teil der „sticky floors" des Arbeitsmarktes sind. Da Berufswegplanung auch Lebensplanung ist, müssen Mädchen und junge Frauen über die Konsequenzen einer wenn auch vorübergehenden Niederlegung der Berufstätigkeit und die Rahmenbedingungen ihres Wiedereinstiegs aufgeklärt werden.

„Finden oder gefunden werden" – in jedem Fall sind die Wege in den Beruf für Mädchen und junge Frauen nicht einfach und eindimensional. Sie zeigen sich als vielfältig geprägt und beeinflusst von strukturellen Faktoren, Institutionen, von Medien, von Eltern und nicht zuletzt von individuellen Faktoren. Die Berufswahl ist das Ergebnis eines langjährigen Prozesses, der biographisch früh einsetzt und in dessen Verlauf unterschiedliche Marker ge-

---

129 So können bekanntermaßen z.B. familiale Probleme und Essstörungen die Berufswahlentscheidungen maßgeblich beeinflussen und Erklärungen bieten für eine trotz Erweiterung des Berufswahlspektrums geschlechtsspezifische Berufswahl.

setzt werden, die an vielen Stellen wegweisend sind. Wir wollten mit dieser Arbeit, die als Expertise auch die politischen Entscheidungsträger/innen erreicht hat, darauf aufmerksam machen, wo diese Schaltstellen sind und wie sie wirksam werden. Werden sich soziale Praxis, Politik, Eltern und nicht zuletzt die Mädchen und jungen Frauen dessen bewusst, lassen sich Weichenstellungen vornehmen, die die Berufswahl von Mädchen und jungen Frauen zu einer wirklichen Berufsentscheidung machen.

Literatur

Baethge, Martin/Hantsche, Brigitte/Petull, Wolfgang/Voskamp, Ulrich: Jugend. Arbeit und Identität. Lebensperspektiven und Interessenorientierung von Jugendlichen. Opladen 1988

Baron, James N./Bielby, William T.: Men and Women at Work: Sex Segregation and Statistical Discrimination. In: American Journal of Sociology, 1986/91, S. 759-799

Baumert, Jürgen (Hrsg.): PISA 2000. Basiskompetenzen von Schülerinnen und Schülern im internationalen Vergleich. Opladen 2001

Beck, Ulrich: Risikogesellschaft. Auf dem Weg in eine andere Moderne. Frankfurt a. M. 1986

Beck-Gernsheim, Elisabeth: Der geschlechtsspezifische Arbeitsmarkt. Zur Ideologie und Realität von Frauenberufen. Frankfurt 1976

Beck-Gernsheim, Elisabeth/Ostner, Ilona: Frauen verändern – Berufe nicht? In: Soziale Welt, 1978/3, S. 257-287

Becker-Schmidt, Regina: Entfremdete Aneignung, gestörte Anerkennung: Lernprozesse. Über die Bedeutung von Erwerbsarbeit für Frauen. In: Beiträge zur Frauenforschung, 21. Soziologentag. Bamberg 1982

Becker-Schmidt, Regina: Arbeitsleben – Lebensarbeit: Konflikte und Erfahrungen von Fabrikarbeiterinnen. Bonn 1983

Becker-Schmidt, Regina: Die doppelte Vergesellschaftung – die doppelte Unterdrückung: Besonderheiten der Frauenforschung in den Sozialwissenschaften. In: Unterkircher, Lilo/Wagner, Ina (Hrsg.): Die andere Hälfte der Gesellschaft. Österreichischer Soziologentag 1985. Wien 1987

Bien, Walter (Hrsg.): Familie an der Schwelle zum neuen Jahrtausend. Wandel und Entwicklung familialer Lebensformen. Opladen 1996

Bischoff, Claudia: Frauen in der Krankenpflege. Zur Entwicklung von Frauenrolle und Frauenberufstätigkeit im 19. und 20. Jahrhundert. Frankfurt a.M. 1984

Blossfeld, Hans-Peter: Berufseinstieg und Segregationsprozess. In: Soziale Welt, 1987, Sonderband 5, S. 218-314

Böge, Sybille: Geschlecht, Prestige und „horizontale" Segmentierungen in der juristischen Profession. In: Wetterer, Angelika (Hrsg.): Die Konstruktion von Geschlecht in Professionalisierungsprozessen. Frankfurt a.M. 1995, S. 139-154

Bonnemann-Böhner, Adelheid/Welpe, Ingelore (Hrsg.): Berufe haben (k)ein Geschlecht: Chancen und Hindernisse in der gewerblich-technischen Berufsausbildung junger Frauen. München 1994

Born, Claudia/Krüger, Helga/Lorenz-Meyer, Dagmar: Der unentdeckte Wandel – Annäherung an das Verhältnis von Struktur und Norm im weiblichen Lebenslauf. Berlin 1996

Brake, Anna: Wertorientierungen und (Zukunfts-)Perspektiven von Kindern und jungen Jugendlichen. Über Selbstbilder und Weltsichten in Ost- und Westdeutschland. In: Büchner, Peter/Fuhs, Burkhard/Krüger, Heinz-Hermann (Hrsg.): Vom Teddybär zum ersten Kuss. Wege aus der Kindheit in Ost- und Westdeutschland. Opladen 1996, S. 67-98

Bredemeier de Diego, Inge/Fischer, Jutta/Krieger, Wolfgang: Berufsfindung und Lebenschancen der heutigen Mädchengeneration. Analysen zu einem Modellprojekt. Berlin 1995

Bund-Länder-Kommission für Bildungsplanung und Forschungsförderung (BLK) (Hrsg.): Förderung von Frauen im Bereich der Wissenschaft. Bonn 1996

Bund-Länder-Kommission für Bildungsplanung und Forschungsförderung (BLK) (Hrsg.): Verbesserung der Chancen von Frauen in Ausbildung und Beruf. Ausbildungs- und Studienwahlverhalten von Frauen. Bonn 2000

Bundesinstitut für Berufsbildung (BIBB) (Hrsg.): Frauen geben Technik neue Impulse. Berlin 1995

Bundesinstitut für Berufsbildung (BIBB): Frauen in der beruflichen Bildung. Ergebnisse, Veröffentlichungen und Materialien aus dem BIBB. Bonn 1999

Bundesministerium für Bildung und Forschung (BMBF) (Hrsg.): Berufsbildungsbericht 2000. Bonn 2000

Chaberny, Annelore: Die Ausbildung und Beschäftigung von Frauen in ehemaligen Männerberufen. In: Gewerkschaftliche Bildungspolitik, 5/92, S. 107-109

Chisholm, Lynne: Soziokulturelle Reproduktion und Geschlecht. Grundgedanken zu einer sozialen Grammatik geschlechtsspezifischer Berufswahlprozesse. In: Friese, Marianne/Lösch-Sieveking, Gundula (Hrsg.): Junge Frauen an der ersten Schwelle. Diskrete Diskriminierung in der Schule und im Berufsfindungsprozess. Bremen 1993, S. 145-184

Cyba, Eva: Grenzen der Theorie sozialer Schließung? Die Erklärung von Ungleichheiten zwischen den Geschlechtern. In: Wetterer, Angelika (Hrsg.): Die soziale Konstruktion von Geschlecht in Professionalisierungsprozessen, Frankfurt a.M. 1995, S. 51-70

Damm-Rüger, Sigrid: Die Frauen im Kommen? Steigende Ausbildungsbeteiligung geschlechtsabhängige Berufszuweisung, Ausbildungsqualität und Berufseinmündung. In: Damm-Rüger, Sigrid (Hrsg.): Frauen – Ausbildung – Beruf. Realität und Perspektiven der Berufsausbildung von Frauen. Berlin 1992, S. 35-52

Degenkolb, Alexandra: Das Berufsfeld Ernährung und Hauswirtschaft. Bestandsaufnahme beruflicher Ausbildungsgänge und Perspektiven für Veränderungen. In: Friese, Marianne (Hrsg.): Modernisierung personenbezogener Dienstleistungen. Innovationen für die berufliche Aus- und Weiterbildung. Opladen 2000, S. 116-140

Deters, Magdalene: Sind Frauen vertrauenswürdig? Vertrauen, Rationalität und Macht: Selektionsmechanismen in modernen Arbeitsorganisationen. In: Wetterer, Angelika (Hrsg.): Die soziale Konstruktion von Geschlecht in Professionalisierungsprozessen. Frankfurt a.M. 1995, S. 85-100

Dietzen, Agnes: Junge Frauen in Zukunftsberufen – IT-Berufe auf dem Prüfstand. In: berufsbildung Heft 72, 2001, S. 38-40

Deutsche Shell (Hrsg.): Jugend 2000. Band 1. Opladen 2000

Deutscher Bundestag (Hrsg.): Schlussbericht der Enquete-Kommission Zukunft der Medien in Wirtschaft und Gesellschaft – Deutschlands Weg in die Informationsgesellschaft. In: Bundestags-Drucksache 13/1104, 1998

Diezinger, Angelika/Rerrich, Maria S.: Die Modernisierung der Fürsorglichkeit in der alltäglichen Lebensführung junger Frauen: Neuerfindung des Altbekannten? In: Oechsle, Mechthild/Geissler, Birgit (Hrsg.): Die ungleiche Gleichheit. Junge Frauen und der Wandel im Geschlechterverhältnis. Opladen 1998, S. 165-183

Dittler, Ulrike: Frauen und Computerspiele. Geschlechtsspezifische Unterschiede im Umgang mit Video- und Computerspielen. In: Jugendmedienschutz-Report, -/1995/3, S. 48-49

Dostal, Werner/Troll, Lothar: Frauen und Technik am Arbeitsmarkt. Aspekte der Frauenbeschäftigung im Strukturwandel. In: Materialien aus der Arbeitsmarkt- und Berufsforschung, 1995/3

Dostal, Werner/Reinberg, Alexander: Arbeitslandschaft 2010 – Teil 2. IAB-Kurzbericht Nr.10 vom 27.8.1999

Dostal, Werner: Computer prägen die Arbeitswelt. In: IAB-Materialien 1/2000, S. 10-11

Drake, Hans: Frauen in der Sozialarbeit. Sexismus – die geschlechtsspezifische Diskriminierung. Neuwied/Darmstadt 1980

EMNID-Institut: Technischer Fortschritt und Technik-Akzeptanz. Bielefeld 1991

Engelbrech, Gerhard: Frauenspezifische Restriktionen des Arbeitsmarkts – Situationsbericht und Erklärungsansätze zu Phasen des Berufsverlaufs anhand von IAB-Ergebnissen. In: Mayer, Karl Ulrich/Allmendinger, Jutta/Huinink, Johan-nes (Hrsg.): Vom Regen in die Traufe: Frauen zwischen Beruf und Familie. Frankfurt a.M. 1991, S. 91-118

Engelbrech, Gerhard: Die Beharrlichkeit geschlechtsspezifischer beruflicher Segregation. Betriebliche Berufsausbildung und geschlechtsspezifische Einkommensentwicklung beim Berufseinstieg. In: Liesering, Sabine/Rauch, Angela (Hrsg.): Hürden im Erwerbsleben. Aspekte beruflicher Segregation nach Geschlecht, BeitrAB 198, 1996, S. 65-104

Engelbrech, Gerhard: Zur aktuellen Beschäftigungsentwicklung bei ost- und westdeutschen Männern und Frauen. In: ibv, 1999/13, S. 935-948

Engelbrech, Gerhard/Jungkunst, Maria: Frauen gewinnen im Strukturwandel. In: IAB Materialien 1999/4, S. 1-2

Faltermaier, Toni/Mayring, Philipp/Saup, Winfried/Strehmel, Petra: Entwicklungspsychologie des Erwachsenenalters. Stuttgart 1992

Faulstich-Wieland, Hannelore: Koedukation im arbeitsorientierten Unterricht. In: Dedering, Heinz (Hrsg.): Handbuch zur arbeitsorientierten Bildung. München/Wien 1996, S. 149-166

Faulstich-Wieland, Hannelore: Veränderte Wertorientierungen – verändertes Berufsbewusstsein. In: Happ, Doris/Wiegand, Ulrich (Hrsg.): Frauen im Trend. Beruf – Bildung – Bewusstsein. München 1999, S. 34-47

Fauser, Richard/Schreiber, Norbert: Ansatzpunkte für eine informationstechnische Grundbildung. Zur Ausgangslage bei Jugendlichen in der achten Klasse. In: Zeitschrift für Pädagogik, 35/1989/2, S. 219-240

Feil, Christine: Kinder im Internet. Angebote, Nutzung und medienpädagogische Perspektiven. In: Diskurs 10/2000/1, S. 15-24

Flaake, Karin/King, Vera : Psychosexuelle Entwicklung. Lebensentwürfe junger Frauen. Zur weiblichen Adoleszenz in soziologischen und psychoanalytischen Theorien. In: Flaake, Karin/King, Vera: Weibliche Adoleszenz. Zur Sozialisation junger Frauen. Frankfurt a.M./New York 1992, S. 13-39

Flaake, Karin: Weibliche Adoleszenz – Neue Möglichkeiten, alte Fallen? Widersprüche und Ambivalenzen in der Lebenssituation und den Orientierungen junger Frauen. In: Oechsle, Mechthild/Geissler, Birgit (Hrsg.): Die ungleiche Gleichheit. Junge Frauen und der Wandel im Geschlechterverhältnis. Opladen 1998, S. 43-65

Flitner, Andreas/Petry, Christian/Richter, Ingo (Hrsg.): Wege aus der Ausbildungskrise. Memorandum des Forums Jugend – Bildung – Arbeit mit Untersuchungsergebnissen des Instituts für Arbeitsmarkt- und Berufsforschung der Bundesanstalt für Arbeit. Opladen 1998

Foster, Helga: Frauen in Männerberufen. In: Bundesinstitut für Berufsbildung (BIBB) (Hrsg.): Frauen in der beruflichen Bildung. Ergebnisse, Veröffentlichungen und Materialien aus dem BIBB. Bonn 1999, S. 19-26

Frankfurter Rundschau Nr. 25 vom 21.10.2000, Beilage „eDIT" 2000 Jobbörse

Friebel, Harry/Epskamp, Heinrich/Friebel, Roswitha/Toth, Stephan: Bildungsidentität. Zwischen Qualifikationschancen und Arbeitsplatzmangel. Eine Längsschnittuntersuchung. Opladen 1996

Friese, Marianne/Lösch-Sieveking, Gundula (Hrsg.): Junge Frauen an der „ersten" Schwelle. Diskrete Diskriminierung in der Schule und im Berufsfindungsprozess. Bremen: Universität Bremen 1993

Friese, Marianne (Hrsg.): Modernisierung personenbezogener Dienstleistungen. Innovationen für die berufliche Aus- und Weiterbildung. Opladen 2000

Fritzsche, Yvonne: Moderne Orientierungsmuster: Inflation am Wertehimmel. In: Deutsche Shell (Hrsg.): Jugend 2000. Band 1. Opladen 2000, S. 93-156

Fritzsche, Yvonne/Münchmeier, Richard: Mädchen und Jungen. In: Deutsche Shell (Hrsg.): Jugend 2000. Band 1. Opladen 2000, S. 343-348

Fuchs-Heinritz, Werner: Zukunftsorientierungen und Verhältnis zu den Eltern. In: Deutsche Shell (Hrsg.): Jugend 2000. Band 1. Opladen 2000, S. 23-92

Geissler, Birgit/Oechsle, Mechthild: Lebensplanung junger Frauen – Zur widersprüchlichen Modernisierung weiblicher Lebensläufe. Weinheim 1996

Gilligan, Carol: Die andere Stimme. Lebenskonflikte und Moral der Frau. München 1984

Glumpler, Edith: Abiturientinnen 1990. Eine Untersuchung zur Berufsorientierung schulisch erfolgreicher Frauen. In: Glumpler, Edith (Hrsg.): Mädchenbildung – Frauenbildung. Beiträge der Frauenforschung für die LehrerInnenbildung. Bad Heilbrunn 1992, S. 243-257

Grün, Simone: Wahrnehmung der Berufswelt durch Kinder im Alter von drei bis sechs Jahren (Vorschulalter). Diplomarbeit an der Fachhochschule des Bundes für öffentliche Verwaltung, Fachbereich Arbeitsverwaltung. Mannheim 2001

Hagemann-White, Carol: Sozialisation: weiblich – männlich? Alltag und Biografie von Mädchen. Opladen 1984

Hagemann-White, Carol: Wir werden nicht zweigeschlechtlich geboren.... In: Hagemann-White, Carol/Rerrich, Maria S. (Hrsg.): FrauenMännerBilder. Bielefeld 1988, S. 224-235

Hagemann-White, Carol: Berufsfindung und Lebensperspektive in der weiblichen Adoleszenz. In: Flaake, Karin/King, Vera: Weibliche Adoleszenz. Zur Sozialisation junger Frauen. Frankfurt a.M./New York 1992, S. 64-83

Hagemann-White, Carol: Identität – Beruf – Geschlecht. In: Oechsle, Mechthild/Geissler, Birgit (Hrsg.): Die ungleiche Gleichheit. Junge Frauen und der Wandel im Geschlechterverhältnis. Opladen 1998, S. 27-41

Hahn, Angelika: Vollzeitschulen und duales System: Alte Konkurrenzdebatte oder gemeinsame Antworten auf dringende Fragen? In: Euler, Dieter/Sloane, Peter F. E. (Hrsg.): Duales System im Umbruch. Pfaffenweiler 1997, S. 27-52

Haubrich, Karin/Preiß,Christine: Auf der Suche nach beruflicher Identität – junge Frauen im Berufsfindungsprozess. In: Schober, Karen/Gaworek, Maria (Hrsg.): Berufswahl: Sozialisations- und Selektionsprozesse an der ersten Schwelle. Nürnberg 1996, S. 77-93

Hecker, Ursula: Arzthelferinnen in den ersten Berufsjahren. In: Damm-Rüger, Sigrid (Hrsg.): Frauen – Ausbildung – Beruf. Realität und Perspektiven der Berufsausbildung von Frauen. Berlin 1992, S. 109-118

Hecker, Ursula: Arzthelferinnen in der Ausbildung: Erfahrungen und Einschätzungen. In: Bundesinstitut für Berufsbildung (BIBB) (Hrsg.): Frauen in der beruflichen Bildung. Bonn 1999, S. 101-113

Heintz, Bettina/Nadai, Eva/Fischer, Regula/Ummel, Hannes: Ungleich unter Gleichen. Studien zur geschlechtsspezifischen Segregation des Arbeitsmarktes. Frankfurt a.M. 1997

Heinz, Walter/Krüger, Helga/Rettke, Ursula/Wachtveitl, Erich/Witzel, Andreas: Hauptsache eine Lehrstelle. Jugendliche vor den Hürden des Arbeitsmarkts. Weinheim 1985

Heppner, Gisels/Osterhoff, Julia/Schiersmann, Christiane/Schmidt, Christiane: Computer? „Interessieren tät's mich schon, aber ...“ Wie sich Mädchen in der Schule mit Neuen Technologien auseinander setzen. Bielefeld 1990

Höckner, Marianne: Einfluss der Eltern und personale Leistungsvoraussetzung der Jugendlichen als Determinanten für berufliche Bildungswege. In: Schober, Karen/Gaworek, Maria (Hrsg.): Berufswahl: Sozialisations- und Selektionsprozesse an der ersten Schwelle. Nürnberg 1996, S. 47-63

Holling, Heinz/Lüken, Kai Hendrik/Preckel, Franzis/Stotz, Monika: Berufliche Entscheidungsfindung. Nürnberg: Institut für Arbeitsmarkt- und Berufsforschung der Bundesanstalt für Arbeit 2000. Beiträge zur Arbeitsmarkt- und Berufsforschung 236

Holzkamp, Klaus: Grundlegung der Psychologie. Frankfurt a.M. 1983

Hoose, Daniela/Vorholt, Dagmar: Sicher sind wir wichtig – irgendwie!? Der Einfluss von Eltern auf das Berufswahlverhalten von Mädchen. Eine Untersuchung im Auftrag des Senatsamtes für die Gleichstellung Freie und Hansestadt Hamburg. Hamburg 1996

Hoose, Daniela/Vorholt, Dagmar: Der Einfluss von Eltern auf das Berufswahlverhalten von Mädchen. Ergebnisse einer empirischen Untersuchung. In: Aus Politik und Zeitgeschichte, 1997/B 25, S. 35-44

Hornung, Ursula: Stachel „Geschlecht“. Der soziologische Diskurs über den Wandel und die Zukunft in Arbeit, Ökonomie und Geschlechterverhältnis – ein Überblick. In: Soziologie, -/2000/3, S. 5-19

Horstkemper, Marianne: Schule, Geschlecht und Selbstvertrauen. Eine Längsschnittstudie über Mädchensozialisation in der Schule. Weinheim/München 1991

Hypathia e.V. (Hrsg.): 25. Kongress von Frauen in der Naturwissenschaft und Technik. Darmstadt 1999

Informationen für die Beratungs- und Vermittlungsdienste der Bundesanstalt für Arbeit (ibv): Frauen. Ausbildung – Beschäftigung – Weiterbildung, 8/98

Informationen für die Beratungs- und Vermittlungsdienste der Bundesanstalt für Arbeit (ibv): Frauen. Frauen in der Informationsgesellschaft, 13/99

Informationen für die Beratungs- und Vermittlungsdienste der Bundesanstalt für Arbeit (ibv): Frauen. Wege zur Chancengleichheit, 22/2000

Jacobs, Jerry A.: Revolving Doors: Sex Segregation and Womens Career. Stanford 1989

Jaeger, Ursula: Berufsorientierung und Lebensplanung von Mädchen. Welchen Beitrag kann die Schule leisten? In: Landesfrauenausschuss der GEW Baden-Württemberg (Hrsg.): Durchbruch zu einer feministischen Bildung. Bielefeld 1995, S. 29-43

Jelden, Eva: Frauen am Computer: Männlich programmiert? In: Ritter, Martina (Hrsg.): Bits und Bytes vom Apfel der Erkenntnis. Frauen – Technik – Männer. Münster 1999, S. 156-170

Jugendwerk der Deutschen Shell (Hrsg.): Jugend 92. Band 2. Opladen 1992

Jurczyk, Karin: Flexibilisierung für wen? Zum Zusammenhang von Arbeitszeiten und Geschlechterverhältnissen. In: Jurczyk, Karin/Rerrich, Maria S. (Hrsg.): Die Arbeit des Alltags. Beiträge zu einer Soziologie der alltäglichen Lebensführung. Freiburg/Br. 1993, S. 346-374

Kahlert, Heike/Mischau, Anina: Neue Bildungswege für Frauen. Frauenhochschulen und Frauenstudiengänge im Überblick. Frankfurt a.M. 2000

Kahsnitz, Dietmar: Identitätsorientierte Berufswahlforschung und Berufsberatung. In: Schober, Karen/Gaworek, Maria (Hrsg.): Berufswahl: Sozialisations- und Selektionsprozesse an der ersten Schwelle. Nürnberg 1996, S. 325-341

Kanter, Rosabeth Moss: Men and Women of the Corporation. New York 1977

Karsten, Maria-Eleonora: Personenbezogene Dienstleistungen für Frauen. In: Friese, Marianne (Hrsg.): Modernisierung personenbezogener Dienstleistungen. Innovationen für die berufliche Aus- und Weiterbildung. Opladen 2000, S. 74-88

Karsten, Maria-Eleonora/Braun, Carola von: Entwicklung des Qualifikations- und Arbeitskräftebedarfs in den personenbezogenen Dienstleistungsberufen. Expertise. Senatsverwaltung für Arbeit, Soziales und Frauen. Berlin 1999

Keddi, Barbara/Pfeil, Patricia/Strehmel, Petra/Wittmann, Svendy: Lebensthemen junger Frauen. Die andere Vielfalt weiblicher Lebensentwürfe. Opladen 1999

Keddi, Barbara/Wittmann, Svendy: Frauen-Power-Online. In: Jugendpolitik "Lost in Space", 1997/2, S. 23-26

Kleffner, Annette/Lappe, Lothar/Raab, Erich/Schober, Karen: Fit für den Berufsstart? Berufswahl und Berufsberatung aus Schülersicht. Materialien aus der Arbeitsmarkt- und Berufsforschung,1996/3

Kleffner, Annette/Schober, Karen: Wie war's bei der Berufsberatung? Berufliche Beratung im Urteil der Kunden. Materialien aus der Arbeitsmarkt- und Berufsforschung,1998/2

Klevenow, Holger: Geschlechtsspezifische Interessenschwerpunkte und berufliche Orientierungen in der Phase der Berufswahlvorbereitung. In: Schober, Karen/Gaworek, Maria (Hrsg.): Berufswahl: Sozialisations- und Selektionsprozesse an der ersten Schwelle. Nürnberg 1996, S. 97-112

Knapp, Gudrun-Axeli: Das Konzept „weibliches" Arbeitsvermögen – theoriegeleitete Zugänge, Irrwege, Perspektiven. In: Frauenforschung, – /1988/4, S. 8-19

Köppl, Angela/Martin, Delia: Ein minderwertiges Leben. Zur geschlechtsspezifischen Einkommensdiskriminierung. In: Unterkircher, Lilo/Wagner, Ina (Hrsg.): Die andere Hälfte der Gesellschaft. Österreichischer Soziologentag 1985. Wien 1987, S. 118-123

Kreckel, Reinhart (Hrsg.): Soziale Ungleichheit und Arbeismarktsegmentierung, Soziale Welt, Sonderband 2. Göttingen 1983

Kreckel, Reinhart: Politische Soziologie der sozialen Ungleichheit. Frankfurt a.M. 1992

Krüger, Helga: Die Segmentierung des Berufsbildungssystems. Eine bildungspolitische Barriere für Marktpositionen weiblicher Arbeitskräfte. In: Krüger, Helga (Hrsg.): Berufsbiographien im Wandel. Opladen 1986, S. 33-52

Krüger, Helga: Doing Gender: Geschlecht als Statuszuweisung im Berufsbildungssystem. In: Brock, Ditmar/Hantsche, Brigitte/Kühnlein, Gertrud/Meulemann, Heiner/Schober, Karen (Hrsg.): Übergänge in den Beruf. München 1991, S. 139-169

Krüger, Helga (Hrsg.): Frauen und Bildung. Wege der Aneignung und Verwertung von Qualifikationen in weiblichen Erwerbsbiographien. Bielefeld 1992

Krüger, Helga: Dominanzen im Geschlechterverhältnis: Zur Institutionalisierung von Lebensläufen. In: Becker-Schmidt, Regina/Knapp, Gudrun-Axeli (Hrsg.): Das Geschlechterverhältnis als Gegenstand der Sozialwissenschaften. Frankfurt a.M. 1995, S. 195-219

Krüger, Helga: Unterschiedliche Lebenswelten von Mädchen und Jungen. In: FORUM Jugendhilfe, 2000/2, S. 45-50

Krüger, Helga/Born, Claudia/Einemann, Beate/Heintze, Stine/Saifi, Helga (Hrsg.): Privatsache Kind – Privatsache Beruf. Zur Lebenssituation von Frauen mit kleinen Kindern in unserer Gesellschaft. Opladen 1987

Krüger, Helga/Born, Claudia u.a.: „Die Zeiten ändern sich so flink: Wo geht mein Interesse hin?" Frauen zwischen Markt und Rolle. Opladen 1989

Kühnlein, Gertrud/Paul-Kohlhoff, Angela: Die Entwicklung von Berufswahlorientierungen und Lebenskonzepten bei Mädchen und jungen Frauen. In: Schober, Karen/Gaworek, Maria (Hrsg.): Berufswahl: Sozialisations- und Selektionsprozesse an der ersten Schwelle. Nürnberg 1996, S. 113-125

Küllchen, Hildegard: Zwischen Bildungserfolg und Karriereskepsis. Zur Berufsfindung junger Frauen mit mathematisch-naturwissenschaftlichen Interessen. Bielefeld 1997

Kupka, Christine: Derzeitige Situationen und Entwicklungen im Berufsbereich Pflege, Betreuung, Versorgung. In: Friese, Marianne (Hrsg.): Modernisierung personenbezogener Dienstleistungen. Innovationen für die berufliche Aus- und Weiterbildung. Opladen 2000, S. 141-150

Lander, Bettina: Computerinteresse und Geschlecht. Fördert eine techniknahe Sozialisation das Interesse an Computern? In: Zeitschrift für Frauenforschung, 13/1995/4, S. 40-50

Lappe, Lothar: Die Arbeitssituation erwerbstätiger Frauen. Geschlechtsspezifische Arbeitsmarktsegmentation und ihre Folgen. Frankfurt a.M. 1981

Lappe, Lothar: Einführendes Statement zur Generaldiskussion: Berufswahlforschung vor den Ansprüchen der Beratungspraxis. In: Schober, Karen/Gaworek, Maria (Hrsg.): Berufswahl: Sozialisations- und Selektionsprozesse an der ersten Schwelle. Nürnberg 1996, S. 315-323

Lappe, Lothar/Raab, Erich: Ratsuchende bei der Berufsberatung. Bericht über die Ergebnisse einer repräsentativen Befragung von jungen Ratsuchenden bei der Berufsberatung und einer Befragung von Berufsberatern. München: Deutsches Jugendinstitut 1997

Lehr, Ursula: Die Rolle der Mutter in der Sozialisation des Kindes. Darmstadt 1974

Lemmermöhle-Thüsing, Doris: „Meine Zukunft? Naja, heiraten, Kinder haben und trotzdem berufstätig bleiben. Aber das ist ja fast unmöglich." Über die Notwendigkeit, die Geschlechterverhältnisse in der Schule zu thematisieren: das Beispiel Berufsorientierung. In: Rabe-Kleberg, Ursula (Hrsg.): Besser gebildet und doch nicht gleich! Frauen und Bildung in der Arbeitsgesellschaft. Bielefeld 1990, S. 163-196

Lemmermöhle, Doris: „Ich fühl' mich halt im Frauenpelz wohler." Biografisches Handeln junger Frauen beim Übergang von der Schule in die Arbeitswelt. In: Feministische Studien, 15/1997/2, S. 23-37

Lemmermöhle, Doris: Geschlechter(un)gleichheiten und Schule. In: Oechsle, Mechthild/Geissler, Birgit (Hrsg.): Die ungleiche Gleichheit. Junge Frauen und der Wandel im Geschlechterverhältnis. Opladen 1998, S. 67-86

Lemmermöhle, Doris: Berufs- und Lebensplanung von Jugendlichen – Widersprüchliche Anforderungen an die schulische Praxis. In: Ministerium für Arbeit, Soziales, Gesundheit und Frauen Land Brandenburg (Hrsg.): Reform beruflicher Bildung. Potsdam 1998a, S. 63-71

Lemmermöhle, Doris: Junge Frauen und die Umstrukturierung der Arbeitsgesellschaft – Von veränderten Ansprüchen, begrenzten Gleichheiten und (Um-)Ordnungen der Geschlechterverhältnisse. In: Projektgruppe Arbeit – Jugend –Politik (Hrsg.): Politischsoziale Jugendbildung in der Krise der Arbeitsgesellschaft. St. Ingbert 1999, S. 129-144

Lemmermöhle, Doris: Arbeit (noch) Bezugspunkt für die Lebensentwürfe der Jugendlichen und für schulische Bildungsprozesse? In: Brauer-Schröder, Margareta (Hrsg.): Brennpunkt Arbeit. Bremen 1999a, S. 37-53

Lemmermöhle, Doris: Der Blick aufs Ganze fehlt: Geschlecht und Geschlechterverhältnisse in der Arbeitslehre und in der berufsorientierenden Bildung. Weinheim 2001

Lemmermöhle-Thüsing, Doris/Müller, Regine/Arndt, Silke: Schulische Berufsorientierung (nicht nur) für Mädchen. „Frauenberufe" – Zukunftsberufe? Band 4 der Reihe Wir werden was wir wollen! Ministerium für die Gleichstellung von Frau und Mann des Landes Nordrhein-Westfalen (Hrsg.). Düsseldorf 1994

Lemmermöhle, Doris/Lührig, Marion: Berufsorientierung für Mädchen und Jungen – ein Bund-Länder-Modellversuch in Brandenburg zur „arbeitsorientierten und geschlechterbewussten Bildung". In: Senatsverwaltung für Schule, Jugend und Sport Berlin (Hrsg.): Evaluation und Perspektiven für die Förderung von Mädchen und Jungen in den Schulen Europas. Dokumentation der Fachtagung am 7. und 8. November 1996 in Berlin. Berlin 1997, S. 106-113

Lewin, Karl/Heublein, Ulrich/Schreiber, Jochen/Sommer, Dieter: Studienanfänger 98/99. Kurzinformation des Hochschul-Informations-Systems. Hannover 1999

Liesering, Sabine: Vollzeitschulische Berufsausbildung: Einkommensdifferenzen zwischen Frauen und Männern im Beschäftigungssystem. In: Liesering, Sabine/Rauch, Angela (Hrsg.): Hürden im Erwerbsleben. Aspekte beruflicher Segregation nach Geschlecht, BeitrAB 198, 1996, S. 105-122

Macha, Hildegard: Das Verhältnis von Jungen und Mädchen im Vorschulalter zu Technik: Weichenstellungen in Familie und Kindergarten. In: Zeitschrift für Frauenforschung, 1991/4, S. 22-29

Matthias-Bleck, Heike: Warum noch Ehe? Erklärungsversuche der kinderorientierten Ehe-schließung. Bielefeld 1997

Meifort, Barbara: Gesundheits- und Sozialpflege – ein innovatives Wachstumsfeld für Be-rufsbildung und qualifizierte Arbeit? Auch für Frauen? In: Bundesinstitut für Berufs-bildung (BIBB) (Hrsg.): Frauen in der beruflichen Bildung. Bonn 1999, S. 87-100

Meixner, Jürgen: Traumberuf oder Albtraum Beruf. Von den kindlichen Identifikationsmus-tern zur Berufswahl Jugendlicher und junger Erwachsener. In: Schober, Ka-ren/Gaworek, Maria (Hrsg.): Berufswahl: Sozialisations- und Selektionsprozesse an der ersten Schwelle. Nürnberg 1996, S. 37-46

Mengel-Belabbes, Kathrin: Möglichkeiten und Schwierigkeiten hoch qualifizierter Frauen auf dem Arbeitsmarkt. Informatikerinnen in der Bundesrepublik. In: Aus Politik und Zeitgeschichte, B22-23/98, S. 31-37

Metz-Göckel, Sigrid: Von der Technikdistanz zur Technikkompetenz. In: Metz-Göckel, Sigrid/Nyssen, Elke: Frauen leben Widersprüche: Zwischenbilanz der Frauenfor-schung. Weinheim/Basel 1990, S. 139-152

Metz-Göckel, Sigrid/Frohnert, S./Hahn-Mausbach, G./Kauermann-Walter, J.: Mädchen, Jungen und Computer. Geschlechtsspezifisches Sozialverhalten beim Umgang mit dem Computer. Opladen 1991

Metz-Göckel, Sigrid/Nyssen, Elke: Frauen leben Widersprüche. Zwischenbilanz der Frau-enforschung. Weinheim 1990

Ministerium für Arbeit, Gesundheit und Soziales des Landes Sachsen-Anhalt Kabinettvorlage LT Drs. 3/17/1237 B – Handlungskonzept zur Förderung von Mädchen und jungen Frauen in zukunftsorientierten Berufen. Magdeburg 2000

Nave-Herz, Rosemarie: Familie heute. Wandel der Familienstrukturen und Folgen für die Erziehung. Darmstadt 1994

Neusel, Aylâ (Hrsg.): Die eigene Hochschule. Internationale Frauenuniversität „Technik und Kultur". Opladen 2000

Nissen, Ursula: Kindheit, Geschlecht und Raum. Sozialisationstheoretische Zusammen-hänge geschlechtsspezifischer Raumaneignung. Weinheim/München 1998

Nissen, Ursula: Weibliche Sozialisation. In: „Eine Frau ist eine Frau ist eine Frau ist ei-ne..." Reader der 9. Jahrestagung der AG Frauen der Hans-Böckler-Stiftung zur „Konstruktion von Geschlecht – Identitäten jenseits von Rollenklischees". Berlin 2000, S. 9-18

Nyssen, Elke: Mädchenförderung in der Schule. Ergebnisse und Erfahrungen aus einem Modellversuch. Weinheim/München 1996

Oechsle, Mechthild: Ungelöste Widersprüche: Leitbilder für die Lebensführung von Frau-en. In: Oechsle, Mechthild/Geissler, Birgit (Hrsg.): Die ungleiche Gleichheit. Junge Frauen und der Wandel im Geschlechterverhältnis. Opladen 1998, S. 185-200

Oechsle, Mechthild/Geissler, Birgit: Das junge Erwachsenenalter und die Lebensplanung junger Frauen. In: sfb 186-Report, Nr. 1. Bremen 1992

Oechsle, Mechthild/Geissler, Birgit (Hrsg.): Die ungleiche Gleichheit. Junge Frauen und der Wandel im Geschlechterverhältnis. Opladen 1998

Offe, Claus/Hinrichs, Karl: Sozialökonomie des Arbeitsmarktes: primäres und sekundäres Marktgefälle. In: Offe, Claus: Arbeitsgesellschaft. Strukturprobleme und Zukunftsperspektiven. Frankfurt a.M. 1984

Ostendorf, Helga: Die Struktur des Berufsbildungssystems und die Ausbildung von Mädchen. In: Geißel, Brigitte/Seemann, Birgit (Hrsg.): Bildungspolitik und Geschlecht. Ein europäischer Vergleich. Opladen 2001

Osterloh, Margit/Oberholzer, Karin: Der geschlechtsspezifische Arbeitsmarkt: Ökonomische und soziologische Erklärungsansätze. In: Aus Politik und Zeitgeschichte, B, -/1994/6, S. 3-10

Ostner, Ilona: Beruf und Hausarbeit. Die Arbeit der Frau in unserer Gesellschaft. Frankfurt a.M. 1978

Paulini, Hannelore: Berufsausbildung im Handel. Chance oder Einschränkung für Frauen? In: Damm-Rüger, Sigrid (Hrsg.): Frauen – Ausbildung – Beruf. Realität und Perspektiven der Berufsausbildung von Frauen. Berlin 1992, S. 77-96

Paulini, Hannelore: Frauen in Ausbildung und Beschäftigung im Einzelhandel. In: Bundesinstitut für Berufsbildung (BIBB) (Hrsg.): Frauen in der beruflichen Bildung. Bonn 1999, S. 69-86

Permien, Hanna/Frank, Kerstin: Schöne Mädchen – Starke Jungen? Gleichberechtigung: (k)ein Thema in Tageseinrichtungen für Schulkinder. Freiburg/Br. 1995

Planck, Ulrich: Die Situation der Landjugend. Münster-Hiltrup 1982

Pfau-Effinger, Birgit: Geschlechtsspezifische Unterschiede auf dem Arbeitsmarkt: Grenzen segmentationstheoretischer Erklärung. In: Arbeitskreis Sozialwissenschaftliche Arbeitsmarktforschung (Hrsg.): Erklärungsansätze zur geschlechtsspezifischen Strukturierung des Arbeitsmarktes. Paderborn 1990, S. 3-21

Pfau-Effinger, Birgit: Eine qualifizierte Berufsausbildung und was dann? Zum Zusammenhang von weiblichen Ausbildungs- und Erwerbsmustern und den Arbeitsmarktchancen von Frauen. In: Damm-Rüger, Sigrid (Hrsg.): Frauen –Ausbildung – Beruf. Realität und Perspektiven der Berufsausbildung von Frauen. Berlin 1992, S. 15-34

Pfeil, Patricia: Together Apart – Dimensionen innerfamiliärer Ungleichheit. Unveröffentlichte Diplomarbeit. München 1995

Poppenhausen, Margot: Noch lange nicht selbstverständlich. Frauen in gewerblich-technischen Berufen. In: Ritter, Martina (Hrsg.): Bits und Bytes vom Apfel der Erkenntnis. Frauen – Technik – Männer. Münster 1999, S. 217-231

Preiß, Christine: Der Übergang von der Schule in den Beruf – theoretische Vorüberlegungen. In: Raab, Erich (Hrsg.): Jugend sucht Arbeit. Eine Längsschnittuntersuchung zum Berufseinstieg Jugendlicher. München 1996, S. 11-18

Presse- und Informationsamt der Bundesregierung 2000, Nr. 284

Pritzl, Christine: Arbeit und Beruf in den Lebensorientierungen von Jugendlichen – der Versuch einer Typologie. In: Raab, Erich (Hrsg.): Jugend sucht Arbeit. Eine Längsschnittuntersuchung zum Berufseinstieg Jugendlicher. München 1996, S. 161-184

Rabe-Kleberg, Ursula: Frauenberufe – Zur Segmentierung der Berufswelt. Bielefeld 1987

Rabe-Kleberg, Ursula: Sozialer Beruf und Geschlechterverhältnis. Oder: Soziale Arbeit zu einem Beruf für Frauen machen. In: Cremer, Christa/Bader, Christiane/Dudeck, Anne (Hrsg.): Frauen in sozialer Arbeit. Zur Theorie und Praxis feministischer Bildungs- und Sozialarbeit. Weinheim/München 1990, S. 60-71

Rabe-Kleberg, Ursula: Verantwortlichkeit und Macht. Ein Beitrag zum Verhältnis von Geschlecht und Beruf angesichts der Krise traditioneller Frauenberufe. Berlin 1993

Rabe-Kleberg, Ursula: Wie aus Berufen für Frauen Frauenberufe werden. Ein Beitrag zur Transformation des Geschlechterverhältnisses. In: Nickel, Hildegard Maria/Völker,

Susanne/Hünig, Hasko (Hrsg.): Transformation. Unternehmensreorganisation. Geschlechterforschung. Opladen 1999, S. 93-107

Rauch, Angela/Schober, Karen: Geschlechtsspezifisches Rekrutierungsverhalten westdeutscher Betriebe bei der Ausbildung und Beschäftigung von Fachkräften in anerkannten Ausbildungsberufen. In: Liesering, Sabine/Rauch, Angela (Hrsg.): Hürden im Erwerbsleben. Aspekte beruflicher Segregation nach Geschlecht, BeitrAB 198. Nürnberg 1996, S. 17-45

Renninger, Suzann-Viola: Was macht der liebe Gott, wenn er einen Physiklehrer bestrafen will? In: Forum Frau und Gesellschaft, JG 6/Nr. 1, Februar 2002, S. 3-7

Rentmeister, Cillie: Computer und Kreativität. In: Glumpler, Edith (Hrsg.): Mädchenbildung – Frauenbildung. Bad Heilbrunn 1992, S. 221-232

Reskin, Barbara F./Roos, Patricia A.: Job Queues, Gender Queues. Explaining Women's Inroads Into Male Occupations. Philadelphia 1990

Rettke, Ursula: Berufswünsche von Mädchen unter dem Diktat des Arbeitsmarktes. Die schrittweise Verweiblichung der Bildungs- und Berufsbiographien von Hauptschülerinnen. In: Bolder, Axel/Rodax, Klaus (Hrsg.): Das Prinzip der aufge(sc)hobenen Belohnung. Die Sozialisation von Arbeiterkindern für den Beruf. Bonn 1987, S. 127-141

Ritter, Martina: Mädchen und Computer – (k)ein Gegensatz? In: PädExtra, Juni 1992

Ritter, Martina (Hrsg.): Bits und Bytes vom Apfel der Erkenntnis. Frauen – Technik – Männer. Münster 1999

Ritter, Martina: Das Gesetz des Vaters: Zum Strukturierungseffekt der Computerbeschäftigung – Ergebnisse einer Untersuchung über adoleszente Mädchen am Computer und eine Follow-Up-Studie nach sieben Jahren. In: Ritter, Martina (Hrsg.): Bits und Bytes vom Apfel der Erkenntnis. Frauen – Technik – Männer. Münster 1999, S. 121-136

Rodax, Klaus: Soziale Ungleichheit und Mobilität durch Bildung in der Bundesrepublik Deutschland. In: Österreichische Zeitschrift für Soziologie, 20/1995/1, S. 3-27

Sachverständigenkommission 6. Jugendbericht (Hrsg.): Reihe Alltag und Biografie von Mädchen. Opladen 1984-1986

Schade, Gabriele: Zukunftsträchtige Ausbildung von Ingenieurinnen – Ost-Deutsche Anregungen. In: 25. Kongress von Frauen in der Naturwissenschaft und Technik. Darmstadt 1999, S. 38-47

Schemme, Dorothea: Technische Berufe – eine Perspektive auch für (junge) Frauen. In: Bundesinstitut für Berufsbildung (BIBB) (Hrsg.): Frauen in der beruflichen Bildung. Bonn 1999, S. 27-33

Schiersmann, Christiane: Computerkultur und weiblicher Lebenszusammenhang. Bonn 1987

Schiersmann, Christiane: Berichte der Referentinnen. In: Bundesinstitut für Berufsbildung (BIBB) (Hrsg.): Frauen geben Technik neue Impulse. Berlin 1995, S. 80-84

Schimmel, Kerstin/Glumpler, Edith: Berufsorientierung von Mädchen und Jungen im Grundschulalter. In: Glumpler, Edith (Hrsg.): Mädchenbildung – Frauenbildung. Beiträge der Frauenforschung für die LehrerInnenausbildung. Bad Heilbrunn 1992, S. 282-293

Schittenhelm, Karin: Ungleiche Wege in den Beruf. Geschlechterdifferenz und soziale Ungleichheit in der Aneignung und Verwertung von Bildung. In: Timmermann, Heiner/Wessela, Eva (Hrsg.): Jugendforschung in Deutschland. Eine Zwischenbilanz. Opladen 1999, S. 133-149.

Schmickler-Herriger, Marita: Berichte der Referentinnen. In: Bundesinstitut für Berufsbildung (BIBB) (Hrsg.): Frauen geben Technik neue Impulse. Berlin 1995, S. 49-52

Schmidbauer, Ingrid: Sozialarbeit als Frauenberuf. Eine soziologische Analyse mit feministischer Perspektive. Linz 1994

Schmitt, Bettina: Frauenerwerbstätigkeit und Informationstechnologie – Bringt die Informationsgesellschaft den Frauen die Emanzipation? In: Ritter, Martina (Hrsg.): Bits und Bytes vom Apfel der Erkenntnis. Frauen – Technik – Männer. Münster 1999, S. 186-202

Schneewind, Klaus: Persönlichkeitstheorien. 2. Organismische und dialektische Ansätze. Darmstadt 1992

Schober, Karen: Berufsausbildung junger Frauen in den neuen Ländern. In: Liesering, Sabine/Rauch, Angela (Hrsg.): Hürden im Erwerbsleben. Aspekte beruflicher Segregation nach Geschlecht, BeitrAB 198. Nürnberg 1994, S. 47-63

Schober, Karen: Berufsausbildung junger Frauen in den neuen Ländern. In: Liesering, Sabine/Rauch, Angela (Hrsg.): Hürden im Erwerbsleben. Aspekte beruflicher Segregation nach Geschlecht, BeitrAB 198. Nürnberg 1996, S. 47-63

Schreyer, Franziska: Frauen sind häufiger arbeitslos – gerade wenn sie ein „Männerfach" studiert haben. In: Informationen für die Beratungs- und Vermittlungsdienste (ibv), 1999/44

Schreyer, Franziska: Studienfachwahl von Frauen. Die Wirtschaft ist gefordert. In: Informationsdienst des Instituts für Arbeitsmarkt- und Berufsforschung der Bundesanstalt für Arbeit, 2000/1, S. 14-15

Schütt, Inge/Levin, Karl: Bildungswege von Frauen – vom Abitur bis zum Beruf. Hannover: Hochschul-Informations-System 1998

Schumacher, Andrea: Junge Frauen in Berufsbildungswerken. In: ibv, 13/99, S. 1061-1073

Schwarze, Barbara: Berichte aus den Workshops. In: Bundesinstitut für Berufsbildung (BIBB) (Hrsg.): Frauen geben Technik neue Impulse. Berlin 1995, S. 112-113

Schwarze, Barbara: Frauen im Ingenieurstudium an Fachhochschulen – Eine Frage der Qualität des Studiums? In: Informationen für die Beratungs- und Vermittlungsdienste der Bundesanstalt für Arbeit ibv, 1999/13, S. 1045-1047

Schweikert, Klaus: Aspekte der Berufswahl in den neuen Bundesländern. In: Liesering, Sabine/Schober, Karen/Tessaring, Manfred (Hrsg.): Die Zukunft der dualen Berufsausbildung, BeitrAB 186. Nürnberg 1994

Seidenspinner, Gerlinde/Burger, Angelika: Mädchen '82. Eine repräsentative Untersuchung über die Lebenssituation und das Lebensgefühl 15-19jähriger Mädchen in der Bundesrepublik. München 1982

Seidenspinner, Gerlinde/Keddi, Barbara/Wittmann, Svendy u.a.: Junge Frauen heute – Wie sie leben, was sie anders machen. Opladen 1996

Sengenberger, Werner: Einführung: Die Segmentation des Arbeitsmarkts als politisches und wissenschaftliches Problem. In: Sengenberger, Werner (Hrsg.): Der gespaltene Arbeitsmarkt. Probleme der Arbeitsmarktsegmentation. Frankfurt a. M. 1978, S. 15-42

Sklorz-Weiner, Monika: Zur Bedeutung geschlechtsspezifischer Sozialisationsunterschiede für die Entwicklung von Interessen. In: Frauenforschung, 1991/4, S. 15-21

Spender, Dale: 1. Auffahrt Cyberspace. Frauen im Internet. München 1996

Statistisches Bundesamt (Hrsg.): Im Blickpunkt: Jugend in Deutschland. Wiesbaden 2000

Stauber, Barbara/Walther, Andreas: Nur Flausen im Kopf? Berufs- und Lebensentscheidungen von Mädchen und Jungen als Frage regionaler Optionen. Bielefeld 1995

Stebut, Janina von: Wege durch die Wissenschaft. Motoren und Barrieren für die Karriereentwicklung von Wissenschaftlern und Wissenschaftlerinnen. Unveröff. Diss., München 2000

Stiegler, Barbara: Berufe brauchen kein Geschlecht, Friedrich-Ebert-Stiftung, Bonn 1994 (http://www.fes.de/fulltext/asfo/00545005.htm)

Stiller, Ingrid: Frauen in der Ausbildung im Bereich Bürokommunikation. In: Bundesinstitut für Berufsbildung (BIBB) (Hrsg.): Frauen in der beruflichen Bildung. Bonn 1999, S. 45-56

Strehmel, Petra: Mutterschaft und Berufsbiographieverlauf. In: Brüderl, Leo-kadia/Paetzold, Bettina (Hrsg.): Frauenleben zwischen Beruf und Familie. Psychosoziale Konsequenzen für Persönlichkeit und Gesundheit. Weinheim 1992, S. 123-137

Süddeutsche Zeitung Nr. 217 v. 20.9.2000, Beilage „Jugend und Berufswahl. Das Special zum Ausbildungsstart"

Thege, Britta: Glück in der Liebe – Erfolg im Beruf: Zu den Lebens- und Berufsvorstellungen von Mädchen. In: Bonnemann-Böhner, Adelheid/Welpe, Ingelore (Hrsg.): Berufe haben (k)ein Geschlecht. Chancen und Hindernisse in der gewerblich-technischen Berufsausbildung junger Frauen. München/Mering 1994, S. 6-22

Thege, Britta: Strukturelle Aspekte des geschlechtsspezifisch getrennten Ausbildungs- und Arbeitsmarktes. In: Bonnemann-Böhner, Adelheid/Welpe, Ingelore (Hrsg.): Berufe haben (k)ein Geschlecht. Chancen und Hindernisse in der gewerblich-technischen Berufsausbildung junger Frauen. München/Mering 1994, S. 23-34

Tischer, Ute/Doering, Gabriele: Arbeitsmarkt für Frauen. Aktuelle Entwicklungen und Tendenzen im Überblick. In: ibv, 1998, Nr. 8, S. 501-548

Tischer, Ute: Thesen zu Chancen und Risiken für Frauen in der Informationsgesellschaft. In: ibv, 13/1999, S. 949-970

Turkle, Sherry: Life on the Screen. Identity in the age of the Internet. New York 1995

Ulshoefer, Helgard: Frauenerstausbildung in den Gesundheits- und Sozialberufen – mit Perspektive oder im Abseits? In: Damm-Rüger, Sigrid (Hrsg.): Frauen – Ausbildung – Beruf. Realität und Perspektiven der Berufsausbildung von Frauen. Berlin 1992, S. 97-108

Wahler, Peter/Witzel, Andreas: Berufswahl – ein Vermittlungsprozess zwischen Biografie und Chancenstruktur. In: Schober, Karen/Gaworek, Maria (Hrsg.): Berufswahl: Sozialisations- und Selektionsprozesse an der ersten Schwelle, BeitrAB 202. Nürnberg 1996, S. 9-36

Walter, Christel: Frauen sind anders (als gedacht). Ergebnisse einer Untersuchung subjektiver Technikkonzepte. In: Ritter, Martina (Hrsg.): Bits und Bytes vom Apfel der Erkenntnis. Frauen – Technik – Männer. Münster 1999, S. 137-170

Wetterer, Angelika (Hrsg.): Profession und Geschlecht. Über die Marginalisierung von Frauen in hoch qualifizierten Berufen. Frankfurt a.M. 1992

Wetterer, Angelika (Hrsg.): Die soziale Konstruktion von Geschlecht in Professionalisierungsprozessen. Frankfurt a.M. 1995

Willms-Herget, Angelika: Frauenarbeit: Zur Integration der Frauen in den Arbeitsmarkt. Frankfurt a.M. 1985

Wissenschaftsrat: Empfehlungen zur Förderung des Hochschullehrernachwuchses. Köln 1996

Woesler de Panafieu, Christine: Feministische Kritik am wissenschaftlichen Androzentrismus. In: Beer, Ursula (Hrsg.): Klasse Geschlecht. Bielefeld 1987, S. 84-115

www.iid.de/aktionen/aktionsprogramm/kapitel2_1.html#note2

www.nua.ie/newthinking: Women Thrive On the Internet 13 Aug 2000

www.womanticker.de/internet/internet44

Zoll, Rainer/Bents, Henri/Brauer, Heinz u.a.: Nicht so wie unsere Eltern! Opladen 1989

Autorinnen

Barbara Keddi, Dr. phil., Diplom-Soziologin, Deutsches Jugendinstitut e.V., Referentin für Öffentlichkeitsarbeit. Arbeitsschwerpunkte: Geschlechterforschung, weibliche Lebensentwürfe, Neue Informationstechnologien, strategische Öffentlichkeitsarbeit.

Ursula Nissen, Dr. phil., Leiterin des Wissenschaftlichen Referats beim Vorstand am Deutschen Jugendinstitut e.V., Arbeitsschwerpunkte: Sozialisations-, Kindheits- und Geschlechterforschung.

Patricia Pfeil, Diplom-Soziologin, Wissenschaftliche Mitarbeiterin im Süddeutschen Institut für empirische Sozialforschung e.V. (sine), Arbeitsschwerpunkte: Geschlechterforschung, Soziale Ungleichheit und Organisationssoziologie.

Deutsches Jugendinstitut e.V.
Wissenschaftliches Referat beim Vorstand
Nockherstr. 2
81541 München
Telefon: (089) 62306-0

Süddeutsches Institut für
empirische Sozialforschung e.V.
Perlacher Straße 74
81539 München
Telefon: (089) 6937-2177